D1676217

Udo Ulfkotte
Alles Einzelfälle

Über den Autor:

Dr. Udo Ulfkotte (1960 – 2017) studierte in Freiburg und London. Er berichtete 17 Jahre lang für die *Frankfurter Allgemeine Zeitung,* vor allem als Kriegsberichterstatter, und lehrte Sicherheitsmanagement an der Universität Lüneburg. Er war Geheimdienstfachmann, Fellow des Marshall Memorial Fund der Vereinigten Staaten, war im Planungsstab der Konrad-Adenauer-Stiftung und Referent der Bundesakademie für Sicherheitspolitik. Ulfkotte war spezialisiert auf Sicherheitsfragen und verfaßte zahlreiche Bücher, die Bestsellerauflagen erreichten.

Publikationen der letzten Jahre: *SOS Abendland* (2008), *Vorsicht Bürgerkrieg!* (2009), *Europa vor dem Crash* (2011), *Raus aus dem Euro – rein in den Knast* (2013), *Gekaufte Journalisten* (2014), *Mekka Deutschland* (2015) und *Die Asyl-Industrie* (2015).

Seit Oktober 2018 existiert nun eine Udo-Ulfkotte-Gesellschaft. Informationen finden sich auf der Internetseite udo-ulfkotte.de.

Alles Einzelfälle

Massenmigration und Sexualdelikte

Udo Ulfkotte

Verlag ᛉ Antaios

Gewidmet jenen Staatsanwälten, welche im Deutschland der Gegenwart die in diesem Buch geschilderten Verbrechen verharmlosen und jene, die darüber sprechen und auf die Leiden der Opfer aufmerksam machen, strafrechtlich verfolgen lassen wollen. Mögen die Staatsanwälte, ihre Kinder und jene ihrer Freunde und Bekannten nie Opfer eines Sexualverbrechens werden. Und wenn doch: Werden sie sich dann beruhigt zurücklehnen in der Gewißheit, daß es sich nur um bedauerliche »Einzelfälle« handelt?

Gewidmet zugleich dem mich beratenden Juristen Professor Edgar Weiler, der die Meinungsfreiheit im Deutschland der Gegenwart für ein immer stärker bedrohtes Rechtsgut hält.

Impressum

Bibliographische Informationen der Deutschen Nationalbibliothek, abrufbar unter http://dnb.ddb.de

Buchgestaltung und Satz: impulsar-werkstatt.de

Udo Ulfkotte: Alles Einzelfälle.
Massenmigration und Sexualdelikte

240 Seiten, 2. Auflage, Schnellroda 2019

© Verlag Antaios, Schnellroda 2019

ISBN: 978-3-944422-15-2

Gedruckt in Deutschland

Ein Wort zuvor von Doris Ulfkotte S. 7

Warum ich dieses Buch schreiben mußte S. 8

I. Verbrecherparadies Deutschland S. 15
Tabuthema Flüchtlingskriminalität: Wir schaffen das S. 15
Wenn aus Opfern Täter werden S. 20
Wenn Politische Korrektheit tödlich ist: Der Fall Maria L. S. 24
*Das Bundeskriminalamt und die Schattenseite
der Willkommenskultur* S. 29
*Wo Männer anders ticken: Was uns über
andere Kulturen verschwiegen wird* S. 41

II. Hintergrundwissen – Sexualdelikte im orientalischen Kulturkreis S. 47
Afghanistan: Kindersex als »kultureller Brauch« S. 50
*Von pakistanischen »Lustknaben« und
afrikanischen Stammeskriegern* S. 55
*So finanzieren deutsche Steuerzahler
Kindersex im Ausland* S. 60
*Kindesvergewaltigungen durch Ausländer
in anderen europäischen Ländern* S. 64
Der Blick in die Flüchtlingslager S. 73

III. Die ganz normale Fleischbeschau S. 75
*Chronologie des Grauens: Sexuelle Übergriffe durch
Flüchtlinge in Deutschland im Januar und Februar 2016* S. 75
Freier Internetzugang: Pornoseiten für Asylbewerber S. 109

Bundesregierung gibt Flüchtlingen Sex-Unterricht   S. 113
Das Grauen geht weiter – Fast jeden Tag
neue »Einzelfälle«   S. 114
Die ganz normale Fleischbeschau   S. 123
Kölner Silvesterübergriffe: Von 500 Fällen fallen
483 aus der Statistik   S. 127

IV. Opfer und Angehörige: Was Medien uns verschweigen   S. 130

Gewürgt, vergewaltigt, erschlagen:
Mordopfer Susanna H.   S. 131
Vaginal, anal und oral: Eine multikulturelle
Kindervergewaltigung   S. 134
Kinderschänder vor Gericht: Wenn Richter
alles abnicken   S. 139
Politiker wollen die Bevölkerung nicht beunruhigen   S. 142
Statistiken schönen: Wenn die Realität
dem Wunschdenken angepaßt werden muß   S. 146
Ausländerkriminalität in Polizeiberichten   S. 151

V. Ausblick   S. 176

Wegschauen und den Mund halten?   S. 176
Helfen Sie den Opfern   S. 179

Das Unerhörte   S. 186
Ein Nachwort von Ellen Kositza

Anmerkungen   S. 201

Ein Wort zuvor

Lieber Udo,

am Morgen des 13. Januar 2017, exakt zwei Stunden und 13 Minuten vor Deinem Tod, erreichte Dich die Nachricht, daß dieses Buch, das Deine treuen Leser jetzt in Händen halten, nicht zur Veröffentlichung kommen soll.

Am 20. Januar 2017, dem Tag Deiner Trauerfeier und Deinem Geburtstag, habe ich Dir mein Versprechen gegeben, Deinen letzten, innigen Wunsch zu erfüllen, daß dieses Buch doch eines Tages erscheinen und der Öffentlichkeit zugänglich gemacht wird.

Und so wende ich mich heute, im Herbst 2018, an all Deine treuen Leser und gebe in Deinem Namen von ganzem Herzen Dein Dankeschön weiter – ein Dankeschön für ihre Geduld, ihr Verständnis, ihr Vertrauen.

Zu Deinen Lebensmaximen zählten das Zitat von Augustinus Aurelius: »Potius veritatem mendacio obtineri« – »Lieber mit der Wahrheit fallen als mit der Lüge siegen« und aus Deiner Studienzeit der Schriftzug über dem Kollegiengebäude der Freiburger Universität: »Die Wahrheit wird euch frei machen«.

Möge Dein Kampfgeist, Dein unerschrockener Mut, Deine Aufrichtigkeit und Deine prophetische Gabe all denen einen Spiegel vorhalten, die sich als kausale Mitverursacher zu einem unbestimmten Zeitpunkt ihrer Verantwortung zu stellen haben werden.

Für mehr als 28 Jahre, die es uns vergönnt war, zusammen sein zu dürfen, sage ich Dir danke, lieber Udo,

DEINE DORIS

Warum ich dieses Buch schreiben mußte

Dieses Buch soll in Deutschland zensiert werden. Denn das, was Sie in diesem Buch mit mehr als 500 Originalquellen (etwa Polizeiberichten) lesen werden, das darf man im Deutschland der Gegenwart jetzt nicht mehr ohne Weiteres sagen. Staatsanwälte haben wegen der in diesem Buch dargelegten Fälle 2016 ein Ermittlungsverfahren gegen mich eingeleitet. Der Grund? Ich hatte in einer Veröffentlichung behauptet, daß Flüchtlinge in Deutschland immer öfter Frauen und Kinder sexuell belästigen und auch vergewaltigen. Mitunter seien die Täter bei diesen angeblichen Einzelfällen auch ganze Gruppen von Flüchtlingen. Für mich war und ist das eine dem Wahrheitsbeweis zugängliche Meinungsäußerung, die man in einem Land mit angeblich freier Meinungsäußerung früher auch öffentlich verbreiten durfte. Offenkundig hat sich das inzwischen geändert. Denn immer mehr deutsche Staatsanwälte sehen auf Weisung der Politik in sexuellen Übergriffen von Asylbewerbern und anderen Migranten auf Frauen und Kinder nur unbedeutende »Einzelfälle«. Und über die soll aus Gründen der Politischen Korrektheit nicht im Zusammenhang berichtet werden, um nicht zum Haß gegen Asylbewerber aufzustacheln.

Ich wollte mir selbst einen neutralen Überblick über die tatsächliche Lage bei Sexualstraftaten von Asylbewerbern im deutschsprachigen Raum verschaffen. Und deshalb habe ich jene Fälle aus dem Jahr 2016 zusammengetragen, die offen zugänglich sind. Ich habe dabei subjektiv zunehmend den Eindruck gewonnen, daß sich Vergewaltigungen und sexueller

Mißbrauch – auch von Kindern – bei Flüchtlingen einer besonderen Beliebtheit erfreuen.

Um das Bild abzurunden und keinen »Tunnelblick« zu entwickeln, habe ich auch Fälle und Studien aus anderen europäischen Ländern aufgegriffen. Ich habe mich dazu entschlossen, die Ergebnisse dieser Arbeit zu veröffentlichen, weil ich nicht weiß, ob und wann auch das verboten und unter Strafe gestellt werden wird. Ich weise darauf hin, daß ich in den 1980er-Jahren in Freiburg beim Schweizer Rechtswissenschaftler Professor Rüdiger Herren Kriminologie studiert habe. Das Fachgebiet ist mir also vertraut.

Ich bin aber kein Soziologe, Psychologe oder Kulturwissenschaftler und befasse mich nicht mit den Beweggründen für die in diesem Buch geschilderten Taten, die ich zumeist akribisch örtlichen Polizeiberichten entnommen habe. Für den Leser, der Ursachen und Hintergründe verstehen will, habe ich in separaten Kapiteln mit zahlreichen und über alle Zweifel erhabenen Quellen belegt, in welchen Ländern der sexuelle Mißbrauch von Kindern ein traditioneller kultureller Brauch ist. Etwa in der Region zwischen Afghanistan und Pakistan. Ich habe ebenfalls mit nachprüfbaren Quellenangaben dokumentiert, daß einflußreiche islamische Gelehrte in den Heimatländern der Flüchtlinge schon seit vielen Jahren immer wieder dazu aufrufen, unverschleierte oder aufreizend gekleidete Frauen in westlichen Ländern zu vergewaltigen.

Ich weise zudem darauf hin, daß die Sichtweise bestimmter Zuwanderergruppen, Frauen und junge Mädchen als Freiwild zu betrachten, in Europa häufig toleriert und aktiv unterstützt wird. Denn die Rechtfertigungsversuche für Sexualdelikte durch Flüchtlinge werden in Europa immer absurder. So hat die schwedische Polizei 2016 einen Bericht veröffentlicht, nach dem vor allem junge Schweden im Alter von unter 15 Jahren von Flüchtlingen vergewaltigt werden, und zwar in erschrekkend hoher Zahl. Die Schuld dafür sieht der Polizeibericht jedoch nicht bei den Tätern, sondern bei den Opfern. Viele junge Schweden kleideten sich bewußt aufreizend.[1] Und junge Männer aus Flüchtlingskreisen könnten dann mitunter einfach nicht anders. Schuld seien also die Opfer.

Dieses Buch wurde nach bestem Wissen und Gewissen geschrieben. Als Autor hoffe ich, daß die Historiker nachfolgender Generationen auch mithilfe dieser Zusammenstellung einmal fragen werden, wie es möglich war, daß so viele bei all diesen »Einzelfällen« einfach nur achselzuckend zugeschaut haben. Und warum jene, welche im Land der Merkelschen Willkommenskultur offen über die Entwicklung sprechen, von Staatsanwälten und Gerichten zunehmend in das Umfeld von Kriminellen gerückt werden. Jeder einzelne Bürger kann sich in den nachfolgenden Kapiteln ein Bild über jene Lage verschaffen, welche Politik, Medien und Staatsanwaltschaften offenkundig um jeden Preis verschleiern möchten. Warum nur?

Ich bin nicht der erste, der auf diese Thematik aufmerksam macht. Günter Woltering, Landesgeschäftsführer des hessischen Wohlfahrtsverbandes Der Paritätische, hat schon 2015 darauf hingewiesen, daß Frauen und Kinder durch Flüchtlinge zunehmend sexuellen Übergriffen und Vergewaltigungen ausgesetzt sind. Er hat eine Petition an Politiker mitverfaßt, in der er darauf hinweist, daß es sich dabei in Flüchtlingsunterkünften eben nicht um Einzelfälle handelt (»Es muß deutlich gesagt werden, daß es sich hierbei nicht um Einzelfälle handelt«). Brigitte Ott, Landesgeschäftsführerin von pro familia Hessen, hat den Aufruf, die Augen davor nicht zu verschließen, ebenso unterschrieben wie Sigrid Isser vom LandesFrauenRat

Hessen, ebenso Friederike Stibane von der Landesarbeitsgemeinschaft Hessischer Frauenbüros. Die öffentliche Petition wurde an die frauenpolitischen Sprecherinnen der Fraktionen des Hessischen Landtages geschickt, zudem an den hessischen Staatsminister Stefan Grüttner im Wiesbadener Sozialministerium mit der Bitte um einen Gesprächstermin. In dem an ihn gerichteten offenen Brief heißt es wörtlich »Frauen berichten, daß sie, aber auch Kinder, vergewaltigt wurden oder sexuellen Übergriffen ausgesetzt sind«. Das stand für jeden offen einsehbar auch auf den Internetseiten jener Verbände, die den Brief gemeinsam verfaßt hatten. Doch anstelle der erhofften öffentlichen Debatte gab es vielmehr einen Aufschrei der Politik. Die an Staatsminister Grüttner und die frauenpolitischen Sprecherinnen gerichteten Briefe mußten im Internet gelöscht werden. Sie liegen mir allerdings ebenso vor wie viele weitere Dokumente, welche belegen, was die Öffentlichkeit nicht erfahren soll.

Der Offene Brief mit dem Hinweis auf sexuelle Gewalt gegen Frauen und Kinder in Hessen ist kein »Einzelfall«. Auch in Bayern haben Hilfsorganisationen ähnliche Zustände angeprangert. Die Wochenzeitung *Die Zeit* berichtete: »Laut dem Aktionsbündnis für Flüchtlingsfrauen, in dem sich mehrere Organisationen zusammengeschlossen haben, komme es in der Münchener Bayernkaserne täglich zu Vergewaltigungen, Zwangsprostitution und anderen Gewalttaten gegen Frauen und Kinder. Die Betroffenen würden aus Scham und Angst keine Anzeige erstatten.[2]«

Besonders beeindruckt haben mich Schreiben von Polizisten, welche beklagen, daß sie solche Fälle vertuschen sollen. Auch die an das nordrhein-westfälische Innenministerium angebundene Bund-Länder-Projektgruppe »Zuwanderung« hat

2016 in einem Geheimpapier darauf hingewiesen, daß Flüchtlinge uns mehr Gewalt- und Sexualdelikte bringen werden. Die Öffentlichkeit soll das allerdings nicht erfahren. Denn der Bericht ist nach Angaben einer Zeitung, die aus ihm zitiert, als »vertraulich« eingestuft.[3]

Nicht mehr zu übertreffen ist die Antwort des Hamburger Senats auf die 2016 gestellte Anfrage eines Hamburger Abgeordneten nach der Zahl der sexuellen Übergriffe durch Asylbewerber auf Frauen und Kinder nur in Hamburger Flüchtlingsheimen. Dort heißt es: »Zur weitergehenden Beantwortung der Frage müssten sämtliche wegen des Vorwurfs einer Straftat nach den Vorschriften der §§ 223, 224, 225 und 226 StGB2 geführten Verfahren aus den Aktenzeichenjahrgängen 2015 und 2016 händisch ausgewertet werden. Eine Beiziehung der Akten oder eine Verfahrensauswertung ist in der für die Beantwortung einer Parlamentarischen Anfrage zur Verfügung stehenden Zeit nicht möglich«. Man muß das wohl nicht weiter kommentieren. Zeitgleich meldet das *Hamburger Abendblatt:* »In jüngster Zeit häufen sich die mutmaßlichen Übergriffe auf Kinder in Hamburger Flüchtlingsunterkünften massiv. So wurden laut der Senatsantwort zwischen November und Februar bereits fünf Strafanzeigen wegen mutmaßlicher Mißbrauchsfälle gestellt. Allein im Februar kam es nach *Abendblatt*-Informationen zu drei mutmaßlichen sexuellen Übergriffen auf Kinder in Zentralen Erstaufnahmen.[4]«

Wie also sieht es bei dieser Thematik im Deutschland der Willkommenskultur wirklich aus? Und wie in anderen europäischen Ländern? Wir begeben uns jetzt auf eine Recherchereise, die im Deutschland unter Angela Merkel ganz sicher politisch nicht korrekt ist. Behalten Sie beim Lesen bitte im Hinterkopf, daß die weitaus meisten sexuellen Übergriffe auf Frauen und

Kinder in Deutschland nie angezeigt werden. Opfer und ihre Familien schweigen aus Scham. Oder sie haben Angst davor, daß die ausländischen Täter ihre Adresse erfahren und sich irgendwann für die Strafanzeige rächen werden. Die hier geschilderten Fälle sind also nur ein winziger Ausschnitt aus der Realität. Und sie verschaffen uns nur eine Ahnung davon, was auf diesem Gebiet tatsächlich da draußen passiert.

Ich hoffe, daß jene, welche »Einzelfälle« bislang für ein ganz normales Sicherheitsrisiko gehalten haben, nach der Lektüre dieses Buches nachdenklich werden. Und ich wünsche mir, daß wir über alle kulturellen, ideologischen und religiösen Grenzen hinweg gemeinsam die Zukunft so gestalten, daß es möglichst nur noch wenige »Einzelfälle« geben wird. Das sind wir unseren Frauen und Kindern, den Alten und Schwachen und auch uns selbst schuldig. Wir alle haben zu lange weggeschaut. Schauen wir also endlich einmal genau hin. Auch, wenn es brutal ist und wehtut.

Inzwischen warnt auch die Polizei in Deutschland ganz offen vor dem wachsenden Problem sexueller Übergriffe durch Flüchtlinge und Migrantengruppen auf Kinder – vor allem in Schwimmbädern. Die *Bild*-Zeitung berichtete darüber etwa unter der Überschrift »Geheimpapier enthüllt: Sex-Mob-Alarm im Schwimmbad«.[5] Aus den Polizeiwarnungen zitiert auch die Zeitung *Die Welt*. Sie schreibt dazu: »Das KK12 [Kriminalkommissariat 12] stellt klar, dass die Sexualstraftaten einen enormen Anstieg verzeichnen. Insbesondere die Tatbestände Vergewaltigung und sexueller Missbrauch von Kindern in den Badeanstalten schlagen hier ins Gewicht«. Die Täter seien »zum größten Teil Zuwanderer«.[6] Bestätigt wird in dem Bericht auch, daß die immer häufigeren sexuellen Übergriffe und Kindesvergewaltigungen durch »Tätergruppen«, also gleich mehrere Männer, begangen werden. Wer aus solchen Polizeiberichten heute zitiert, dem droht im Lande der angeblichen Meinungsfreiheit heute die Anklage wegen »Volksverhetzung«.

Am Ende dieses Vorwortes noch ein Hinweis: Nicht alle Flüchtlinge sind Vergewaltiger. Ganz sicher nicht. Nicht alle Flüchtlinge sind kriminell. Ganz sicher nicht. Aber immer mehr Polizisten behaupten inzwischen öffentlich, daß sie die Kriminalität von Flüchtlingen auf diesem Gebiet systematisch vertuschen müssen. Das aber dürfen wir weder den Opfern noch unseren Kindern antun. Denn verändern kann man das alles nur, wenn man offen darüber spricht und nicht Angst davor haben muß, dafür auch noch bestraft zu werden.

Früher brauchte man drei Worte, um ein Volksmärchen einzuleiten: »Es war einmal ...«. Heute braucht man drei Worte, um dem Volk ein Märchen zu erzählen: »Wir schaffen das.«

Abschließend eine Bitte: Richten Sie Ihren Unmut über die Zustände nicht gegen Asylbewerber. Bitte demonstrieren Sie nicht vor Flüchtlingsheimen, denn für die Zustände sind vor allem Politik und Medien verantwortlich. Wenn Sie etwas verändern wollen, dann sollten Politiker und Medien Ihren Unmut zu spüren bekommen.

ROTTENBURG, IM DEZEMBER 2016
UDO ULFKOTTE

(Letzte Änderungen am Manuskript dieses Buches nahm Udo Ulfkotte am 13. Januar 2017 vor – an seinem Todestag.)

KAPITEL I:

Verbrecherparadies Deutschland

Tabuthema Flüchtlingskriminalität: Wir schaffen das

»Wir schaffen das.« Weltweit wurde dieser Satz seit dem Spätsommer 2015 in Anbetracht der über Deutschland hereinbrechenden Flüchtlingsströme zum Inbegriff für die Ziele der deutschen Bundeskanzlerin Angela Merkel.[7] Viele Milliarden Euro wurden seither in Deutschland für die Integration von mehr als einer Million Asylsuchenden investiert. Angela Merkel wollte der Welt beweisen, daß Deutschland ein freundliches Gesicht habe: Nie wieder Rassismus gegenüber Menschen aus anderen Kulturen. Nie wieder Diskriminierung. Nie wieder nationalistische Töne. Stattdessen eine Willkommenskultur, die über jeden Zweifel erhaben sein sollte.

Staunend verfolgte die Welt die Öffnung der deutschen Grenzen für Menschenmassen, die man unkontrolliert einreisen ließ. Jene, die es wagten, ganz vorsichtig auf mögliche Folgen wie Ausländerkriminalität und Terrorgefahr hinzuweisen, wurden systematisch als »Rechtspopulisten« oder gar »neue Nazis« mundtot gemacht. In der seither vergangenen Zeit hat sich das gesellschaftliche Klima in Deutschland radikal verändert. Denn immer mehr Bürger sagen sich heute: »Wir schaffen das nicht!« – vor allem jene Frauen und Kinder, welche die Folgen der Willkommenskultur in wachsender Zahl auf brutalste Weise am eigenen Leib zu spüren bekommen.

Nach Angaben britischer Medien wurden 2016 in Deutschland 26 Minderjährige von Migranten vergewaltigt, zudem 633 Minderjährige und Kinder sexuell überfallen und weitere 286 in Schwimmbädern sexuell belästigt. In Großbritannien können die Menschen das in den Zeitungen lesen. In Deutschland sucht man diese Zahlen vergeblich. Man mußte auch britische Zeitungen lesen, um als Deutscher zu erfahren, wie die Lage beispielsweise im Raum Stuttgart aussieht: Bis November 2016 gab es allein in Stuttgarter Flüchtlingsheimen 105 Fälle, bei denen Frauen vergewaltigt, angegriffen und auch ausgeraubt wurden, und zusätzlich 77 Fälle, in denen Kinder die Opfer waren. Die Londoner Zeitung *Express* zitiert die baden-württembergische Landesregierung mit der Aussage, daß die tatsächliche Zahl wahrscheinlich erheblich höher sei.[8] Weltweit berichten Medien über die vielen Fälle von sexuellem Mißbrauch und Vergewaltigungen durch Flüchtlinge im Land der Willkommenskultur.[9] Das Leben ist in Deutschland offenkundig brandgefährlich geworden.

12. November 2016. In Reutlingen geht die 91 Jahre alte Erna D. langsam mit ihrem Rollator spazieren. Vor dem Alten- und Pflegeheim »Voller Brunnen« kommen ihr in der Carl-Diem-Straße zwei dunkelhäutige Männer auf Rädern entgegen. Sie versperren der Seniorin den Weg. Augenscheinlich sind es »Flüchtlinge«. »Geld, Geld« fordern sie in gebrochenem Deutsch, entreißen ihr die schwarze Lederhandtasche, schlagen die gebrechliche, hilflose Frau brutal nieder. Beim Sturz zieht sich Erna D. lebensgefährliche Verletzungen zu. Erst zwei

Wochen später berichtet eine Lokalzeitung darüber. Schließlich will man im Land der Merkelschen Willkommenskultur doch keine Ausländerfeindlichkeit schüren. Aus der Sicht der lokalen Zeitungsredakteure war der brutale Raubüberfall auf die Seniorin doch nur ein bedauerlicher »Einzelfall«. Und Erna D. hat trotz aller Verletzungen noch Glück gehabt.

Stellen Sie sich vor, Sie liegen an einem warmen Nachmittag im Botanischen Garten in München. Sie genießen entspannt die Sonne. Und dann kommen zwei afrikanische Mitbürger aus Eritrea. Die im Zuge der offenen Grenzen eingereisten Afrikaner rufen Ihnen zu: »ficken, ficken«. Und bevor Sie sich versehen, liegen Sie neben dem Blumenbeet und werden vergewaltigt.[10] Filmon K. (23) und Habtom E. (25) haben das mit Marlies G. gemacht.[11] Die Flüchtlinge fanden ihr Verhalten völlig »normal«. Aus Sicht deutscher Medien war es nur ein »Einzelfall«.

Aber leider sind solche »Einzelfälle« heute Alltag im neuen Deutschland der Angela Merkel. Denn die Vergewaltigung im Botanischen Garten in München war kein Einzelfall. In der Münchner Implerstraße im Stadtteil Sendling das gleiche Spiel: Ein 24 Jahre alter somalischer Flüchtling schnappt sich am frühen Morgen eine zufällig vorbeikommende 19-Jährige, drückt sie an die Hauswand, schreit »ficki, ficki« und will sie vergewaltigen. Auch in einer Münchner Gaststätte greift sich ein solcher Mitbürger im November 2016 eine Frau, schiebt sie in die Damentoilette und kennt als einzige deutsche Worte nur »ficki, ficki«, um der Frau klarzumachen, was er jetzt mit ihr machen will.[12]

Dabei sind die Täter bei diesen »Einzelfällen« nicht etwa Einzeltäter, sondern handeln mitunter auch in Gruppen. So etwa im Münchner Stadtteil Berg am Laim, wo Majkut M. (27) Beatrix

C. (27) in einem Park festhält, damit der aus Mali stammende Schwarzafrikaner Sanno F. (23) sie vergewaltigen kann.[13] Mitbürger Bilal A. (30) aus Offenbach hat zusammen mit seinem Kumpel Abdullah bei einer Gruppenvergewaltigung die zwölf Jahre alte Lucie sexuell mißbraucht. Er lockte sie in seine Wohnung. Dann brüllte er »Blas mir einen, sonst ficke ich dich.«[14]

Der Ort spielt bei sexuellen Übergriffen unserer Neubürger keine Rolle. Nicht einmal auf Friedhöfen sind Frauen heute vor Vergewaltigungen sicher.[15] Auch nicht in der Kirche.[16] Nicht auf dem Volksfest.[17] Nicht als Patientin im Krankenhaus.[18] Und schon gar nicht im Rollstuhl. Ein österreichisches Portal berichtete im Oktober 2016 »Frau im Rollstuhl von Flüchtlings-Mob vergewaltigt«.[19] Betroffen sind Heimkinder ebenso wie Kinder in Freibädern. Oder Frauen bei einer Zugreise.[20] Es kann heute jeden treffen.

Auch die Jahreszeit spielt dabei keine Rolle. Nehmen wir nur den 4. Dezember 2016. Im oberbayerischen Waldkraiburg gab es an jenem Tag morgens minus 4 Grad Kälte. Zwei Frauen, 18 und 25 Jahre alt, gingen bei diesen Temperaturen nichtsahnend in der Berliner Straße spazieren, als ein 25 Jahre alter nigerianischer Asylbewerber aus der nahegelegenen Flüchtlingsunterkunft eine von ihnen zu Boden reißt. Er legt sich mitten auf der Straße auf sie und will Sex. Ihn stört weder, daß er die Frau bei dem brutalen Sturz schwer verletzt hat,[21] noch die Eiseskälte.

In der Oberdorfstraße in Villingen-Schwenningen hält ein gebrochen Deutsch sprechender Mann einer 19 Jahre alten ihm nicht bekannten Frau eine Pistole an den Körper und will sofort »ficken«. Die Frau flüchtet, woraufhin der Täter auf sie schießt.[22] In Berlin-Spandau hält ein irakischer Flüchtling einem 12 Jahre alten Jungen eine Pistole an den Kopf und vergewaltigt das Kind. In Blankenburg fällt ein 28 Jahre alter afghanischer Asylbewerber über eine junge Frau her und fordert Sex, schreit dabei immer wieder »I kill you«.[23] Sind das alles nur »Einzelfälle«?

Es geht dabei immer noch skrupelloser und brutaler. Da reißt ein 21 Jahre alter Flüchtling aus dem afrikanischen Guinea einer Frau die Zunge heraus, stopft ihr sein T-Shirt in den Mund und würgt sie, weil er perversen Sex will. Die Richter vom Detmolder Landgericht, die das im Dezember 2016 anhören müssen, sind fassungslos.[24] Ein anderer Fall: Die Studentin Lara M. (25) wird von dem algerischen Asylbewerber Reha M. (37) so brutal vergewaltigt und geschlagen, daß sie an ihren schweren inneren Verletzungen fast verstirbt. Der Asylbewerber brüllt bei der Tat immer wieder »Allahu Akbar«. Nachdem er von ihr abgelassen hat, fragt er sie, ob es ihr gefallen habe und ob er »gut« gewesen sei.[25] Vor Gericht zeigte er 2016 nicht die geringste Reue, stritt alles ab, obwohl das Blut der schwerverletzten jungen Frau bei seiner Festnahme überall an seinen Kleidungsstücken gefunden worden war. Auch eine deutsche Studentin, die von drei afghanischen Flüchtlingen bei einer mehrfachen Gruppenvergewaltigung auch noch so brutal zusammengeschlagen worden war, daß sie schwerste Würgespuren am Hals und Hämatome und Einblutungen am ganzen Körper hatte, machte im Dezember 2016 vor Gericht die Erfahrung, daß die Täter nicht die geringste Spur von Reue zeigten.[26] Sind das alles nur Einzelfälle im Land der Merkelschen Willkommenskultur? Sind wir uns wirklich sicher, daß unsere Frauen und Kinder das schaffen werden, was ihnen da draußen jetzt Tag für Tag angetan wird?

Wenn aus Opfern Täter werden

Je brutaler diese »Einzelfälle« sind, um so skrupelloser werden sie von unseren Leitmedien verschwiegen. Man zeigt bei ihnen viel Verständnis – und macht die Opfer zu Tätern. Ein 14 Jahre alter Junge, der von zwei Flüchtlingen im April 2016 in der Umkleidekabine des Delbrücker Hallenbades[27] mißbraucht worden sein soll, mußte sich vor Gericht anhören, daß er die Flüchtlinge vielleicht zu den sexuellen Handlungen »provoziert« habe. Im neuen Land der Willkommenskultur machen wir Opfer gern zu Tätern. Hauptsache, wir können von den Sexualstraftaten mancher Flüchtlinge ablenken. Am 8. April 2016 geht ein 38 Jahre alter Mann in der Braunschweiger Straße von Gifhorn in Richtung des Penny-Marktes, wo er einkaufen will. Mehrere Flüchtlinge, die im Asylantenheim in Lessien wohnen, sehen den Mann, umringen ihn und schleifen ihn mehrere hundert Meter an den Laubberg. Sie schlagen ihn nieder und rauben ihn aus. Der sadistische Haupttäter Mohammed D. (29) stammt aus Algerien. Er vergewaltigt den brutal zusammengeschlagenen Mann. Drei weitere Nordafrikaner schauen zu. Nicht eine überregionale Zeitung berichtete bis heute über den Fall. Warum? Weil dieser »Einzelfall« möglicherweise Rechtspopulisten Auftrieb geben könnte, wurde er bis auf kleine Meldungen in den Lokalzeitungen einfach totgeschwiegen.[28] Man will schließlich die Bevölkerung nicht beunruhigen. Und möglicherweise hat das Opfer die Täter ja irgendwie provoziert. Ist doch nur ein »Einzelfall«.

Das Wort »Einzelfall« hat in Deutschland unter der Ägide Merkels bei der Ausländerkriminalität Hochkonjunktur. Als im Münchner Rathaus Flüchtlinge Frauen als willenloses Frischfleisch betrachten und überall anfassen, wurden auch diese Übergriffe als »Einzelfälle« abgetan. Was da im Oktober 2016 tatsächlich in München geschah, schaffte es erst mehr als einen Monat später in die Regionalzeitungen.[29] Selbst die in Bayern regierende CSU erfuhr von diesen »Einzelfällen« erst Wochen später aus der Lokalpresse.[30]

Ein anderer »Einzelfall«: Da geht ein 17 Jahre altes Mädchen wegen entzündeter Mandeln in ein Krankenhaus. Zwei Tage nach der Operation mißbraucht sie der aus dem Jemen stammende Assistenzarzt, ein fünffacher Familienvater, auf der Station so brutal, daß sie bis heute zu keinem Arzt mehr geht. Ihr Vertrauen zu Medizinern hat sie verloren. Der Vergewaltiger setzte sich in seine orientalische Heimat ab und wurde später in Rumänien verhaftet. Die deutsche Öffentlichkeit erfuhr das alles erst vier Jahre (!) später, und zwar in Form eines Nebensatzes in einem 2016 publizierten Bericht über den Prozeß vor dem Bonner Landgericht.[31]

Bei Kindesvergewaltigungen ist das Vertuschen nach meinen Recherchen in Deutschland der Regel- und nicht etwa der Ausnahmefall. Nachfolgend ein Beispiel, das für sich selbst spricht. Entnommen ist es der Zeitung *Solinger Bote* vom 11. April 2016. Da heißt es unter der Überschrift »Flüchtlinge vergewaltigen zwölfjährigen Jungen«:

»Wie die Wuppertaler Staatsanwaltschaft auf Nachfrage unserer Redaktion bestätigte, kam es bereits am 3. April, in der Einrichtung Halfeshof, zu einem »Sexualdelikt zum Nachteil eines Zwölfjährigen«, so Staatsanwalt Wolf Tilman-Baumert. Demnach haben sich drei minderjährige Flüchtlinge, im Alter von 15, 16 und 17 Jahren, die sich nach eigenen Angaben als unbegleitete Flüchtlinge in Deutschland aufhalten, an dem Zwölfjährigen vergangen. Die Tat sei herausgekommen, als sich ein Betreuer der Einrichtung der Polizei anvertraut habe, so die Staatsanwaltschaft. Die Tatverdächtigen wurden festgenommen, einem Haftrichter vorgeführt und sitzen jetzt in Untersuchungshaft. (...) Weshalb sowohl Polizei als auch Staatsanwaltschaft nicht von sich aus über den Vorfall berichteten, bleibt ebenfalls unklar. Erst durch einen Informanten wurde unsere Redaktion auf den Vorfall aufmerksam gemacht.«[32]

Vertuschen, verheimlichen, verbergen heißt die Devise im Land der Willkommenskultur. Und das nicht nur bei Sexualdelikten. Die Menschen im Lande spüren allerdings instinktiv, daß sich in ihrer Umgebung beim Thema Sicherheit etwas verändert hat. Die relative Unbekümmertheit, mit der wir uns im deutschsprachigen Raum – im öffentlichen Raum – bewegen konnten, sie ist Vergangenheit.

Auch in Österreich. Am 1. September 2015 ist die dreifache Großmutter Sylvia B. mit ihrem Hund unterwegs zu einem Schrebergarten. Sie geht langsam, weil sie erst vor einem Jahr an der Hüfte operiert worden ist. Auf dem Weg begegnet sie an einer Uferböschung afghanischen Asylbewerbern. Einer von ihnen, ein 17 Jahre alter Flüchtling, packt die Frau und drückt ihren Kopf im nahegelegenen Fluß so lange unter Wasser, bis sie bewußtlos wurde. Dann vergewaltigt er sie anal.[33] Die aus Traiskirchen stammende Seniorin hat verletzt überlebt. Sie ist inzwischen seelisch gebrochen. Sie will nicht mehr leben. Eine ganze Armada von Psychologen, Soziologen, Pädagogen, Ethnologen, Sozialarbeitern und Betreuern kümmert sich jetzt um den afghanischen Vergewaltiger. Um Sylvia B., deren Leben von einem Flüchtling zerstört wurde, kümmert sich außer ihrer Tochter keiner. Sie fragt sich jeden Tag: »Was hab ich getan, dass mir das passierte?«[34] Sylvia B. ist kein Einzelfall. Sie ist ein alltägliches Beispiel für die Folgen der Merkelschen Willkommenskultur.

Über jedem Volksfest, jedem Fußballspiel, ja jedem Spaziergang schwebt heute das Damoklesschwert, Opfer eines Einzelfall-Täters zu werden. Im einstmals idyllischen Bad Godesberg, wo Deutsche heute mitunter aus rein rassistischen Gründen von Migranten einfach so zu Tode getreten werden, haben die Menschen Angst davor, auf die Straße zu gehen.[35] Nicht anders ist es im idyllischen Freiburg, wo ich vor Jahrzehnten studierte. Dort, wo wir als Studenten bis tief in die Nacht bei einem Glas Wein in der Altstadt draußen saßen, empfiehlt die Polizei den Bürgern heute, mit Einbruch der Dunkelheit lieber daheim zu bleiben.[36] Das vor wenigen Jahren noch so liebreizende Freiburg wird allmählich zu einer Ansammlung von No-go-Areas – und zwar wegen der vielen kriminellen Asylbewerber.

Der grüne Bürgermeister der Stadt flehte inzwischen öffentlich um Hilfe.[37] Geändert hat sich nichts. Im Gegenteil. Im September 2016 wird eine fast blinde 79 Jahre alte Freiburgerin, die mit ihrem Blindenstock in Freiburg-Brühl an der Straßenbahnhaltestelle Rennweg auf die Bahn wartet, von einer »dunkelhäutigen korpulenten Frau« (so die Zeugen laut Polizeibericht) im Vorbeigehen zusammengeschlagen.[38] Die Brutalität dieser »Einzelfälle« wird immer massiver. Wenige Tage später schlagen »Nichtdeutsche« einen Mann in Freiburg grundlos so zusammen, daß er später an den Folgen seiner schweren Verletzungen verstirbt. Im Oktober rauben zwei »türkisch-arabisch« aussehende Männer an der Dreisam in Freiburg in

Höhe Schreiberstraße einen Obdachlosen aus und schlagen ihm dabei immer wieder vor den Kopf.[39] Ebenfalls im Oktober treten zwei Ausländer an der Freiburger Johanneskirche einen 51 Jahre alten Deutschen aus dem Markgräfler Land tot.[40] Auch die sexuellen Übergriffe, natürlich alles nur »Einzelfälle«[41], werden im milden Südwesten beinahe zum Regelfall. So wird im September 2016 eine 13-Jährige auf einem Spielplatz in Freiburg-Ebnet von mehreren Deutsch-Türken mit KO-Tropfen und Alkohol betäubt und dann vergewaltigt. Lokalmedien verschwiegen, wer die mutmaßlichen Täter waren.[42] Dabei hatte die Polizeimeldung die Täter genau benannt.[43] Der Haupttäter stammte aus dem Libanon. Wenige Tage später können sich zwei Frauen in der Nähe des Freiburger Hauptbahnhofes nur durch Flucht zur Polizei vor den sexuellen Übergriffen durch Schwarzafrikaner aus Gambia retten.[44] Das ist das Freiburg der Gegenwart. Die Willkommenskultur zeigt auch dort immer öfter ihre Schattenseiten.

Wenn Politische Korrektheit tödlich ist: Der Fall Maria L.

Hinzu kommen auch in der ehrwürdigen alten Universitätsstadt neuerdings immer mehr Morde, bei denen die Polizei nach Auffassung der Freiburger Bürger die wahren Täter möglichst nicht ermitteln sollte.[45] Auch so etwas ist im Deutschland der Gegenwart »normal«. In Freiburg wird am 16. Oktober 2016 die Leiche der Medizinstudentin Maria Ladenburger im Flüßchen Dreisam gefunden. Die 19-Jährige war auf dem Fahrradweg am Fluß unterwegs, wurde vom Rad gerissen, vergewaltigt und ermordet. Die Kriminalpolizei war aufgrund der Spermaspuren im Besitz der DNA des Täters, durfte der Öffentlichkeit bei der Fahndung aber nicht mitteilen, nach welchem Typ Mann eigentlich gesucht wurde. Denn das verbietet Paragraph 81e der Strafprozeßordnung. Die Kripo kann heute anhand der DNA die genaue Augen- und Haarfarbe eines Täters benennen, und eben auch, von welchem Kontinent er oder seine Vorfahren stammen. Doch solche Rückschlüsse auf die geographische Herkunft und das Aussehen eines Täters mithilfe der DNA sind in Deutschland laut Strafprozeßordnung verboten.[46] Die Polizei durfte die Öffentlichkeit während der Fahndung also nicht darauf hinweisen, daß der Vergewaltiger von Maria L. aus dem Vorderen Orient stammte. Man hatte ein blondes Haar gefunden, das dem Täter zugerechnet werden durfte. Am 3. Dezember 2016 teilte die Polizei dann mit, wem das blonde Haar tatsächlich gehörte und wer als mutmaßlicher Mörder und Vergewaltiger festgenommen worden war: Ein angeblich 17 Jahre alter unbegleiteter afghanischer Flüchtling namens Hussein K., der sich das Haar teilweise blondiert hatte und von einer deutschen Familie großzügig aufgenommen worden war.[47] Dieser Afghane war der Mörder der Medizinstudentin Maria Ladenburger.[48]

Die Medizinstudentin Maria hatte sich in Freiburg im Flüchtlingsverein »Weitblick Freiburg« engagiert. Sie war laut ihren Facebook-Einträgen Mitglied der Freiburger Flüchtlingshilfe. Ihre Eltern, ehrbare Akademiker, hatten ihr von klein auf beigebracht, Asylbewerbern mit offenen Armen gegenüberzutreten. Als Maria beerdigt wurde, wußten die Eltern noch nicht, wer sie ermordet hatte. Wohl deshalb haben sie bis zuletzt an das Gute in Menschen wie Hussein K., der in Freiburg polizeibekannt und wegen Körperverletzung vorbestraft war, geglaubt. Denn statt Blumen baten sie die Trauergemeinde um Geldspenden -und zwar für die Freiburger Flüchtlingshilfe.[49]

Bald wurde in Deutschland bekannt, daß der angeblich 17 Jahre alte afghanische Tatverdächtige Hussein K. schon drei Jahre zuvor angeblich 17 Jahre alt gewesen war. Damals soll er auf der griechischen Insel Korfu eine 20 Jahre alte Studentin ausgeraubt und sie dann brutal eine Steilküste heruntergestürzt haben.[50] Das Opfer habe wie durch ein Wunder schwerverletzt überlebt. Das war 2013. Ein Jahr später soll Hussein K. in Griechenland zu zehn Jahren Gefängnis verurteilt worden sein. Von dort aus sei er dann weitergeflohen nach Deutschland. Den griechischen Behörden soll Hussein K. ebenso wie den deutschen Sicherheitsbehörden als Gewalttäter bekannt gewesen sein.[51]

Drei Wochen später wird die Joggerin Carolin G. aus Endingen vergewaltigt und ermordet in den Weinbergen aufgefunden. Wieder einmal stellte die Freiburger Polizei männliche DNA sicher.[52] Wieder einmal durfte sie diese nicht vollständig nach dem Stand der Wissenschaft auswerten. Politische Korrektheit kann also tödlich sein.[53]

Kaum war Maria beerdigt, gab es die nächsten Vergewaltigungs-Attacken von Ausländern. Erst versuchte ein »gebrochen Englisch sprechender« Migrant am 11. Dezember 2016 gegen 6.45 Uhr auf dem Freiburger Universitätsgelände in der Stadt eine 23 Jahre alte Frau zu vergewaltigen, sie konnte sich losreißen und fliehen.[54] Wenige Stunden später greift sich dann ein laut Polizeibericht »Dunkelhäutiger« im nahen Titisee-Neustadt eine Joggerin, wirft sie auf den Boden und will sie vergewaltigen. Auch er scheitert – an der extremen Gegenwehr seines Opfers.[55]

Angst haben die Menschen in Freiburg auch, weil die Leitmedien wegschauen und ihnen nicht beistehen. So weigerte sich die *Tagesschau*, über die Festnahme des afghanischen

Tatverdächtigen nach dem Mord an Maria Ladenburger zu berichten. Mehr noch. Sie verhöhnte die Bevölkerung, die sie mit Zwangsgebühren finanziert, indem sie mitteilen ließ, das Tötungsdelikt habe doch »nur regionale Bedeutung«.[56]

Kurios: Falls in den USA ein weißer Polizist einen kriminellen schwarzen Einwanderer erschießt, dann ist ein solcher Einzelfall für die *Tagesschau* ein großes Thema. Ermordet in Deutschland ein Flüchtling eine Deutsche, dann allerdings nicht. Wie brutal diese Zensur beim Thema Ausländerkriminalität in Deutschland ist, kann man gut daran erkennen, welche ausländischen Medien groß über den Mord an Maria berichtet haben: Alle! Von der *New York Times*[57] über die *Washington Post*[58], von der Londoner *Daily Mail*[59] bis zum Londoner *Mirror*[60], um nur einige Beispiele aus den ausländischen Leitmedien zu nennen. In der *Los Angeles Times* konnte man gar lesen, daß die deutsche *Tagesschau* nicht nur die Berichterstattung über die Tat verweigerte, sondern im Kommentarbereich auch noch den Großteil der Kommentare löschte, wenn Bürger im Internet-Portal der *Tagesschau* auf den Mord hinwiesen.[61] Ist es in Deutschland wieder soweit, daß man »Feindsender« wie die BBC[62] hören muß, um zu wissen, was tatsächlich im eigenen Land vorgeht?

Man ahnt vor diesem Hintergrund, warum sich immer mehr Bürger von Politik und Medien im Stich gelassen fühlen. In jenen Tagen, als in Freiburg Maria vergewaltigt und ermordet wurde, wurden auch in Bochum zwei junge Studentinnen von einem – mutmaßlich arabischen – Vergewaltiger heimgesucht. Nachdem eine in Bochum vergewaltigte chinesische Studentin eine genaue Täterbeschreibung geliefert hatte, rief die chinesische Botschaft alle Chinesen in Deutschland zu besonderer Vorsicht auf. Deutsche Medien verschwiegen das.[63] Einen Tag, nachdem in Freiburg ein Afghane als Vergewaltiger von Maria L. genannt wurde, wurde auch der Vergewaltiger der beiden Studentinnen in Bochum gefaßt: Es war ein irakischer Flüchtling.[64] Zwischendurch noch ein Hinweis zum oben erwähnten Paragraphen 81e der deutschen Strafprozeßordnung, welcher der Kriminalpolizei im Falle der ermordeten Maria verbot, anhand der DNA die Augen- und Haarfarbe eines Täters zu benennen – und eben auch, von welchem Kontinent der Täter oder seine Vorfahren stammen könnte. Die gleiche Rechtslage gibt es auch in der Schweiz. Dort hat am 21. Juli 2015 ein Mann, der laut Zeugen »nur gebrochen Deutsch sprach« und schwarze gekräuselte Haare hatte, eine 26 Jahre alte Schweizerin vom Fahrrad gerissen und sie so brutal vergewaltigt, daß sie seither vom Nacken an abwärts gelähmt ist.[65] Die Luzerner Polizei durfte die DNA des Täters nicht auf dessen Herkunft untersuchen.[66] Das alles wurde in Zusammenhang mit dem Fall der ein Jahr später in Deutschland ermordeten Maria wieder zu einem Politikum, weil der Täter immer noch frei herumläuft. Die Polizei darf jetzt nur sagen, daß der Täter sich möglicherweise schon ins »Ausland abgesetzt« hat – mehr muß sie aus Gründen der Politischen Korrektheit verschweigen. Viele Schweizer, auch die Opferfamilie der in Emmen lebenden gelähmten Frau, fordern die Änderung des Schweizer Gesetzes. Die *Luzerner Zeitung* zeigte 2016 auf, zu welchem Dilemma die geltende Rechtslage im Fall der gelähmten Frau aus Emmen geführt hatte:

Der Vergewaltigungsfall von Emmen zeigt ein Dilemma der geltenden Gesetzgebung auf. Während DNA-Massen-Untersuchungen bei 371 unbescholtenen Männern zulässig sind, verbietet das Gesetz die vertiefte Analyse der sichergestellten DNA des Täters. Gleichzeitig werten die Fahnder Tausende von Mobiltelefondaten unbeteiligter Passanten aus.[67]

*Das Bundeskriminalamt und die Schattenseite
der Willkommenskultur*

Wer Ausländerkriminalität und die grassierende Unsicherheit der Deutschen beschreibt, der handelt sich umgehend den Vorwurf ein, er schüre Angst. Oder es heißt, er sei ein Rechtspopulist, der entweder die Willkommenskultur zerstöre, oder (manipulierte) Kriminalstatistiken bezweifle. Schauen wir uns einmal die Kriminalstatistik des Bundeskriminalamts 2015 genauer an, veröffentlicht im Mai 2016. Und nehmen wir dort die Sexualdelikte: sexuelle Nötigung und Vergewaltigung:[68]

**Vergewaltigung und sexuelle Nötigung,
insgesamt 5896 Fälle, davon:**
Deutsche Tatverdächtige: 3944
Nichtdeutsche Tatverdächtige: 1952

Wenn von 5896 Gesamtfällen 1952 durch Nichtdeutsche verübt wurden, dann sind diese für rund ein Drittel der Vergewaltigungen und sexuellen Nötigungen verantwortlich. Je tiefer man in die Statistik eintaucht, desto mehr verfestigt sich das Bild:

**Vergewaltigung überfallartig,
insgesamt 692 Fälle, davon:**
Deutsche Tatverdächtige: 455
Nichtdeutsche Tatverdächtige: 237

**Vergewaltigung durch Gruppen,
insgesamt 360 Fälle, davon:**
Deutsche Tatverdächtige: 194
Nichtdeutsche Tatverdächtige: 166

**Überfallartige Gruppenvergewaltigung,
insgesamt 80 Fälle, davon:**
Deutsche Tatverdächtige: 47
Nichtdeutsche Tatverdächtige: 33

**Sonstige sexuelle Nötigung,
insgesamt 3819 Fälle, davon:**
Deutsche Tatverdächtige: 2648
Nichtdeutsche Tatverdächtige: 1171

In dieser offiziellen Tabelle des BKA werden eingebürgerte Ausländer als »Deutsche« geführt. Unter den »Deutschen« sind also auch die eingebürgerten Ausländer erfaßt. In den vergangenen zehn Jahren wurden jährlich zwischen 95 000 und 125 000 Ausländer durch Einbürgerung zu Deutschen. Laut Bundesregierung gelten offiziell 9,5 Prozent der Bevölkerung als »Ausländer«.[69] Wenn die Bevölkerungsgruppe der Nichtdeutschen, die laut Definition der Bundesregierung weniger als zehn Prozent der Bevölkerung ausmacht, bei vielen Sexualdelikten einen erheblichen Teil der Tatverdächtigen stellt, dann sollte man erwarten, daß die für Sicherheit Zuständigen das Thema anpacken.

Aber das Gegenteil ist der Fall. Nehmen wir Sex mit und vor Kindern: Bei exhibitionistischen sexuellen Handlungen vor Kindern gab es laut BKA 2015 insgesamt 823 Tagverdächtige, von denen 186 Ausländer waren. Und beim Thema der Kindesvergewaltigungen und des sexuellen Beischlafs mit Kindern waren von 797 Tatverdächtigen 110 Ausländer.

Schauen wir uns einmal an, wie extrem uns Politik und Medien auf diesem Gebiet belügen! Während im Jahr 2015 9,5 Prozent der Bundesbürger Ausländer waren, fanden sich in den deutschen Gefängnissen 27,9 Prozent Ausländer.[70]

Schauen wir genau hin: Laut der offiziellen BKA-Statistik waren 2015 in Deutschland in 276 Fällen Afghanen Tatverdächtige bei Straftaten gegen die sexuelle Selbstbestimmung. Und wie viele Afghanen lebten 2015 in Deutschland? Nach Angaben der Bundesregierung waren es in jenem Jahr 131 454.[71] In Deutschland gibt es statistisch gesehen nach Angaben von Frauenverbänden pro Jahr und pro 100 000 Einwohner 9,85 Vergewaltigungen.[72] In einer Stadt wie Oldenburg, wo mehr als 160 000 Menschen leben (also weitaus mehr als die gerade genannte Gesamtzahl der Afghanen in Deutschland), müßte es laut Statistik pro Jahr also ungefähr 16 Vergewaltigungen geben. Und wenn Ausländer nicht krimineller sind als Deutsche, dann dürfte es beispielsweise unter den in Deutschland lebenden Afghanen nicht viele geben, die wegen Vergewaltigungen oder sexueller Nötigung als Tatverdächtige erfaßt wurden. Bei den Afghanen gibt es (bezogen auf deren Bevölkerungszahl) jedoch erheblich mehr Tatverdächtige – und zwar unglaublich viel mehr.

In Oldenburg (wo 30 000 mehr Menschen leben, als es Afghanen in Deutschland gibt), hat mir der Polizeipressesprecher für das Jahr 2015 zum Tatbestand »Sexuelle Nötigung überfallartig (Einzeltäter) § 177 Abs. 2 Nr. 1, Abs. 3 und 4 StGB« auf Anfrage im Dezember 2016 schriftlich insgesamt vier Fälle benannt. Das BKA nennt für die Bevölkerungsgruppe der Afghanen für das gleiche Jahr 2015 immerhin elf Tatverdächtige. Afghanen sind nach dieser realitätsnahen Betrachtung demnach drei Mal häufiger Tatverdächtige bei diesem Sexualdelikt als eine neutrale Vergleichsgruppe.

Betrachten wir weitere Sexualdelikte. Der Pressesprecher der Oldenburger Polizei nennt mir für 2015 für das Delikt »sexuelle Nötigung durch Gruppen § 177 Abs. 2 Nr. 2 StGB« in Oldenburg gerade einmal einen Fall. Bei Afghanen, deren Zahl ja erheblich geringer ist als jene der in Oldenburg lebenden Menschen, sind es jedoch neun. Ein letztes Beispiel: In Oldenburg gab es 2015 nach offiziellen Polizeiangaben 15 Fälle des Deliktes »Sonstige sexuelle Nötigung § 177 (2) 1, (3), (4) StGB«. Und bei den in Deutschland lebenden Afghanen waren es laut BKA 69 – und das sind nur die Zahlen für eine einzige orientalische Flüchtlingsgruppe. Sind die vielen Sexualstraftaten der afghanischen Asylbewerber alle nur »Einzelfälle«, also Ausrutscher in bezug auf die Statistik?

Schauen wir zwischendurch einmal nach Österreich. Vielleicht ist dort ja alles ganz anders. Und bleiben wir bei den ausländischen Tatverdächtigen. In Österreich stellen Deutsche mit fast 180 000 Menschen die größte »Migrantengruppe«, gefolgt von Serben und Türken mit jeweils 116 000 Menschen. Afghanen (in Deutschland 131 454) stellen in Österreich 36 000 Menschen.[73] Behalten wir im Hinterkopf, daß Politik und Medien behaupten, Vergewaltiger kämen in allen Kulturen in etwa gleich häufig vor. Demnach müßten Deutsche in Österreich zahlenmäßig als Tatverdächtige öfter als Türken oder Afghanen bei Vergewaltigungen in Erscheinung treten. Denn schließlich stellen Deutsche in Österreich ja die größte Bevölkerungsgruppe unter den Ausländern. Schauen wir auf die Zahlen für 2015, so gab es in jenem Jahr in Österreich bei Vergewaltigungen 688 Tatverdächtige, davon 250 Ausländer. Die Deutschen als größte Gruppe stellten dabei zwölf Tatverdäch-

tige, die Serben stellten als zweitgrößte Gruppe 26 Tatverdächtige, die Türken stellten 44 Tatverdächtige. Die relativ kleine Gruppe der Afghanen stellte 22 Tatverdächtige bei Vergewaltigungen in Österreich. Fällt Ihnen etwas auf? Die eben genannten Zahlen gelten allerdings für das Jahr vor der großen Flüchtlingswelle. Seit deren Beginn ist die Entwicklung auch in Österreich noch weitaus dramatischer.
Von Januar bis September 2016 gab es bei 677 Vergewaltigungen 594 Tatverdächtige. Davon waren 337 Österreicher und 257 Ausländer, darunter 91 Asylbewerber. Die Deutschen als größte Ausländergruppe stellten 2016 bis September nur zehn Tatverdächtige, die Serben 13 Tatverdächtige, Türken 43 Tatverdächtige, Afghanen 55 Tatverdächtige und Syrer 13 Tatverdächtige.[74] Schauen wir uns den Zusammenhang an: In Österreich leben 8,7 Millionen Einwohner. Von diesen sind 1,3 Millionen Ausländer. Anders gesagt: 7,4 Millionen Österreicher stellten von Januar bis September 2016 nur 337 Tatverdächtige in Sachen Vergewaltigung. Ausländer, vor allem Asylbewerber und Flüchtlinge, sind demnach bei Sexualdelikten wie Vergewaltigungen in Österreich in extrem hoher Zahl auffällig. Eine dieser auffälligen Tätergruppen sind Afghanen.

Ich will mit diesen Details nicht die Gesamtgruppe der Afghanen herabwürdigen. Ich will allerdings darauf hinweisen, daß es mit bestimmten Kulturkreisen beispielsweise auf dem Gebiet der Sexualdelikte offenkundig ein Problem gibt. Das ist in Deutschland ebenso offenkundig wie in Österreich.

Denn rund 160 000 in Österreich lebende Asylbewerber (2016) stellten dort von Januar bis September 2016 immerhin 91 Tatverdächtige beim Sexualdelikt Vergewaltigung. Und die 7,4 Millionen Österreicher stellten 337 Tatverdächtige. Rechnerisch kommt auf knapp 22 000 Österreicher also ein Tatverdächtiger bei Vergewaltigungen. Bei Asylbewerbern kommt allerdings ein Tatverdächtiger auf 1750 Asylbewerber. Anders ausgedrückt: Bei Asylbewerbern existiert eine knapp 13 (!) Mal höhere Wahrscheinlichkeit, daß sie eine Frau vergewaltigen, als bei Österreichern. Nicht jeder Asylbewerber ist ein Sexualstraftäter. Aber es ist wahr, daß aus ihren Reihen anteilsmäßig mehr Vergewaltiger kommen als bei den Österreichern.

Was also ist der Hintergrund dafür? Wie kann man erklären, warum beispielsweise Afghanen bei Sexualdelikten so häufig vertreten sind? Behalten Sie die eben genannten Zahlen zu sexuellen Nötigungen und zum sexuellen Kindesmissbrauch durch Afghanen bitte im Hinterkopf, wenn Sie das Kapitel »Afghanistan: Kindesvergewaltigungen als ›kultureller Brauch‹« lesen.

Noch einmal zurück zur deutschen BKA-Statistik – und vergessen wir Afghanistan vorübergehend. Wenn Ausländer laut BKA-Statistik im Jahre 2015 immerhin 110 Kinder durch Beischlaf (nach § 176a Abs. 2 Nr. 1 StGB) vergewaltigt oder sexuell mißbraucht haben, dann bedeutet das, daß etwa jeden dritten Tag ein solcher Fall, in dem ein Ausländer eine Rolle spielt, zu verzeichnen ist. Hinzu kommen 1294 Fälle von sexuellem Kindesmißbrauch (§§ 176, 176a, 176b StGB) durch diese Bevölkerungsgruppe allein im Jahr 2015. Das sind weitere 3,5 Fälle an jedem einzelnen Tag des Jahres! Und, man glaubt es kaum, dazu kommen dann auch noch tausende weitere Sexualstraftaten, bei denen die Opfer keine Kinder mehr sind, sondern Jugendliche oder Erwachsene. Sind das in Hinblick auf nichtdeutsche Tatverdächtige bei Sexualstraftaten alles wirklich nur »Einzelfälle«? Und warum schauen wir weg?

Der Ausländeranteil in deutschen Gefängnissen nimmt seit dem Flüchtlings-Tsunami dramatisch zu: Im März 2016 betrug dieser beispielsweise in baden-württembergischen Gefängnissen schon 44,6 Prozent – Tendenz weiter stark steigend.[75] Im Juli 2016 waren in der JVA Stuttgart-Stammheim 73,5 Prozent der Häftlinge Ausländer. Unter ihnen nach Angaben der Behörden immer mehr »Flüchtlinge«.[76] Weil der Trend in allen Bundesländern identisch ist, berichtete der MDR 2016 über die Lage in den sächsischen Haftanstalten und verkündete dazu: »Anton Sterbling, Professor an der Hochschule der Sächsischen Polizei in Rothenburg, kommt bei seinen Modellrechnungen zu dem Schluss, dass die Kriminalitätsneigung der Zuwanderer weit höher ist als die der Einheimischen.«[77]

Besonders brisant: Die deutsche Gewerkschaft der Strafvollzugsbediensteten (BSBD) teilte 2016 offiziell mit, daß Ausländer dreimal häufiger kriminell seien als Deutsche. Und seitdem immer mehr von ihnen als Flüchtlinge kommen, würden die Haftplätze knapp.[78] Das alles ist genau das Gegenteil von dem, was die Politik der Bevölkerung sagt. Wer behauptet, Ausländer seien »nicht krimineller als Deutsche«, der lügt demnach. Hinzu kommt: In Deutschland werden kriminelle Ausländer weit weniger häufig inhaftiert als in anderen deutschsprachigen Ländern: In der Schweiz beträgt der Ausländeranteil in den Gefängnissen 75 Prozent,[79] in Wiener Gefängnissen gab es schon 2013 unglaubliche 70 Prozent Ausländer.[80]

Können Sie jetzt verstehen, warum immer mehr Frauen Angst davor haben, in Anbetracht der zunehmenden Ausländerzahl und der von ihnen verübten Sexualdelikte im Deutschland der Willkommenskultur auf die Straße zu gehen? Tatsache ist: Die Deutschen haben Angst. Und zwar so viel wie nie zuvor, wenn man einmal die Kriegszeiten beiseite läßt. Das unangenehme mulmige Gefühl beginnt für viele Frauen und Kinder heute bereits lange vor der Vergewaltigung oder einem sexuellen Übergriff. Sie spüren die Veränderung der Atmosphäre an jenen Orten, wo bestimmte Migrantengruppen sich bevorzugt aufhalten.

Landesweit war über Wochen Pfefferspray ausverkauft, die Hersteller von Tresoren kamen zeitweise mit der Produktion nicht hinterher. Kampfsportschulen sind ausgebucht. Derzeit werden Outdoor- und Überlebensprodukte wie Wasserfilter, sturmfeste Öfen und lange haltbare Lebensmittel in Massen gekauft. Dabei versucht die Bundesregierung, die Realität hinter diesem Boom zu vertuschen. Ihre Hofberichterstatter in den Leitmedien werfen jedem, der wegen der Ausländerkriminalität und den sich häufenden Sexualdelikten vor Unruhen, Bürgerkrieg, oder Katastrophen warnt, Panikmache vor.

Dabei warnt inzwischen sogar Gerhard Schindler, der frühere Präsident des deutschen Auslandsgeheimdienstes BND, vor dem Zusammenbruch der Inneren Sicherheit in Deutschland – und zwar wegen der jungen männlichen Asylbewerber. Er sagte Ende 2016: »Im Jahr 2015 sind deutlich mehr männliche, unbegleitete Migranten nach Deutschland gekommen als die Gesamtstärke aller Soldaten der Bundeswehr. Man muss kein Prophet sein, um sagen zu können, dass trotz aller Bemühungen um Integration diese Anzahl ein großes Potenzial ist für Frust, Radikalisierung und letztlich für Gewalt. Dem muss man sich stellen. Das ist eine enorme Herausforderung für die Sicherheitsbehörden«.[81]

In Deutschland sind die Gefängnisse derzeit »flüchtlingsbedingt« überfüllt, schrieb eine Tageszeitung 2016.[82] Politiker haben eine Lösung gefunden, wie man mit der unschönen Thematik umgeht: Man läßt die Straftäter einfach frei.[83] Zu Haftstrafen verurteilte Täter laufen in Deutschland frei herum, weil es jetzt absichtlich zu wenige Haftplätze gibt –

man nennt das »offenen Vollzug«. Und so kann man, statistisch gesehen, in Deutschland zugleich auch die Zahl der inhaftierten Ausländer deutlich senken. Auch das Bundeskriminalamt hatte 2016 eingestanden, daß die Zahl ausländischer Tatverdächtiger in Deutschland steigt.[84] Zeitgleich werden aber immer weniger von ihnen zu Gefängnisstrafen verurteilt.[85] Selbst dann, wenn sie Kinder sexuell mißbraucht haben, lautet die Devise: Milde. Ein Beispiel: In Albstadt im Zollern-Alb-Kreis hat ein Asylbewerber einen sieben Jahre alten Nachbarsjungen sexuell mißbraucht. Das Hechinger Amtsgericht sah die Tat als erwiesen an – und verurteilte den vorbestraften Asylbewerber zu einer Bewährungsstrafe.[86]

Während zugewanderte Sexualstraftäter, Totraser, Mörder, Räuber, Sozialhilfebetrüger und Steuersünder in Deutschland aus vorgenannten Gründen immer öfter frei herumlaufen, hat man im Nachbarland Schweiz längst die Reißleine gezogen: Dort werden solche Personen systematisch »ausgeschafft«, also deportiert.[87] Man muß in diesem Zusammenhang wissen, daß in der Schweiz Ausländer schon unglaubliche drei Viertel der Gefängnisinsassen stellen.[88] Zugleich haben weniger als 25 Prozent der Einwohner in der Schweiz einen Migrationshintergrund.[89] Heißt im Klartext: Ausländer sind in Ländern wie der Schweiz wegen schwerer Straftaten in den Gefängnissen extrem stark vertreten. Anders ausgedrückt: Schweizer und Ausländer sind auf dem Gebiet der Kriminalität ganz sicher nicht gleich. Anders als die Deutschen veröffentlicht das Schweizer Bundesamt für Statistik jedes Jahr eine Liste mit dem Ranking der Übeltäter – aus welchem Land stammen Straffällige?[90] Man kann anhand dieser Statistik rasch erkennen, welche Kriminalität hausgemacht ist und welche importiert wird.

In Deutschland will die Politik solche Zusammenhänge eher nicht wissen. Und sie verfügt über ein gewisses Erklärpersonal, das der Bevölkerung immer wieder beibringt, daß es eigentlich keine – oder bloß eine verschwindend geringe – Ausländerkriminalität gibt. Es sind Menschen mit Parteibüchern wie der SPD-Kriminologe Christian Pfeiffer. Der Mann hat das geniale Talent eines trickreichen Zauberkünstlers und zeigt uns, wie man die Statistik der Ausländerkriminalität ganz anders interpretieren kann: In seinem Weltbild ist Deutschland allen Ernstes die sicherste Republik seit dem Jahr 2000.[91] An den Ängsten der Bürger sei nur das Fernsehen schuld, weil es die Verbrechen dramatisiere. Die Sex-Attacken auf Frauen von Silvester 2015/16 seien nicht organisiert gewesen.[92] Und den starken Anstieg der Ausländerkriminalität gebe es »nur auf den ersten Blick«. Die Ängste der Bürger vor Flüchtlingskriminalität seien also völlig »übertrieben«.[93] Vielleicht sollte SPD-Kriminologe Christian Pfeiffer einmal die großen Fußballstadien des Landes anmieten und dort den Opfern der Ausländerkriminalität und jenen, die Angst haben, erklären, daß sie nur zu viel Fernsehen schauen.

Man sollte über Herrn Pfeiffer, dieser Geheimwaffe unserer Politiker beim Schönreden von Ausländerkriminalität, allerdings wissen, wie wenig qualifiziert[94] er ist: Es war Christian Pfeiffer, der mit seinem Gutachten im Jahre 2000 dafür sorgte, daß der »Fall Sebnitz« weltweit Empörung über eine angebliche Haßaktion rechtsradikaler Nazis in der sächsischen Kleinstadt Sebnitz hervorrief. Pfeiffer attestierte der Mutter eines im dortigen Freibad ertrunkenen Jungen der arabischen Familie Abdulla Glaubwürdigkeit. Die Mutter hatte behauptet, ihr Sohn sei vor den Augen von Hunderten möglichen Zeugen von Rechtsextremen ertränkt worden. Nur weil der Kriminologe Pfeiffer diese Darstellung beglaubigt hatte, wurde auch der Mutter von den Medien geglaubt. Der damalige SPD-Bundeskanzler Schröder glaubte seinem SPD-Parteifreund Pfeiffer ebenfalls und empfing die Mutter unter großer medialer Beachtung. Weil die Öffentlichkeit dann auch Täter brauchte, wurden sogar mehrere Unschuldige in Untersuchungshaft genommen. In Wahrheit lag beim Tod des Jungen kein Fremdverschulden vor. Er starb an den Folgen eines Herzfehlers. Unser Kriminologe Pfeiffer hatte nicht nur die Kleinstadt Sebnitz, sondern ganz Deutschland weltweit in Verruf gebracht.[95] Der Schweizer Kriminologe Professor Rüdiger Herren, bei dem ich in den 1980er-Jahren in Freiburg Kriminologie studierte, hatte mich damals immer vor Kriminologen gewarnt, die Parteibücher haben und regelmäßig medienwirksam auftreten. Professor Herren sagte mir immer, ein Kriminologe »gehört an seinen Arbeitsplatz und nicht ins Fernsehen«. So viel zwischendurch zur Glaubwürdigkeit »prominenter Experten« und jener umstrittenen Scharlatane, die Statistiken in den Medien immer so interpretieren können, wie es die Politik gern hätte.

Es gibt weitere Märchen, die uns gern erzählt werden. Angeblich wollen die Menschen aus allen Kulturkreisen dieser Welt auch bei uns nur Sicherheit, Demokratie, Frieden und Freundschaft. Und selbstverständlich sind alle Menschen von Geburt an unheimlich klug und werden nur durch böse Umwelteinflüsse daran gehindert, hier bei uns im Lande der Willkommenskultur hochintelligente Herzchirurgen, Chemielaboranten und Ingenieure zu werden. So ungefähr jedenfalls trichtern es Politik und Leitmedien den Deutschen rund um die Uhr ein. Die Wahrheit ist eine andere. Sie ist politisch nicht korrekt. Ein Beispiel: In einem eher kleinen Land wie Somalia, aus dem viele Asylsuchende zu uns kommen, gibt es nach offiziellen Angaben der Weltgesundheitsorganisation unter kaum zehn Millionen Einwohnern vier Millionen Geisteskranke. Und nur drei Psychiater.[96] Sollten wir also nicht besser wissen, welche Menschen aus Ländern wie Somalia in Massen zu uns kommen? Schließlich werden von den vielen Asylbewerbern aus Somalia rund 70 Prozent anerkannt und werden wohl dauerhaft unter uns leben.

Ende November 2016 haben drei Somalier auf der Straße am Bahnhof von Landau eine sichtbar hochschwangere Frau mittags bewußtlos geschlagen und ihr in den Rücken getreten.[97] Einfach so. Wenn aus Somalia stammende Mitbürger dann auch noch einfach so Passanten[98] oder Polizisten[99] angreifen, dann sollte man wissen, daß ein solcher somalischer Täter mit extrem hoher Wahrscheinlichkeit geisteskrank und unzurechnungsfähig ist.[100] Noch verrückter geht es kaum. In unserer bunten und weltoffenen Gesellschaft blenden wir wichtige Teile der Realität wie die hohe Zahl der Geisteskranken in Somalia einfach aus. Dann aber werden wir die Entwicklung der Kriminalität nie verstehen und ihr auch nie begegnen können. Dabei endet die beschriebene Geisteskrankheit ganz sicher nicht an den (willkürlich von den Kolonialmächten gezogenen) Grenzen Somalias. Wir finden sie auch im Nachbarland Dschibuti und im angrenzenden Eritrea. Auch von dort flüchten viele Menschen nach Deutschland. Vor dem Essener Landgericht hat ein Flüchtling aus Eritrea Ende Oktober 2016 den Vorsitzenden Richter zusammengeschlagen, nachdem der Richter ihn wegen psychischer Probleme (Schuldunfähigkeit) von seinen Straftaten freigesprochen hatte. Der Richter mußte zur notärztlichen Behandlung ins Krankenhaus. Der Eritreer glaubt übrigens, daß er Kameras in seinem Bauch hat, die ihn ständig beobachten.[101]

Man sollte bestimmte Grundkenntnisse über jene Länder haben, aus denen in Massen Flüchtlinge zu uns kommen. Und man sollte sich auch über Kultur und Sexualität in diesen Ländern informieren.

Wo Männer anders ticken: Was uns über andere Kulturen verschwiegen wird

Es gibt Regionen auf dieser Welt, wo es für Männer alltäglich ist, Frauen und auch Kinder zu vergewaltigen. Man wird das schlecht oder abartig finden – leugnen sollte man es nicht. So gesteht in Südafrika laut zahlreichen Studien jeder Vierte ein, daß er schon mindestens einmal eine Frau vergewaltigt hat. Und nicht wenige Südafrikaner vergewaltigen regelmäßig.[102] Südafrika ist noch vor Indien und Simbabwe auch das Land mit den meisten Kindesvergewaltigungen. Nach südafrikanischen Gewerkschaftsangaben wird mindestens alle drei Minuten ein Kind im Land vergewaltigt. Auch die weiße südafrikanische Richterin Mabel Jansen wurde im Mai 2016 von der BBC mit den Worten zitiert, sie habe in ihrem ganzen Leben noch kein zwölf Jahre altes Mädchen im Land gesehen, das nicht schon mindestens einmal vergewaltigt worden sei. Sogar das Vergewaltigen von Babys, häufig auch in Gruppen, sei Teil der Kultur des Landes und werde von den Männern als eine Art »Freizeitbeschäftigung« betrachtet. Weil die Richterin eine weiße Hautfarbe hat, nannten westliche Medien ihre Aussage »rassistisch«.[103] Dabei hatte auch der Londoner *Telegraph* schon 2001 darüber berichtet, daß schwarze Südafrikaner Babys aus einem ganz bestimmten Grund vergewaltigen.[104] Viele Schwarzafrikaner glauben nun einmal, daß sie sich mit der Vergewaltigung von Kindern vor einer AIDS-Infektion schützen können.[105] Denken Sie als Leser wirklich, daß solche Menschen dieses Denken an den europäischen Grenzen ablegen, wenn sie zu uns kommen?

In Südafrika ist eine bestimmte Form der Vergewaltigungskultur[106] als »Ukuthwala«[107] bekannt und war bislang weithin akzeptiert.[108] »Ukuthwala« war bis vor wenigen Jahren in Südafrika legal, wenn der Mann das Kind danach heiraten wollte. Heute ist es ein Verbrechen. »Ukuthwala« ist kulturhistorisch vergleichbar mit Traditionen in orientalischen Ländern, Kindersex durch spätere Heirat zu »legitimieren«, wie es heute beispielsweise wieder in der Türkei ganz offiziell legal ist.[109]

In Südafrika soll es demnächst nach dem Willen von Medizinerverbänden zur Grundausbildung von Gynäkologen und Chirurgen gehören, Harnwege, Darmtrakt und Genitalien nach Kindesvergewaltigungen durch chirurgische Eingriffe wiederherzustellen. Es gibt inzwischen viele wissenschaftliche Studien von afrikanischen Akademikern über die Tatsache, daß angeblich nirgendwo auf der Welt mehr Babys und Kleinkinder vergewaltigt werden als in Südafrika. Nach Angaben solcher Studien vergewaltigen Südafrikaner Kinder, weil »erwachsene Frauen gerade nicht verfügbar sind« oder weil sie sich so »ihre Macht beweisen wollen«.[110] Mitunter machen sie das auch in Gruppen. Piet van Rooi (39), Jan Mienies (45), John Radebe (24), Frans Mostert (28), Jan van Wyk (66) und Joffie Freeman (22) erlangten zweifelhafte internationale Berühmtheit, weil sie in Südafrika ein kaum neun Monate altes Baby gemeinschaftlich vergewaltigten.[111] Immer häufiger erweist es sich auch, daß die Täter international gut vernetzt sind und die Kindesvergewaltigungen auch online verbreiten.[112] Die Täter verdienen Geld damit und reisen auch nach Europa.

Ganz sicher ist dieses Denken nicht auf Südafrika begrenzt, denn die Kolonialgrenzen wurden auch hier willkürlich gezogen und grenzen afrikanische Kulturen nicht voneinander ab. Und ebenso sicher endet dieses Denken nicht an den deutschen Grenzen, wenn afrikanische »Flüchtlinge« zu uns kommen. Sollte die Öffentlichkeit dieses kulturelle Verhalten nicht auch im fernen Deutschland kennen? Wie so vieles andere, was uns fremd erscheint. Schließlich versteht man nur dann die Entwicklung auf dem Gebiet von Kriminalität und Sicherheit.

Das unfaßbare Verhalten einiger Menschen aus bestimmten Kulturkreisen hat auch nicht nur mit Deutschland oder Europa zu tun, sondern es sorgt weltweit für Aufsehen. Australien läßt beispielsweise junge unbegleitete männliche »Flüchtlinge« aus dem Orient nicht mehr ins Land, weil man bestimmte Erfahrungen nicht länger tolerieren will. Die Entscheidung basiert auf Gruppenvergewaltigungen durch Mitbürger aus gewissen Kulturkreisen, die 2011 begannen. Damals vergewaltigten die aus Sudan und Afghanistan stammenden jungen Migranten Mohammad Zaoli (21), Aru Gar (19), Mohammed El Nour (18), Akoak Manon (18) und drei weitere Araber im Alter von 14, 16 und 17 eine junge australische Mutter in der Stadt Bendigo. Eine Kamera filmte sie dabei. Die Täter lachten, erfreuten sich an den Schreien der hilflosen Frau und fanden die Gruppenvergewaltigung völlig »normal«.[113] Das anschließende Gerichtsverfahren und weitere Vergewaltigungsfälle sorgten zunächst für landesweites Entsetzen. In der Folge führten sie zur Entscheidung der australischen Regierung, junge alleinreisende männliche Flüchtlinge aus orientalischen Ländern an den Grenzen abzuweisen – oder sie auf Inseln in Lagern zu kasernieren. Zuvor hatte ein hoher australischer Islamgelehrter, Scheich Taj Aldin al-Hilali, den in Australien lebenden Muslimen mitgeteilt, sie sollten unverschleierte Frauen so sehen, wie eine Katze rohes Fleisch betrachte: als Einladung dazu, einfach zuzugreifen. Bei einer Vergewaltigung sei dann nicht der Vergewaltiger schuld, sondern die Frau, die sich nicht verhüllt habe.[114]

Wer solche Aussagen für einen »Einzelfall« hält, der glaubt sicher auch noch an den Weihnachtsmann. So hat ein Kölner Imam 2016 nach den massenhaften Sex-Übergriffen von Flüchtlingen auf Frauen in der Silvesternacht einem russischen Fernsehsender gesagt, die deutschen Frauen trügen die Schuld daran, weil sie in der Öffentlichkeit »halbnackt und mit Parfüm« rumgelaufen seien.[115] Nicht ein einziger deutscher Journalist hat über diese Rückendeckung für die Vergewaltiger berichtet.

Auch Suad Saleh, eine Professorin der berühmten Al-Azhar-Islamuniversität in Kairo, hat im Januar 2016 in einem Interview öffentlich die Vergewaltigung westlicher Frauen durch junge muslimische Männer gerechtfertigt und für gut befunden.[116]

Der Mufti von Kopenhagen, Shahid M., hat es ebenfalls immer wieder öffentlich gerechtfertigt, Frauen in westlichen Ländern als sexuelles Freiwild zu betrachten. Zumal, wenn sie sich in der Öffentlichkeit nicht islamkonform kleiden. Am 21. August 2016 wurde dieser wohl bekannteste dänische Imam verhaftet, nachdem er in einem Park im schwedischen Malmö die Hosen runtergelassen und einer ihm unbekannten Frau namens Gabrielle laut Polizeibericht seinen Penis vors Gesicht gehalten haben soll. Die schwedische Zeitung *Aftonbladet* berichtete zudem schon 2012 darüber, daß in schwedischen Moscheen Imame bei Aussagen gefilmt wurden, wonach vergewaltigte Frauen nicht zur Polizei gehen sollten und der sexuelle Mißbrauch von Frauen hingenommen werden müsse.[117]

Internationale Leitmedien berichten regelmäßig darüber, daß islamische Gruppen wie der Islamische Staat Kinder als Sexsklaven halten, sie wie Vieh verkaufen und sich dabei auf den Islam berufen.[118] Bei dem, was in Europa vor unseren Haustüren geschieht, da schauen sie dann doch lieber weg. Deshalb sei darauf hingewiesen, was manche Muslime laut CNN glauben: Wenn eine »Ungläubige« zehn Mal von einem Muslim vergewaltigt wurde, dann wird sie angeblich automatisch selbst zur Muslima. Und deshalb riefen, so CNN, manche Gruppen wie der Islamische Staat, öffentlich dazu auf, »ungläubige« Frauen möglichst häufig zu vergewaltigen.[119] Über die offenen Grenzen sind jene, denen man das alles eingeimpft hat, inzwischen im Zuge der Merkelschen Willkommenskultur bis vor unsere Haustüren gekommen.

Lange Zeit haben die meisten von uns das alles nicht wahrhaben wollen. Wer gesteht sich schon gerne ein, zu lange geschwiegen zu haben? Lange Zeit haben wir uns die Realität schöngeredet. Schließlich haben Politik und Medien doch immer wieder behauptet, daß die Vergewaltigungen, Überfälle, Körperverletzungen und andere Gewalttaten durch Migranten aus bestimmten Regionen nur »Einzelfälle« seien. Wie hätten wir wissen können, daß die Kriminalstatistiken in Hinblick auf Flüchtlingskriminalität dreist frisiert werden? Und wer von uns hätte es vor wenigen Monaten noch für möglich gehalten, daß die Leitmedien uns diesen Teil der Realität systematisch vorenthalten und über die verheerende Entwicklung einfach nicht berichten? Die Wahrheit lautet: Politik und Medien wollen nicht, daß wir die Wahrheit erfahren. Wenn es darum geht, Kindesvergewaltigungen in den Reihen der katholischen Kirche aufzuklären, die Jahrzehnte zurückliegen, dann sind Politik und Medien unerbittlich. Wenn es um Sexualstraftaten der Gegenwart von Zuwanderern gegen Frauen und Kinder geht, dann sollen wir lieber wegschauen.

Die Wahrheit lautet: Im Verbrecherparadies Deutschland lachen bestimmte Bevölkerungsgruppen über das, was wir früher einmal Kriminalitätsbekämpfung nannten. Vergewaltiger, Räuber und Diebe bekommen immer wieder Bewährungsstrafen – wenn sie nur einen Migrationshintergrund haben. Ganz langsam wachen jetzt immer mehr Bürger auf. Und es gibt erste Journalisten, die in Anbetracht der nicht mehr zu leugnenden katastrophalen Lage ganz behutsam über die grauenvollen Folgen der Massenzuwanderung berichten.

KAPITEL II:

Hintergrundwissen – Sexualdelikte im orientalischen Kulturkreis

Das Sexualverhalten von Menschen ist nicht komplett angeboren. Tabus, Hemmungen und Triebsteuerung werden weitgehend aus dem Kulturkreis der Umgebung übernommen, in der ein Mensch aufwächst. Mitunter hat der Zusammenprall verschiedener Kulturen und der sexuellen Vorstellungen dann unschöne Folgen. So hat das britische Verteidigungsministerium Ende 2014 mehr als 300 libysche Kadetten, die sich zur Ausbildung in Großbritannien befanden, ganz schnell wieder in deren Heimatland zurückgeschickt.[120] Ein bilaterales Programm, nach dem weitere 2000 Libyer nach Großbritannien kommen sollten, wurde ersatzlos gestrichen. Grund war das Sexualverhalten der Libyer. Zwei vergewaltigten schon kurz nach ihrer Ankunft im Stadtpark von Cambridge einen jungen Mann. Sie verhielten sich dabei nach Angaben der Richter »wie Jagdhunde«.[121] Der Londoner *Telegraph* berichtete, daß viele weitere libysche Kadetten durch irre Sex-Attacken auffielen.[122] Drei von ihnen, die auch in ihrer Kaserne britische Soldatinnen mißbraucht hatten, besaßen aus britischer Sicht die Unverfrorenheit, für diese Tat auch noch »politisches Asyl« zu fordern. Sie begründeten es damit, daß ihnen ansonsten nach ihrer Rückkehr in Libyen eine unmenschliche Bestrafung drohe.[123] Andere libysche Kadetten mißbrauchten vier britische Teenager. Die pikante Angelegenheit fand erst im Oktober 2016 ein Ende, nachdem nicht etwa die Libyer, sondern die britische Regierung alle Mißbrauchsopfer der Libyer finanziell entschädigte.[124] In der Zwischenzeit wurde bekannt, daß libysche Soldaten, die man in andere NATO-Staaten (wie etwa Italien) zur Ausbildung geschickt hatte, dort ebenso durch sexuellen Mißbrauch aufgefallen waren.[125]

Im deutschsprachigen Raum ist das alles ein Tabuthema. Wir haben deshalb in der Realität auch eine Willkommenskultur für Vergewaltiger und Sexualstraftäter, die ihr Sexualverhalten nicht steuern können. Solange wir das leugnen, unterstützen wir die Täter.

Ich befasse mich schon seit vielen Jahren mit der unbequemen Thematik des ungewöhnlich häufigen sexuellen Mißbrauchs (vor allem von Kindern) durch Angehörige des orientalischen und nordafrikanischen Kulturkreises. Ich wurde mit der Thematik zum ersten Mal 1992 selbst in Afghanistan konfrontiert. Dort erlebte ich ältere Männer, welche als abendliche Freizeitbeschäftigung die Kindesvergewaltigung (vor allem die orale Befriedigung durch kleine Jungen und Analsex mit diesen) häufig für völlig selbstverständlich erachteten.

Ich habe 17 Jahre für die *Frankfurter Allgemeine Zeitung* diese Region bereist, dort als Berichterstatter auch immer wieder lange Zeit gelebt. Ich habe neben Kriminologie auch Islamkunde studiert. Aus dem Studium und auch aus meinen Erlebnissen in diesen Kulturkreisen weiß ich: Vergewaltigungen und sexueller Kindesmißbrauch haben in Teilen der orientalischen Welt, etwa in Pakistan und Afghanistan, eine lange

Tradition. Dies war im deutschsprachigen Raum lange Zeit ein Tabuthema.

Seit 2016 hat sich das ansatzweise verändert. Das hängt mit den sexuellen Übergriffen der Silvesternacht 2015/16 zusammen – und mit immer häufigeren Vorfällen in unseren Schwimmbädern. Inzwischen warnt auch die Polizei in Deutschland ganz offen vor dem wachsenden Problem sexueller Übergriffe von Flüchtlingen und Migrantengruppen auf Kinder, vor allem in Schwimmbädern. Die Zunahme solcher Fälle, bei denen Migranten Frauen und Kinder sexuell angehen, bestätigt auch Rainer Wendt, der Vorsitzende der Deutschen Polizeigewerkschaft.[126] Nachdem der Bundesinnenminister vor einem Generalverdacht gegen Flüchtlinge warnte, bezeichnete der Gewerkschaftschef Äußerungen von Politikern als zynisch, bei sexuellen Übergriffen gegen Frauen und Mädchen in den Heimen handele es sich um »Einzelfälle«.[127]

Heute haben wir in Deutschland »Projekte gegen sexuelle Übergriffe in öffentlichen Bädern« durch Migranten – vor wenigen Jahren noch völlig undenkbar.[128] Wir sollten nicht vergessen: Das alles spielt sich nicht nur in Schwimmbädern und auf der Straße ab, sondern eben auch in Flüchtlingsunterkünften. Also dort, wo auch Frauen und Kinder eigentlich Schutz erwarten sollten.

Die Gießener Polizei beispielsweise ist von oben dazu angehalten, grundsätzlich keine Anzeigen wegen Vergewaltigungen von Flüchtlingen in der Gießener Erstaufnahmeeinrichtung mehr anzunehmen. Was nicht aufgenommen wird, kann schließlich später auch nicht in der Statistik erscheinen.

Die Wahrheit lautet: In Deutschland gab es allein in den ersten drei Monaten des Jahres 2016 durch Flüchtlinge in Asylbewerberunterkünften 128 Fälle von Vergewaltigungen und sexuellem Missbrauch.[129] Sie tauchen in den Statistiken des Bundeskriminalamtes allerdings mit nicht einem einzigen Fall auf. In dem Bericht dazu heißt es allerdings ausdrücklich: »Das Dunkelfeld schätzen Experten weitaus größer ein«. Nimmt man also nur die bekannt gewordenen und angezeigten Fälle und rechnet diese linear auf zwölf Monate hoch, dann handelt es sich also pro Jahr um mehr als 500 Vergewaltigungen von Frauen und Kindern – nur in Flüchtlingsunterkünften! Suchen Sie diese Hinweise doch bitte einmal in den offiziellen Statistiken. Sie werden sie nicht finden.

Afghanistan: Kindersex als »kultureller Brauch«

Schauen wir einmal nach Afghanistan. Das ist immerhin ein Land, in dem seit vielen Jahren auch deutsche Soldaten stationiert sind. Erinnern Sie sich noch daran, was ich im Kapitel »Das Bundeskriminalamt zur Schattenseite der Willkommenskultur« über die Sexualstraftaten von Afghanen 2015 in Deutschland geschrieben habe? Laut der offiziellen BKA-Statistik waren 2015 in Deutschland nach meinen Recherchen auffallend viele Afghanen Tatverdächtige bei Straftaten wie sexuellen Nötigungen und exhibitionistisch-sexuellen Handlungen vor Kindern.

Man sollte dazu wissen: In Teilen Afghanistans ist der sexuelle Kindesmißbrauch kleiner Jungen eine Art gesellschaftliche Freizeitbeschäftigung. So wie man bei uns Schach spielt, werden in manchen Regionen des Landes als »Spiel« und Freizeitbeschäftigung minderjährige Jungen mißbraucht. Ich habe das in Afghanistan selbst erlebt und kenne auch viele Berichte dazu. Erinnern Sie sich bitte auch an meine Ausführungen zu Südafrika, wo die südafrikanische Richterin Mabel Jansen das gleiche für Südafrika sagte und von der BBC mit den Worten zitiert wurde, Kindesvergewaltigungen seien Teil der Kultur des Landes. Südafrikanische Gewerkschaften bestätigen solche Angaben ja ebenfalls. Wir Europäer können uns das nicht vorstellen. Wir wollen es uns nicht vorstellen. Wir nennen stattdessen jene »rassistisch«, die das alles aussprechen.

Zurück nach Afghanistan: Auch die Vereinten Nationen haben Berichte über die in der afghanischen Landessprache Paschtu »Bacha Bazi« genannte Freizeitbeschäftigung der Kindesvergewaltigung verfaßt. Die US-Armee hat 2010 dazu einen Forschungsbericht für die in Afghanistan stationierten amerikanischen Soldaten erstellen lassen, weil US-Soldaten immer wieder mit dieser für sie ungewöhnlichen kulturellen Praxis konfrontiert wurden.[130] In jenem Bericht wird US-Soldaten mitgeteilt, daß Frauen aus der Sicht afghanischer Männer »zum Kinderkriegen und kleine Jungs für den Spaß« sind (»women are for children, boys are for pleasure«[131]).

Zuvor hatten sich erst amerikanische und dann auch kanadische Soldaten in Afghanistan darüber beschwert, daß afghanische Soldaten und Übersetzer es völlig »normal« fanden, kleine afghanische Jungen im Lager »Base Wilson« in der Provinz Kandahar in einem Raum zu mißbrauchen. Kanadische Menschenrechtsorganisationen forderten damals vergeblich, diese Kindesvergewaltigungen vor dem Internationalen Kriegsverbrechertribunal anzuklagen. Das verweigerte Kanada mit dem Argument, man habe ja schließlich weder die Namen der afghanischen Täter, noch der Opfer.[132] Major Kevin Klein, damals Garnisonspfarrer der kanadischen Soldaten in Afghanistan, bestätigte der Zeitung *Toronto Star*, daß jeder die Vorgabe gehabt habe, bei den Kindesvergewaltigungen wegzuschauen. Die Vorgesetzten hätten ihnen gesagt, es handele sich um einen »kulturellen Brauch«, den man respektieren müsse.[133] Neben den kanadischen und amerikanischen Soldaten wurden auch britische Soldaten von ihren Vorgesetzten in Afghanistan dazu angewiesen, sexuellen Kindesmißbrauch als »kulturelle Eigenart« hinzunehmen. Der Londoner *Telegraph* berichtete darüber 2011 unter der Überschrift »British forces were advised by a military study that paedophilia is widespread and culturally accepted in southern Afghanistan«.[134]

Im Jahr 2013 berichtete die renommierte US-Fachzeitschrift *Foreign Policy*, daß jeder zweite erwachsene Afghane sich in ländlichen Regionen Afghanistans einen »Tee-Boy« halte. Der Begriff »Tee-Boy« sei eine Umschreibung für die weit verbreitete Akzeptanz von Pädophilie in jenem Land, welche die in Afghanistan stationierten westlichen Streitkräfte in ein großes moralisches Dilemma stürze. Schließlich müßten sie beim Kindersex wegschauen. Denn auch die Polizei- und Militärführer halten sich in Afghanistan wie selbstverständlich »Tee-Boys«, die sie sexuell befriedigen müssen.[135]

Seit Jahren schon versucht auch Radhika Coomaraswamy, die Kinderschutzbeauftragte der Vereinten Nationen, vergeblich auf die Lage der so vergewaltigten Kinder aufmerksam zu machen. Sie hob hervor,[136] daß man ihr überall sage, es handele sich doch um eine seit mehr als tausend Jahren verbreitete kulturelle Praxis in dieser Weltregion. Auch die Schweizerische Flüchtlingshilfe hatte 2013 einen langen Bericht zur Praxis der afghanischen Kindesvergewaltigungen erstellt.[137] Sie war zuvor mit folgender Frage konfrontiert worden:

Kommt es vor, daß Knaben (Kinder oder minderjährige junge Männer) in Afghanistan zur Prostitution mit erwachsenen Männern gezwungen werden? Und daß die Knaben sexuelle und andere Wünsche dieser Männer erfüllen müssen?

Die Antwort lautete:
»Bacha Bazi« bedeutet Knabenspiel. Reiche Männer halten sich dabei Jungen im Alter zwischen elf und 16 Jahren, die als Frauen verkleidet an Festen tanzen. In vielen Fällen kommt es zu sexuellem Missbrauch. (...) Sexuelle Gewalt gegen Kinder ist in Afghanistan weit verbreitet. Doch in den wenigsten Fällen kommt es zu einer Anzeige. (...) Zudem ist das Bewußtsein wenig ausgeprägt, daß sexueller Missbrauch von Kindern strafbar ist. Opfer aber auch Zeugen sexueller Gewalt werden nicht geschützt. (...) Zudem sind die verantwortlichen Behörden vielfach selbst in »Bacha Bazi« involviert. So rekrutieren die afghanischen Sicherheitsdienste weiterhin minderjährige Jungen unter anderem auch für sexuelle Zwecke.

In bestimmten orientalischen Kulturen ist der sexuelle Kindesmißbrauch also »normal«. Die *Daily Mail* berichtete über diese alltägliche afghanische Praxis der Vergewaltigung kleiner Jungen.[138] Dahinter steht letztlich die alte orientalische Tradition des »Lustknaben«, die auch heute noch in der gesamten Region weit verbreitet und kulturell verankert ist. Sie bildet auch bei uns die kulturelle Grundlage für den sexuellen Kindesmißbrauch durch Zuwanderer aus dieser Region, die sich dabei hier keinerlei Schuld bewußt sind. In unseren Medien wird das Thema immer noch eher verharmlost. Die *Frankfurter Allgemeine Zeitung* schreibt etwa über Afghanistan: »In Afghanistan halten sich einflußreiche Männer Jungs im Alter zwischen elf und sechzehn Jahren zum erotischen Zeitvertreib. Die UN wollen dagegen vorgehen. Doch das ›Knabenspiel‹ hat Tradition«.[139]

Und zwar nicht nur in Afghanistan, sondern auch in Tadschikistan, Turkmenistan, Usbekistan und im Nordwesten von Pakistan. Wenn junge afghanische oder pakistanische Männer also im europäischen Raum als Flüchtlinge leben und dann kleine Jungen oder Mädchen (aber auch Frauen) als eine Art willenloses Fleisch betrachten, dann sollte man diesen kulturellen Hintergrund, der in Teilen ihrer Heimatländer nachweislich vorhanden ist, kennen.[140]

Schauen wir uns die Folgen an: Im Oktober 2016 hat ein 62 Jahre alter Afghane in Freiburg ein acht Jahre altes Kind sexuell mißbraucht.[141] Im Polizeibericht heißt es:

»Am Montagabend wurde der Polizei um 21.34 Uhr gemeldet, dass es in der Asylbewerberunterkunft in der Badstraße zu einem größeren Auflauf der Bewohner gekommen sei. Beim Eintreffen der Polizei wurde bekannt, dass ein 62 Jahre alter Mann einen acht Jahre alten Jungen in die Dusche gezogen und dort an ihm sexuelle Handlungen vorgenommen haben soll. Zeugen hatten die Tat bemerkt und kamen dem Jungen zu Hilfe. Der Tatverdächtige wurde von den Zeugen und dem Sicherheitsdienst bis zum Eintreffen der Polizei festgehalten. Der Tatverdächtige, es handelt sich um einen afghanischen Staatsangehörigen, wurde festgenommen, gegen ihn wurde Haftbefehl beantragt. Der Junge wurde zur Untersuchung in eine Kinderklinik gebracht.«[142]

Es ist einer von einer ganzen Reihe solcher »Einzelfälle«, die ich in diesem Buch jeweils im Zusammenhang auflistete. Nehmen wir einen anderen Monat, den Dezember 2016. Am 12. Dezember 2016 finde ich eine Meldung in der *Ostthüringer Zeitung* mit der Überschrift »14-Jährige in Meiningen vergewaltigt«.[143] Demnach wurde die 14-Jährige in der Nähe eines Parkplatzes in der Leipziger Straße vergewaltigt. Über den mutmaßlichen Vergewaltiger, der von der Polizei festgenommen worden war, heißt es knapp am Ende des Berichts: »Der aus Afghanistan stammende 22-jährige Asylbewerber wurde in Anwesenheit eines Dolmetschers vernommen. Die Staatsanwaltschaft Meiningen beantragte Haftbefehl. Der 22-Jährige befindet sich nun in der JVA Suhl-Goldlauter«.[144]

Vielleicht verstehen Sie als Leser nun, warum wir offen darüber sprechen sollten, in welchen Kulturkreisen sexueller Mißbrauch von Kindern häufig anzutreffen ist? Wie sonst wollten wir weitere solche »Einzelfälle« verhindern?

Von pakistanischen »Lustknaben« und afrikanischen Stammeskriegern

Es gibt auch muslimische Frauen, die in europäischen Ländern leben und von uns Europäern fordern, das Problem der Kindesvergewaltigung durch Zuwanderer aus dem islamischen Kulturkreis nicht kleinzureden. Eine dieser Frauen ist die in Großbritannien lebende Shaista Gohir. Sie ist die Vorsitzende der Menschenrechtsgruppe Muslim Women's Network UK. Shaista Gohir weist darauf hin, daß Kindesmißbrauch durch Muslime in Europa meist »unter den Teppich gekehrt« werde.[145]

Betrachten wir ein anderes Land des islamischen Kulturkreises, Pakistan: Die BBC berichtete über eine Dokumentation des britischen Senders Channel 4, wonach 95 Prozent der pakistanischen Lkw-Fahrer sich einen »Lustknaben« halten, der sie unterwegs sexuell befriedige. Neun von zehn pakistanischen Kindern wurden demnach schon mindestens einmal vergewaltigt.[146] Pakistan, ein Bündnispartner des Westens und eine angeblich fortschrittliche Atommacht, schaut demnach weg, wenn es um das Thema Kindesvergewaltigung geht. In der erwähnten TV-Dokumentation kommen Lkw-Fahrer zu Wort, die vor laufender Kamera eingestehen, schon mehr als zehn Kinder sexuell mißbraucht haben. Sie sagen das so, als ob es das Normalste der Welt sei.[147]

Im Kapitel »Freier Internetzugang: Pornoseiten für Asylbewerber« werde ich später noch ausführlich belegen, daß sexueller Kindesmißbrauch in Pakistan bis März 2016 (!) nicht einmal strafbar war.[148]

Der Londoner *Guardian* hatte schon 2004 darüber berichtet, daß viele kleine Jungen in pakistanischen Koranschulen wie selbstverständlich sexuell mißhandelt und vergewaltigt werden. Und jenen, die sich von den Islam-Lehrern nicht vergewaltigen lassen wollen, droht als Strafe ein Säureangriff. Der *Guardian* präsentierte als Beispiel dafür die Geschichte von Abid Tanoli, dem islamische Geistliche im Alter von 14 Jahren Säure ins Gesicht gossen, weil er keinen Geschlechtsverkehr mit ihnen haben wollte. Seither ist er blind.[149] In Pakistan ist die Gruppenvergewaltigung von Kindern laut *Washington Post* alltäglich[150] – und das seit Generationen. Die *Washington Post* führt Beispiele dazu auf, daß vier Jahre alte Kinder über mehrere Tage hin von mehreren Männern vergewaltigt werden. Es handele sich um eines der größten Tabuthemen in dem streng islamischen Land.

Mitunter verhängen Dorfälteste solche Gruppenvergewaltigungen auch als offizielle Strafen für Jugendliche, die nicht nach den traditionellen Regeln der Großfamilien leben wollen. Die Pakistanerin Mukhtar Mai, die selbst Opfer einer vom ganzen Dorf beschlossenen Gruppenvergewaltigung geworden war, ist die erste pakistanische Frau, die öffentlich darüber gesprochen hat und das Tabu damit brach.[151] Amnesty International hat zudem über Jahre hin dokumentiert, daß Kinder in islamischen Staaten von der Polizei unter Vorwand aufgegriffen und dann sexuell mißbraucht werden.[152]

Auch afghanische Polizisten, die ja immerhin von ihren deutschen Pendants ausgebildet werden, vergewaltigen nach Angaben von US-Medien systematisch und regelmäßig Kinder.[153] (Darüber erfahren Sie mehr im nächsten Kapitel »So finanzieren deutsche Steuerzahler Kindersex im Ausland«.) Zwei Brüder des früheren afghanischen Staatspräsidenten Karzai (er hat sechs Brüder) sollen nach Angaben von renommierten US-Medien selbst Kinder mißbraucht haben, was in bestimmten Kreisen des Landes ja als »normal« gilt. Als eine US-Zeitung darüber unter der Überschrift »Afghanistans kleines schmutziges Geheimnis« berichtete, gab es einen Aufschrei in den USA.[154] Plötzlich wußte die US-Öffentlichkeit, daß die Alliierten in Afghanistan an der Seite von Kinderschändern angeblich für Menschenrechte kämpfen und zugleich wegschauen müssen.[155] Das Verhalten dieser Afghanen hat ganz sicher nichts mit Armut zu tun, denn auch in reichen Golfstaaten wie Bahrain nimmt die Zahl der Kindesvergewaltigungen nicht etwa ab, sondern zu.[156] Und dieses Denken bestimmter orientalischer Männer endet ganz sicher nicht an den deutschen Grenzen.

Wenn afghanische oder pakistanische Männer Kindersex als alltäglich und normal empfinden und fast jeder pakistanische Lkw-Fahrer sich einen »Lustknaben« hält, dann dürfen wir uns auch nicht darüber wundern, warum Männer aus diesem Kulturkreis, die als Flüchtlinge zu uns kommen, es nicht verstehen, wenn sie für die gleichen Taten bei uns vor Gericht gestellt werden. Übrigens ist es im Nachbarland Indien nicht anders. Indien hat nach Südafrika weltweit die höchste Zahl an Kindesvergewaltigungen. Nach offiziellen Angaben der indischen Regierung werden 53 Prozent der indischen Kinder sexuell mißbraucht oder vergewaltigt.[157]

Viele Menschen, die als »Flüchtlinge« nach Europa kommen, haben in den Kriegen und Bürgerkriegen ihrer Heimatländer gelernt, daß es völlig üblich ist, Frauen und Kinder zu vergewaltigen. Eine französische Fernsehdokumentation über junge Männer aus dem Kongo belegt das eindrucksvoll. Da sagt ein junger schwarzer Mann mit dunkler Sonnenbrille in die Kamera: »Wir wissen, daß es nicht in Ordnung ist. Aber wenn uns eine Frau begegnet und sie will nicht, dann nehmen wir sie halt mit Gewalt«. Ein zweiter pflichtet ihm bei und hebt hervor: »Wir müssen natürlich sicherstellen, daß die Frauen auch gesund sind. Man muss sie sich also vorher genau anschauen, ob sie krank sind oder nicht«.[158] Ein Soldat der kongolesischen Armee erklärt im französischen Fernsehen, daß es für viele junge männliche Afrikaner ganz gewöhnlich sei, an einer Gruppenvergewaltigung teilzunehmen, weil sie es nie anders erlebt hätten. Viele glaubten zudem, daß Gruppenvergewaltigungen ihnen »magische Kräfte« verleihen. Zudem befehlen afrikanische Armeeführer Soldaten auch immer wieder, Frauen zu vergewaltigen, weil sie danach angeblich besser kämpfen – so die Dokumentation. Allen Ernstes sagen kongolesische Soldaten, Vergewaltigungen seien vor allem eine »patriotische Pflichterfüllung«.[159] »Natürlich vergewaltige ich gern«, sagt ein schwarzer Soldat in die Kamera; »aber wenn ein anderer meine Mutter vergewaltigen würde, dann müßte ich ihn dafür töten«. Einer wird gefragt: »Wie viele Frauen haben sie denn schon im Kongo vergewaltigt?« Er überlegt kurz und antwortet dann stolz: »Sieben!« Das ist offenbar in diesen Kreisen nicht viel, denn seine Mitkämpfer brüsten sich mit 18 oder gar »mehr als 25 Vergewaltigungen«. Dabei scheint keiner von ihnen älter als zwanzig zu sein.

Wenn solche Mitbürger als Flüchtlinge nach Europa kommen, dann hat das mitunter grausame Folgen. Erlebt hat das auch eine Flüchtlingshelferin in Laufenburg / Schweiz. Als ein junger Sudanese sie in der Waschküche vergewaltigen will, steht ein weiterer »Flüchtling« in der Nähe, schaut zu und lacht. Vor Gericht wird dann übrigens die Frau zum Täter gemacht und muß sich die Frage gefallen lassen, ob sie »womöglich Probleme mit dunkelhäutigen Menschen« habe.[160]

Viele mögen auch dies alles für »Einzelfälle« halten. Kein Wunder, denn unsere Medien hämmern uns das ja auch ständig ein. Nehmen wir also einen grauenvollen Fall, der die Realität auf diesem Gebiet einmal aus einer anderen Perspektive beleuchtet: Es ist unzweifelhaft, daß in Nigeria Schulmädchen entführt und von Islamisten aus den Reihen der Gruppe Boko Haram verkauft und regelmäßig vergewaltigt wurden. Alle großen Medien berichteten darüber.[161] Und nun kommt der Teil, der uns von allen deutschsprachigen Leitmedien komplett vorenthalten wurde: Nachdem nigerianische Soldaten unter großem Medienjubel die entführten Schulmädchen befreit und an einen angeblich sicheren Ort gebracht hatten, da begann deren Grauen abermals. Denn die nigerianischen Sicherheitskräfte haben die Schulmädchen dort ebenfalls vergewaltigt.[162] Weil die nigerianischen Sicherheitskräfte zuvor von deutschen Leitmedien wegen ihrer heldenhaften Befreiungsaktion hochgejubelt wurden, verschwieg man den Deutschen diesen Teil der Realität – wie so oft in ähnlich gelagerten Fällen.

Wer das alles hinnimmt und einfach wegschaut, der macht sich mitschuldig. Bei meinen Recherchen zu diesem Buch habe ich darüber gestaunt, wie viele Regierungen Druck auf Medien ausgeübt haben, damit Berichte über die weit verbreiteten Kindesvergewaltigungen durch Migranten aus diesem Kulturkreis möglichst nicht an die Öffentlichkeit kommen.

Solche Hinweise fand ich selbst in Australien. So hatten australische Blauhelme, die 2001 zusammen mit jordanischen Blauhelmen in Ost-Timor stationiert waren, die alltäglichen Kindesvergewaltigungen durch jordanische Soldaten weder hinnehmen noch schweigend decken wollen. Der Reporter Mark Dodd berichtete darüber in der Zeitung *The Australian* unter der Überschrift »Australian Soldiers draw arms on Jordanian Peace Keepers«. Der Artikel mußte gelöscht werden. Man wollte die Beziehungen zu Jordanien nicht durch einen internationalen Skandal belasten. Es gab allerdings eine geheime Untersuchung der Vorfälle durch internationale Fachleute. Und die bestätigte in ihrem Geheimbericht die Vorwürfe. In aller Stille wurden danach einige jordanische Blauhelme abgezogen. Mehr passierte nicht.

So finanzieren deutsche Steuerzahler
Kindersex im Ausland

Die Überschrift dieses Kapitels mag auf manch einen Leser zunächst absurd anmuten. Doch jeder der nachfolgenden Sätze ist durch renommierte und nachvollziehbare Quellen belegt. Sie müssen nur die in den Fußnoten genannten Quellen überprüfen. Wahrscheinlich werden Sie sich am Ende dieses Kapitels fragen, warum Sie das alles mitfinanzieren müssen. Und warum die Politik zuschaut und das Geld, IHR Steuergeld, zur Verfügung stellt. Tauchen wir also ein in eine Welt der Pädophilen. Und folgen wir der Spur des Geldes, die das alles finanziert.

Es ist eine nicht zu leugnende Tatsache, daß die Gehälter der 157 000 Mann starken afghanischen Nationalpolizei vom deutschen Steuerzahler und auch von jenen Ländern gezahlt werden, die seit fast einem Jahrzehnt in Afghanistan Polizisten ausbilden. Franz Solms-Laubach, Berliner Parlamentskorrespondent des Axel-Springer-Verlags, beschreibt das auf vielen Seiten in seinem 2014 veröffentlichten Buch *Das Ende der Sicherheit*. Nach den mir vorliegenden Angaben überweist der deutsche Steuerzahler jedes Jahr 30 Millionen Euro in den Fonds, aus dem die afghanischen Polizisten bezahlt werden. Das ist also unzweifelhaft.

Nicht vom Autor Udo Ulfkotte, sondern aus der *Süddeutschen Zeitung* stammt die Aussage, daß in Afghanistan »nur Doofe und Halbkriminelle« zur Polizei gehen und viele der von deutschen Polizisten ausgebildeten Polizeirekruten vor ihren Lehrgängen als Kriminelle aufgefallen seien. Der SZ-Artikel trägt die Überschrift »Nur Doofe wollen zur Polizei«.[163]

Halten wir zwischendurch fest: Deutsche Steuerzahler finanzierten in der Vergangenheit jährlich 30 Millionen Euro für (laut unseren Leitmedien) häufig »doofe« oder »kriminelle« Polizeirekruten oder Polizisten.

Vor wenigen Seiten habe ich unter Berufung auf die Fachzeitschrift *Foreign Policy* im Kapitel »Afghanistan: Kindersex als ›kultureller Brauch‹« dargestellt, daß sich afghanische Sicherheitskräfte überall im Land »Tee-Boys« halten, deren Funktion sich am besten mit »Kindersex-Sklaven« übersetzen läßt. Seit Jahren schon gibt es auch regelmäßig Berichte in renommierten Publikationen darüber, daß sich afghanische Polizisten und Polizeiführer an den vielen militärischen Checkpoints im Land die Zeit mit Kindersex (»Bacha Bazi«) vertreiben. Inzwischen nutzen die Gegner der regulären afghanischen Polizei, also die Taliban, diese weit verbreiteten pädophilen Neigungen afghanischer Männer auch immer öfter für Terroranschläge. Sie schicken die Kinder, präpariert mit Fernzündungsapparaten, für Kindersex zu den Checkpoints, wo die Soldaten oder Polizisten sie mit in einen Verschlag nehmen. Die Taliban sprengen die Polizeiposten dann per Fernzündung in die Luft. Seit Oktober 2015 gibt es sogar ein offizielles Memorandum der US-Armee über den verbreiteten Kindersex in den Reihen der afghanischen Sicherheitskräfte.[164] Eine Nachrichtenagentur berichtete über Kindersex und die afghanische Polizei unter der Überschrift »Die stillen Schreie« (der Kinder).[165]

Der Verdacht lautet: In Afghanistan werden pädophile Polizisten auf Kosten deutscher Steuerzahler ausgebildet. Aber kann man das belegen? Anju Chopra ist Korrespondent der französischen Nachrichtenagentur AFP in Afghanistan. Er hat im Juli 2016 aus Afghanistan berichtet, daß er bei einem Besuch in der Region Urusgan an fast allen der 370 dortigen Checkpoints der afghanischen Polizei die uns schon bekannten »Tee-Jungen« gesehen hat. Und zwar mitunter an einem einzigen Kontrollposten bis zu vier Kinder.

Und jetzt raten Sie einmal, wo die afghanischen Polizisten nach Angaben des Auswärtigen Amtes von den deutschen Polizisten ausgebildet werden: im Trainingszentrum Tarin Kowt in Uruzgan.[166] Anju Chopra beschreibt, daß die Polizisten aus der Region um Urusgan zu den Familien in den Dörfern gehen und Kinder für Kindersex kidnappen. Ein afghanischer Würdenträger kam auf Anju Chopra zu und sagte ihm: »Pädophile Polizisten kidnappen hier unsere Kinder! So tun Sie doch etwas! Helfen Sie uns doch!« Weltweit sorgte sein Bericht für Entsetzen und für einen Aufschrei. Nur nicht in Deutschland. Die Deutschen finanzieren demnach afghanische Kinderschänder, die sie als Polizisten ausbilden. Anju Chopra beklagt, daß es nicht eine einzige Organisation gibt, die sich in Uruzgan (wo deutsche Polizeiausbilder Afghanen unterrichten) um die von den Polizisten vergewaltigten Kinder kümmert.

Anju Chopra schreibt in seinem reichlich bebilderten AFP-Bericht, er werde die traurigen und stumm um Hilfe schreienden Augen der ständig sexuell mißbrauchten Kinder an den Polizei-Kontrollposten in Uruzgan niemals vergessen. Bei deutschen Politikern, welche vor diesem Kindersex die Augen schließen und ihn auch noch mitfinanzieren lassen, ist das völlig anders. Dabei hat AFP-Reporter Anju Chopra sie aufgefordert, die »stillen Schreie aus den Augen der Kindersexsklaven« in Afghanistan nicht länger zu ignorieren und endlich zu helfen.

Hinzu kommt: Politik und Leitmedien fliegen auch noch vereint nach Afghanistan, produzieren dort deutsche Propaganda-Talk-Shows (etwa die Sendung *Kerner*, die den Steuerzahler für die Ministerpropaganda 17.000 Euro kostete)[167] und verlieren kein Wort über die soeben geschilderte barbarische Realität. Politik und Medien verkaufen uns Bürgern das alles vielmehr mit dem Slogan, daß Deutschland am Hindukusch in Afghanistan doch »Frieden und Freiheit« verteidige.

Wenn afghanische Sexualstraftäter auch in Deutschland zuschlagen, dann stoßen sie hier auf unendlich viel Verständnis. Das Landgericht Kiel bescheinigte 2016 einem 22 Jahre alten Afghanen, der im Flüchtlingslager Boostedt (Schleswig-Holstein) einen vier Jahre alten Jungen sexuell mißbraucht hatte (er zwang den Vierjährigen zum Oralsex[168]), eine »hohe Haftempfindlichkeit« und ließ deshalb Milde walten.[169] Während britische Leitmedien groß über solche Kindesvergewaltigungen durch Flüchtlinge in Deutschland berichten,[170] sucht man sie in deutschen Nachrichtensendungen vergeblich.

*Kindesvergewaltigungen durch Ausländer
in anderen europäischen Ländern*

Es war der 2. November 2016, als ich damit begann, nach »Einzelfällen« zu brutalen Überfällen, Vergewaltigungen und sexuellem Mißbrauch durch Asylbewerber für dieses Buch zu suchen. Vor allem wollte ich wissen, ob solche Fälle in Europa vor der Öffentlichkeit geheimgehalten werden sollen. Vielleicht irrte ich mich ja, und es gab diese Fälle gar nicht.

Kaum hatte ich einige Suchbegriffe in mehreren Sprachen eingegeben, fand ich einen aktuellen Bericht vom 2. November 2016 aus dem dänischen Radiosender Radio24. Der Reporter Viktor Reddersen berichtet dort unter der Überschrift »Langeland: Ein weiterer Sexskandal wird vor der Öffentlichkeit verschwiegen«. Nach Angaben des Reporters haben Asylbewerber auf dem Dachboden eines dänischen Erstaufnahmelagers in Langeland einen Raum eigens dafür eingerichtet, um Kinder zu vergewaltigen. Mehr als zehn Führungskräfte der zuständigen Behörden waren schon im Januar 2016 darüber informiert worden.[171] Aber man vereinbarte Stillschweigen. Dabei war klar, daß auf dem Dachboden nicht etwa Doktorspiele stattfanden, sondern brutale Kindesvergewaltigungen. Auch Kent Nielsen, Leiter des Flüchtlingsheimes von Næstved, bestätigt heute, daß es damals solche Informationen gab. Viele wußten, daß auf dem Dachboden kleine Jungen vergewaltigt wurden. Man reichte die Information im engsten Kreis wie ein Staatsgeheimnis herum – und hielt sie ansonsten geheim. Vor allem die Öffentlichkeit sollte nichts darüber erfahren. Der Grund? Kent Nielsen sagt, man habe ihn darüber informiert, daß der sexuelle Mißbrauch von Kindern, vor allem von kleinen Jungen, ein »kulturelles Phänomen« in orientalischen Ländern wie Afghanistan sei. Und über solche kulturellen Sitten spreche man besser nicht in der Öffentlichkeit.

Von Januar bis November 2016 verschwieg man also, was auf dem Dachboden des dänischen Flüchtlingsheims mit kleinen Jungen passierte. Erst, nachdem im August 2016 auch die Vergewaltigung von zwei Gemeindemitarbeiterinnen durch Flüchtlinge in Langeland ebenfalls geheimgehalten werden sollte,[172] hielten sich einige nicht mehr an die Verschwiegenheitspflicht. Im Zuge der investigativen Recherchen des Radioreporters Viktor Reddersen wurde publik, daß man in Langeland schon seit Juli 2015 ein Problem mit Kindesvergewaltigungen und sexuellem Mißbrauch durch Flüchtlinge hatte. Und das sollte um jeden Preis vor der Öffentlichkeit verschwiegen werden.[173]

Im November 2016 hat eine schwedische Polizeisprecherin wegen der ständig zunehmenden Zahl der Kindesvergewaltigungen durch Migranten öffentlich vor landesweiten Unruhen gewarnt.[174] Es war das erste Mal in der Geschichte des Landes, daß die schwedische Polizei öffentlich so über Migranten sprach. In den Monaten zuvor hatten sich Berichte über sexuelle Übergriffe durch Mitbürger aus dem orientalischen Kulturkreis allerdings so sehr gehäuft, daß man sie kaum noch zählen konnte. Zeitungen erstellten Karten mit den Schwerpunkten der Übergriffe und listeten beinahe täglich neue Übergriffe auf.

Allein im Januar 2016 gab es in Schweden folgende Übergriffe durch Migranten auf schwedische Frauen und Mädchen:[175] In der 61 000 Einwohner zählenden schwedischen Stadt Karlstadt gab es die gleichen sexuellen Übergriffe wie sie auch zeitgleich in Köln und anderen deutschen Städten erfolgten – viele schwedische Frauen und Mädchen wurden von Orientalen sexuell belästigt, ebenso am Platz Larmtorget in der Ostseestadt Kalmar, wo Migrantengruppen sich schützend um jene Orientalen stellten, welche über die Frauen herfielen. Nicht anders war es zeitgleich in Gävle und in Malmö. In Uppsala ließen Orientalen ein Mädchen nicht mehr aus dem Bus aussteigen und belästigten sie sexuell, in der 122 000 Einwohner zählenden Stadt Jönköping gab es viele Berichte über sexuelle Übergriffe auf Mädchen in Hallenbädern, in Borlänge forderten Mädchen, die in den Badehäusern Opfer sexueller Übergriffe geworden waren, endlich mehr Sicherheit. In Eriksdalsbadet wurden Kinder und Frauen im Hallenbad vergewaltigt, das jüngste Opfer war gerade einmal elf Jahre alt. In Västerås wurde ein zehn Jahre alter Junge von Flüchtlingen vergewaltigt (ähnliche Fälle hatte es im Ort auch schon in den Wochen zuvor gegeben).

Bitte bedenken Sie als Leser, daß diese Auflistung nur die Fälle enthält, die in jenen Tagen in Schweden in der Öffentlichkeit bekannt wurden. Ich liste das alles hier nur deshalb auf, um aufzuzeigen, warum die schwedische Polizei im November 2016 vor Vergewaltigungen durch Migranten warnte.

In Revingeby mißbrauchten Migranten im Januar 2016 eine Mutter, die mit ihren Kindern spazieren ging. In Östersund wurde am 11. Januar 2016 ein elf Jahre altes Mädchen im Schwimmbad von einem »nahöstlichen Mann« mißbraucht, die Mutter wurde zugleich vergewaltigt. In Växjö fielen acht Flüchtlinge über zwei elf Jahre alte Mädchen in einem Badehaus her. In Leksand wurde ein Mann nach einer Vergewaltigung in der örtlichen Volkshochschule verhaftet. In Säffle wurde ein Mädchen von einem Mann vergewaltigt, dessen

Sprache sie nicht verstand. In Holmsund masturbierte ein Flüchtling vor einer Schule und schaute sich dabei die Mädchen an. Er war zuvor von der Schule geworfen worden. In Järfälla masturbierte ein Mitbürger im Schwimmbad. In Simrishamn wurden Mädchen in der Schule sexuell angegangen. Und in Kramfors wurde die Polizei wegen einer Vergewaltigung ins örtliche Asylantenheim gerufen. Der Täter wollte die Polizei mit den Worten wegschicken, das sei schon in Ordnung, denn es handele sich beim Opfer doch nur um seine Frau. In Stockholm stach ein Algerier auf der Straße einer Frau mit einem Messer ins Gesicht, weil sie nicht auf seinen Wunsch nach Sex reagierte. In Alvestad vergewaltigte ein Afrikaner ein Mädchen in der örtlichen Schule. In Ludvika wurden sechs Migranten verhaftet, die gemeinsam eine Frau vergewaltigten. In Örnsköldsvik vergewaltigten zehn Flüchtlinge eine Zehnjährige, die der Polizei sagte, sie habe seither Todesangst, wenn sie solche Mitbürger sehe. Ein anderes kleines Mädchen, das dem vergewaltigten Kind hatte helfen wollen, wurde von den Tätern zusammengeschlagen. Und zwei sieben Jahre alte Mädchen wurden von Angolanern geküßt und angefaßt. Weil es für den Fall keine Zeugen gab, unternahm die Polizei nichts. Verstehen Sie jetzt, warum die schwedische Polizei Angst davor hat, daß es zu landesweiten Unruhen in der Bevölkerung kommen könnte?

Im Jahre 1996 kamen die meisten Vergewaltiger in Schweden aus folgenden Staaten: Algerien, Libyen, Marokko und Tunesien. Neun Jahre später, Ende 2005, wurde in Schweden dazu eine neue offizielle Statistik veröffentlicht. Und wieder kamen die meisten Vergewaltiger aus Algerien, Libyen, Marokko und Tunesien.

Die schwedische Regierung reagierte auf die geschilderte Lage mit einer sonst eher in Diktaturen üblichen Anordnung: Seit Oktober 2016 muß die schwedische Polizei Kriminalfälle verschweigen, bei denen Flüchtlinge oder Migranten beteiligt sind. Der Deutschlandfunk berichtete darüber im Dezember 2016 unter der Überschrift »Flüchtlingskriminalität in Schweden – Die Medien schweigen«.[176] Die Schweden sollen vor allem nicht mehr erfahren, an wie vielen Vergewaltigungen und sexuellen Übergriffen Flüchtlinge beteiligt sind. Mit diesem staatlich verordneten Totschweigen, das einer Zensur entspricht, will man den angeblich drohenden Bürgerkrieg verhindern.

Trotzdem wurde im ganzen Land bekannt, daß fünf afghanische Flüchtlinge Ende Oktober 2016 in einem Wald bei Uppsala im Südosten des Landes einen kleinen Jungen eine Stunde lang abwechselnd grausam vergewaltigten. Die Afghanen schlugen das Kind dabei unentwegt und spuckten auf seinen Körper.[177] In der Türkei werden die Einwohner seither offiziell vor Reisen nach Schweden gewarnt. Nicht nur die Türkei informiert Reisende heute an den Flughäfen darüber, daß es in Schweden die höchste Vergewaltigungsrate der Welt geben soll.[178]

Auch in Norwegen ist vor allem die Kindesvergewaltigung durch Flüchtlinge seit Januar 2016 ein Thema. Im Januar 2016 berichteten alle großen norwegischen Medien darüber, daß Flüchtlinge einen drei Jahre alten Jungen mehrfach in Gruppen vergewaltigt haben sollen. Die Tat ereignete sich nach diesen Angaben in Stavanger im Forus-Asylantenheim.[179] Seither gibt es für Asylbewerber in Norwegen Kurse, bei denen sie lernen sollen, daß man Frauen und Kinder nicht sexuell mißbraucht.[180]

In Finnland rüttelte die Gruppenvergewaltigung von Tapanila vom März 2015 das Land wach. Mehrere Somalier vergewaltigten damals ein junges Mädchen. Der Fall sollte zunächst nicht öffentlich bekannt werden, weil man Angst davor hatte, daß die Finnen künftig Vorurteile gegen Somalier haben würden.[181] Als dann eine rechtsextreme Internetseite groß über die Vergewaltigung berichtete, glaubten die Finnen zunächst, es handele sich bei den Angaben um üble rechte Propaganda. Die Wahrheit und die Tatsache, daß alles vertuscht werden sollte, schockierten das Land. Und dann gab es weitere Vergewaltigungen durch Asylbewerber. Die Opfer wurden immer jünger, etwa in Kempele, wo ein Afghane eine kaum 14-Jährige vergewaltigte. Seither werden Kinder in Finnland öffentlich vor den möglichen Gefahren gewarnt, wenn sie »Flüchtlingen« begegnen.[182] In Finnland war die Polizei zudem (anders als in Deutschland) Silvester 2015/16 mit massiven Kräften darauf vorbereitet, daß Asylbewerber Frauen sexuell anfallen wollten. 1000 Flüchtlinge hatten sich (so die finnische Polizei) zu diesem Zweck am Bahnhof von Helsinki versammelt. Doch anders als in Köln schritt die finnische Polizei sofort ein und verhinderte die von den Flüchtlingen über das Internet geplanten Sex-Attacken.[183]

Auch in Ungarn, wo die Regierung die Aufnahme von »Flüchtlingen« weitgehend verweigert, gab es 2016 ähnliche Meldungen über sexuellen Mißbrauch durch Asylbewerber: So hat beispielsweise im September 2016 in Bicske – dreißig Kilometer westlich von Budapest – ein Asylbewerber einem zwölf Jahre alten Kind in einem Park zur Mittagszeit die Kleidung vom Leib gerissen und wollte es vergewaltigen.[184] Der Flüchtling, der erst wenige Tage zuvor im August in Ungarn eingetroffen war, fügte dem Kind am ganzen Körper blutende Bißwunden zu, küßte es und wurde an der Vollendung der Vergewaltigung nur gehindert, weil das nackte Kind sich losreißen und fliehen konnte.

Das alles sind nicht nur »Einzelfälle«. Es sind Puzzlebilder eines großen europäischen Lagebildes. In Großbritannien wurden fünf pakistanischstämmige Muslime festgenommen, die zwischen 1997 und 2013 etwa 1400 britische Kinder anderen Männern (vor allem Pakistanern) für Kindersex zur Verfügung gestellt hatten. Nein, Sie haben sich bei der Zahl nicht verlesen, es ist kein Druckfehler: Von Asylbewerbern aus Pakistan und Eritrea wurden 1400 weiße britische Kinder vergewaltigt, die meisten von ihnen mehrfach. Sie wurden von den Migranten in England als Sex-Sklaven gehalten. Aus Gründen der Politischen Korrektheit schauten lange Zeit alle weg, auch die Polizei. Auch in Deutschland dauerte es lange, bis die Medien es wagten, offen über diesen und ähnliche Fälle zu berichten. Die Tageszeitung *Die Welt* schrieb schließlich 2016 einen erschütternden Artikel unter der politisch eher nicht korrekten Überschrift »Muslimgangs mißbrauchen weiße, englische Mädchen«.[185]

Es war ganz sicher der größte Mißbrauchsskandal in der britischen Nachkriegsgeschichte. In dem Bericht heißt es, daß auch die britischen Medien diesen Teil der Realität lange Zeit nicht wahrhaben wollten: »Die Angst vor dem Vorwurf des Rassismus, sie wog in der britischen Politik und weiten Teilen der Öffentlichkeit schwerer (...) Diese Geschichte wollte einfach nicht in unser Bild von Großbritannien als einem toleranten, multikulturellen Land passen«. Es war die *Times*, die sich dann doch an die Wahrheit heranwagte. Die Schlagzeile auf dem Titel löste in Großbritannien einen nationalen Aufschrei aus: »Enthüllt: Kartell des Schweigens deckt Sexgangs in Großbritannien. Mehrheit der verurteilten Täter pakistanischer Herkunft. Junge Mädchen im Norden und in den Midlands mißbraucht«.

Ohne die auch in Großbritannien herrschende Politische Korrektheit wäre das Wegschauen nicht so lange möglich gewesen: »Die Behörden schauten nicht nur weg, sie versuchten jede Aufklärung zu verhindern, gingen sogar juristisch gegen die *Times* vor. Selbst als zwölfjährige Mädchen, die man mit diesen Männern auf der Straße und in Autos gesehen hatte, ihre Babys abtreiben ließen. Oder als eine Krankenschwester bestätigte, dass eine 13-Jährige möglicherweise fünfzigmal vergewaltigt worden war«.

Rotherham, eine Kleinstadt im Süden von Yorkshire, ist heute Synonym des Versagens staatlicher britischer Institutionen bei der Aufklärung von Massenvergewaltigungen durch Asylbewerber. Etwa 1400 Mädchen, häufig waren sie im Kindesalter, wurden dort sexuell von Migranten mißbraucht. Sie wurden von zahlreichen Tätern vergewaltigt, in anderen Städten im Norden Englands prostituiert, entführt, geschlagen und eingeschüchtert, so der offizielle Untersuchungsbericht. Die Kinder wurden pro Tag für 500 britische Pfund an Gruppen von Männern aus Pakistan und Eritrea verkauft. Sie wurden an ein Bett gefesselt. Ihnen wurde mit Klebeband ein Tennisball in den Mund gestopft, damit ihre Schreie nicht zu hören waren. Dann haben sie Dutzende Männer mitunter so lange vergewaltigt bis sie aus allen Körperöffnungen bluteten.

Kaum wurden die 1400 Fälle öffentlich aufgearbeitet, da drohten auch Rotationseuropäer aus der Slowakei in der britischen Stadt Crewe in Cheshire öffentlich damit, britische Schulkinder zu vergewaltigen. Es kam zu Unruhen in der Stadt, eine Bürgerwehr marschierte auf. All das ereignete sich im Frühjahr 2016. In deutschen Leitmedien fand sich nicht ein Wort zu diesen Drohungen.[186] Zeitgleich wurden in Bradford wieder einmal zwölf Orientalen wegen mehrfacher Kindesvergewaltigung verurteilt. Einer von ihnen, Arif Chowdhury, setzte sich vor der Verurteilung in sein Heimatland Bangladesch ab.[187]

Besonders schockierend: Im August 2016 berichteten britische Zeitungen, daß die Strukturen jener vorwiegend orientalischen Großfamilien, die (wie oben geschildert) 1400 britische Kinder vergewaltigt hatten, weiterhin aktiv seien. Die meisten der Hintermänner kämen aus dem pakistanischen Teil Kaschmirs. Der Kindesmißbrauch durch diese zugewanderten Gruppen habe inzwischen in Großbritannien wieder »industrielle Ausmaße« angenommen.[188]

Wer nun schockiert ist, der sollte tief durchatmen, bevor er weiterliest. Denn ein britischer Islamverband rief die in Großbritannien lebenden Muslime nicht etwa dazu auf, solche Fälle von Kindesmißbrauch umfassend aufzuklären. Nein, er forderte die britischen Muslime öffentlich dazu auf, der Polizei nicht weiter bei der Aufklärung der unglaublichen Serie von Kindesvergewaltigungen durch Männer aus dem orientalischen Kulturkreis zu helfen.[189]

Die geschilderten Kindesvergewaltigungen haben übrigens nichts damit zu tun, wie lange ein Asylbewerber schon in Großbritannien lebt. Im November 2016 berichtete der Londoner *Mirror* über einen 15 Jahre alten Flüchtling, der kaum, daß er in Großbritannien eingetroffen war, schon einen fünf Jahre alten Jungen vergewaltigte. Der Flüchtling wußte dabei ganz genau, welches Verbrechen er beging. Schließlich drohte er dem Kind und sagte ihm, wenn es darüber spreche, dann werde er es »in Stücke brechen«.[190]

Der Blick in die Flüchtlingslager

Man könnte die im vorhergehenden Kapitel geschilderten Ereignisse weiter stur als »Einzelfälle« betrachten. Aber bei genauerer Analyse stellt sich heraus, daß das alles leider die alltägliche Realität in bestimmten Männerkulturen ist. Wo diese Personen anzutreffen sind, da gibt es auch diese verheerenden Mißstände.

So ist dem Autor kein Flüchtlingscamp im Nahen Osten bekannt, in dem (ebenso wie in deutschen Flüchtlingsheimen) beispielsweise Kindesvergewaltigung nicht zu den großen Problemen zählt. Als Angela Merkel im Frühjahr 2016 in der Türkei das syrische Flüchtlingslager Nizip besuchte, da berichteten deutsche Medien nur über Angela Merkel, ausländische Medien aber vor allem über die vielen Probleme mit Kindesvergewaltigungen in dem Lager. Ein türkisches Nachrichtenportal schrieb zum Besuch Merkels in dem Lager unter der Überschrift: »30 Kinder in jenem Flüchtlingslager vergewaltigt, das Merkel in der Türkei besuchte«.[191] Merkel hatte das Flüchtlingslager am »Tag des Kindes« besucht. Nach türkischen Angaben wurden auch an jenem Tag dort Kinder vergewaltigt. Das geschehe jetzt überall in der Türkei, wo sich Flüchtlinge aufhalten, berichten türkische Medien.[192] Der älteste in der Türkei gefaßte syrische Kindesvergewaltiger ist 87 Jahre alt und hat Kinder im Alter zwischen vier und acht Jahren vergewaltigt.[193]

Die jüngsten Kleinkinder, die nach aktuellen Angaben in der Türkei vergewaltigt werden, sind gerade einmal neun Monate alt.[194] Britische Zeitungen berichteten groß darüber,[195] deutsche Medien verschwiegen es. Wahrscheinlich halten sie jede einzelne Kindesvergewaltigung in diesem Kulturkreis auch weiterhin für einen »bedauerlichen Einzelfall«. Dabei passieren solche Dinge in allen Flüchtlingslagern,[196] auch in Europa. Allein in dem im Herbst 2016 geräumten Lager im französischen Calais sollen mehr als 400 Kinder vergewaltigt worden sein.[197] In Großbritannien sind nach Angaben britischer Medien derzeit hunderte Flüchtlinge wegen Kindesvergewaltigung inhaftiert.[198] Ähnliche Nachrichten kommen aus Griechenland.[199] Ein Beispiel: Im Flüchtlingslager Moria auf der griechischen Insel Lesbos haben vier pakistanische Flüchtlinge einen Jungen vergewaltigt. Die Flüchtlinge filmten ihre Gruppenvergewaltigung stolz mit einem Mobiltelefon. Weltweit berichteten Leitmedien über die Fakten dieser Gruppenvergewaltigung durch Flüchtlinge. Von der Londoner *Daily Mail*[200] bis zur *Times of India* konnte man die Nachricht weltweit lesen.[201] Es gab weltweit nur ein einziges Land, wo die Nachricht wie von Zauberhand aus den Medien ferngehalten wurde: Deutschland. Auch in Ländern wie Syrien, so internationale Hilfswerke, gehört die Vergewaltigung kleiner Kinder heute zum »ganz normalen Alltag«.[202] Suchen Sie diese Nachricht doch einfach einmal in deutschsprachigen Leitmedien.

KAPITEL III:

Die ganz normale Fleischbeschau

Chronologie des Grauens: Sexuelle Übergriffe durch Flüchtlinge in Deutschland im Januar und Februar 2016

Um eine Vorstellung davon zu bekommen, was in Deutschland auf dem Gebiet der importierten Kriminalität täglich passiert und von vielen Medien verschwiegen wird, schauen wir uns einmal sexuelle Angriffe und Vergewaltigungen durch Migranten in Deutschland nur im Zeitraum Januar bis Februar 2016 an. Nachfolgend nur ausgewählte Fälle, die gut dokumentiert sind. Die Auflistung erhebt keinen Anspruch auf Vollständigkeit. Sie basiert in Teilen auch auf einer Veröffentlichung des Gatestone-Instituts.[203] Ich habe alle diese Fälle einzeln in den Originalquellen überprüft:

1. JANUAR 2016: Im Düsseldorfer Kinderhilfszentrum in der Eulerstraße kommt es zur ersten Gruppenvergewaltigung des Jahres: Ein Iraner und ein Afghane, beide offiziell als »Flüchtlinge« registriert, vergewaltigen eines der dort untergebrachten Kinder.[204] (Die Vergewaltigung des Kindes an jenem Tag ist kein »Einzelfall« und wird von den beiden Flüchtlingen in der

Nacht vom 23. auf den 24. Januar und auch an anderen Tagen wiederholt.[205] Die Betreuer der beiden Flüchtlinge waren zuvor über die »sexuelle Bereitschaft« dieser Klienten gewarnt worden, so ein Medienbericht.[206] Das Jahr beginnt zudem in vielen deutschen Städten mit einem Spießrutenlaufen für Frauen, die, wie in Köln, Hamburg und Stuttgart von tausenden Migranten sexuell belästigt werden.[207]

4. JANUAR: Die nächste Gruppenvergewaltigung eines Kindes durch Asylanten: Eine Gruppe von jugendlichen Migranten (Haupttäter ist ein 19 Jahre alter »Flüchtling«) vergewaltigt in Bielefeld ein geistig behindertes Mädchen.[208]

5. JANUAR: Im bayerischen Burghausen greift ein afghanischer Flüchtling eine 15 Jahre alte Schülerin an und will sie vergewaltigen. Anwohner hören die Schreie und kommen dem Mädchen zu Hilfe.[209] Im Hamburger Stadtteil Groß Borstel vergewaltigt ein 31 Jahre alter Syrer ein fünf Jahre altes Mädchen. Eine Polizeimeldung dazu gibt es nicht. Lokalmedien berichten einen Monat später über den Fall, nachdem sich Kindesvergewaltigungen durch Flüchtlinge in Hamburg häufen.[210]

7. JANUAR: Ein 37 Jahre alter Asylbewerber vergewaltigt im Rathaus von Wolfsburg einen 16 Jahre alten Jungen. Der Junge hatte dem Asylbewerber angeboten, dem Asylanten bei einem Behördengang zu helfen. Dort zerrte ihn der Flüchtling erst einmal in eine Toilette und vergewaltigte ihn.[211] Am gleichen Tag wird in Ellwangen in der Nähe des Bahnhofs ein 13 Jahre altes Mädchen von einem »südländisch, arabisch« aussehenden Mann sexuell belästigt, der es küßt und begrapscht.[212]

8. JANUAR: Im saarländischen St. Ingbert nutzt ein 17 Jahre alter syrischer Flüchtling eine Freikarte für Sauna und Badeanstalt, um vor drei Frauen und einem Mann zu onanieren. Der Bademeister wirft ihn raus.[213]

9. JANUAR: Eine 48 Jahre alte Frau wird in Dresden in der Nähe der Kirschenstraße von drei »südländischen Migranten« vergewaltigt.[214] Ebenfalls am 9. Januar wird eine 45 Jahre alte Frau in Gleidingen bei Hannover von einem »Arabisch sprechenden« Mann sexuell mißhandelt. Der mutmaßlich syrische Täter beißt ihr in die Wange und versucht, sie zu vergewaltigen.[215] Am gleichen Tag verüben Marokkaner und Nordafrikaner in Oldenburg Sexangriffe auf mehrere deutsche Frauen. Nur weil Passanten einschritten, kann Schlimmeres verhindert werden.[216] Am gleichen Tag fassen zwei Nordafrikaner einer 31 Jahre alten Frau am Leipziger Hauptbahnhof zwischen die Beine. Die Polizei wertet das nicht als sexuellen Übergriff, sondern nur als Versuch einer Beleidigung.[217] In Saarbrücken greift ein Migrant eine Frau mit einem Messer an und versucht, sie zu vergewaltigen.[218]

10. JANUAR: Das *Hamburger Abendblatt* schockiert mit der Überschrift »Flüchtling gesteht sexuellen Missbrauch eines Schulkinds« (Opfer war eine Zehnjährige) und berichtet in der Unterzeile: »Sex-Attacken unter anderem in Winterhude, Heimfeld und am Jungfernstieg«.[219] In Ansbach fallen an jenem Tag Männer mit »südländischem Aussehen« im Schwimmbad über drei junge Mädchen her. Im Polizeibericht heißt es dazu: »Gegen 17.00 Uhr waren die drei Mädchen im Wellenbecken des Freizeitbades, als sie aus einer Gruppe von Jugendlichen von einigen unter Wasser angefasst wurden. Die Mädchen er-

zählten erst auf der Heimfahrt ihren Eltern von dem Vorfall, den diese dann bei der Polizei zur Anzeige brachten. Die Jugendlichen sollen zwischen 15 und 17 Jahre sein und hatten südländisches Aussehen«.[220] Am gleichen Tag begrapscht ein 21 Jahre alter Westafrikaner in einem Wuppertaler Schnellrestaurant ein 15-jähriges Mädchen und belästigt sie sexuell. Ein Zeuge ruft die Polizei. Die verhaftet den polizeibekannten Asylbewerber.[221] In Bornhöved (Schleswig-Holstein) wird ein 36 Jahre alter Migrant aus Syrien wegen sexueller Nötigung verhaftet. Unter dem Vorwand, sich ein von einer Frau zum Verkauf inseriertes Möbelstück ansehen zu wollen, hatte sich der Mann Zutritt zu der Wohnung des Opfers verschafft.[222]

11. JANUAR: Ein 35 Jahre alter Pakistaner vergewaltigt in Kamen ein drei Jahre altes Mädchen. Er hat zunächst mit dem Kind gespielt, bevor er über dieses herfällt.[223] Auch in Ampfing (im oberbayerischen Landkreis Mühldorf am Inn) kommt es in einem Supermarkt zu einem sexuellen Übergriff auf eine Frau durch eine Gruppe von acht Migranten. Der Frau gelingt dank Pfefferspray die Flucht.[224] Im ostdeutschen Frankenberg wird eine 24 Jahre alte Deutsche das Opfer sexueller Belästigung durch einen 20 Jahre alten Marokkaner.[225]

12. JANUAR: Eine »südländisch aussehende« Person vergewaltigt ein 16-jähriges Mädchen in Wuppertal.[226] Zwei »arabisch sprechende« Männer überfallen eine 37-Jährige in Fröndenberg/Ruhr. Im Polizeibericht heißt es dazu: »Die 37-Jährige gab an, gegen 13.30 Uhr auf dem Weg in die Innenstadt den Fußweg und die Treppe von der Mühlenbergstraße zur Bergstraße benutzt zu haben. In Höhe des Schlehweges seien ihr zwei männliche Personen entgegengekommen, die sie zu-

nächst nicht weiter beachtete. Als die Männer bereits an ihr vorbeigegangen waren, seien sie umgekehrt und hätten sich an sie herangeschlichen. Einer habe sie festgehalten, der andere habe sie am gesamten Oberkörper massiv begrapscht. Die Frau konnte sich losreißen und flüchten. Sie beschreibt die Täter wie folgt: Täter 1: etwa 175 cm groß, sehr schlank, schwarzer Dreitagebart, schwarze kurze Haare, Narbe unter dem rechten Auge. Er soll eine schwarze, glänzende Jacke, eine blaue Jeanshose und weiße Turnschuhe getragen haben. Täter 2: ebenfalls etwa 175 cm groß, schlank, Stirnglatze, sehr kurze schwarze Haare. Dieser Mann war bekleidet mit einer roten Jacke mit blauen Streifen auf den Armen, einer hellen Jogginghose und Turnschuhen. Die Männer sollen nach Aussage der Geschädigten arabisch gesprochen haben«.[227]

13. JANUAR: In Gelsenkirchen greifen vier »südländisch aussehende« Migranten einen 45 Jahre alten Mann an, der ein 13-jähriges Mädchen vor sexuellen Übergriffen schützen will.[228] Am gleichen Tag überfallen drei mutmaßliche Araber im Oldenburger Nikolaiviertel eine 31 Jahre alte Frau, belästigen sie sexuell, halten ihr den Mund zu und rauben ihr die Armbanduhr.[229] In Altötting versucht ein »Dunkelhäutiger« eine Frau zu entkleiden. Die wehrt sich mit Pfefferspray.[230] Auch in Bad Münstereifel fallen drei Südländer oder Araber über eine Frau her.[231]

14. JANUAR: In Dingolfing fassen mehrere »dunkle Südländer« einer 47 Jahre alten Frau, die um 22.45 Uhr auf dem Heimweg ist in den Schritt, begrapschen sie überall. Als sie sich wehrt, schlägt ihr ein Täter ins Gesicht.[232] Auch im Bremerhavener Hauptbahnhof wird eine 22 Jahre alte Frau von mehreren »Südländern« massiv sexuell belästigt.[233]

15. JANUAR: Ein 26 Jahre alter »Zuwanderer« will im Hildener Stadtpark ein acht Jahre altes Kind vergewaltigen, faßt es am ganzen Körper an – das Kind flieht, vertraut sich den Eltern an, und die Polizei verhaftet den Täter.[234] In Chemnitz wird ein 31 Jahre alter Tunesier verhaftet, der eine 30 Jahre alte Frau vergewaltigen wollte.[235] In Dresden sitzt der syrische Flüchtling Nafaa B. auf der Anklagebank, weil er eine 31 Jahre alte Frau vergewaltigt haben soll.[236] In Mainz-Gonsenheim wird eine 42 Jahre alte Frau von einem Migranten (»möglicherweise aus dem arabischen Raum«) angegriffen.[237] Wenig später wird eine 32 Jahre alte Frau in Mainz-Münchfeld Opfer eines Sexangriffs durch einen Migranten mit »dunklerem Teint«. In Mannheim verübt ein afrikanischer Migrant einen Sexangriff auf eine 55-Jährige. Im Polizeibericht heißt es: »Eine 55-jährige Frau wurde am frühen Freitagabend im Mannheimer Stadtteil Waldhof Opfer eines sexuellen Übergriffs. Nach Angaben der Polizei war sie gegen 19.40 Uhr von der Oppelner Straße aus auf dem Nachhauseweg, als sie an der Ecke Jakob-Faulhaber-Straße / Hubenstraße von einem bislang unbekannten Mann angegangen und in die Hubenstraße hineingedrängt wurde. Dort habe sie der Mann an eine Hauswand gepreßt, unsittlich begrapscht und mit der Faust in den Unterleib geschlagen. Die Situation soll von mindestens zehn Personen beobachtet worden sein, die während des Übergriffs hinzukamen und bei denen es sich offenbar um Begleiter des Täters gehandelt habe, so die Polizei. Der Frau sei es schließlich gelungen, in ein nahegelegenes Lokal zu flüchten und die Polizei zu informieren. Eine sofort eingeleitete Fahndung nach dem Täter und seinen Begleitern verlief ohne Ergebnis. Der Tatverdächtige soll etwa 25 bis 30 Jahre alt, groß und durchtrainiert sein. Er habe eine schwarze Hautfarbe und sei mit einem grauen Kapuzenpullover und einer grauen Jogginghose bekleidet gewesen«.[238] Ebenfalls am 15. Januar beschließt das Schwimmbad Bornheim bei Bonn, alle männlichen Migranten über 18 vom Besuch des Schwimmbads auszuschließen, nachdem es dort immer wieder zu sexuellen Übergriffen auf Besucherinnen und weibliche Angestellte gekommen war.[239] Von deutschen Medien wird die Maßnahme als rassistisch gebrandmarkt.[240]

16. JANUAR: In Mudersbach im Westerwald soll ein syrischer Flüchtling einen zwölf Jahre alten deutschen Jungen in seine Asylunterkunft gelockt und vergewaltigt haben.[241] Es wird keine Untersuchungshaft für den Täter angeordnet. In Dresden begrapscht ein 19-jähriger afghanischer Migrant im Hallenbad vier Mädchen im Alter zwischen elf und 13 Jahren und behandelt sie wie Vieh.[242] Der Afghane wird verhaftet, aber schon bald wieder freigelassen. In einem Supermarkt im sächsischen Zeithain begrapscht ein 25 Jahre alter Marokkaner zwei Mitarbeiterinnen eines Supermarkts. Die Polizei nimmt den Fall nicht in den Polizeibericht auf. Stattdessen berichtet eine Lokalzeitung darüber.[243]

17. JANUAR: Drei »Südländer« versuchen in Kiel, eine junge Frau zu vergewaltigen. Im Polizeibericht heißt es dazu: »Die junge Frau schilderte gegenüber einer speziell ausgebildeten Beamtin, dass sie Sonntagabend gegen 21 Uhr einen Linienbus an der Haltestelle Elendsredder in der Wik verlassen habe und anschließend von drei männlichen Personen verfolgt worden sei. In der Wiker Straße sei sie von einem der Männer am Arm gepackt und hinter einen Stromkasten in Höhe der Straßenecke Wiker Straße / Feldstraße gezerrt worden. Hier hätten die Männer sie bedrängt und versucht, ihr die Kleidung aus-

zuziehen. Sie konnte sich allerdings erfolgreich zur Wehr setzen, so dass die Täter von ihr abließen und flüchteten. Bei dem Angriff erlitt die junge Frau körperliche Verletzungen in Form von diversen Hämatomen an den Armen und am Oberkörper. Der Haupttäter soll etwa 30 Jahre alt und 180 cm groß sein. Er trug einen dunklen Mantel und hat schwarze Haare und braune Augen. Die beiden Mittäter sollen zwischen 25 und 35 Jahre alt und etwa 175 cm groß sein. Einer von ihnen trug einen Oberlippenbart, der andere einen 3-Tage-Bart. Sie waren ebenfalls dunkel gekleidet. Nach Angaben der Frau soll es sich bei den drei Männern um Südländer handeln«.[244] In einem Restaurant am Nürnberger Hauptbahnhof wird eine 21 Jahre alte Frau von zwei 19 und 38 Jahre alten Mitbürgern sexuell genötigt.[245] Im Schwimmbad von Burghausen (Bayern) dringt ein Südländer in die Umkleidekabinen der Frauen ein. Die Leitung des Schwimmbades teilt mit, daß es sich nicht um einen Einzelfall handele.[246] Nachdem in Altötting an der Bahnunterführung eine Frau sexuell belästigt wurde, gab es um 19.10 Uhr auch am Notschalter vor der Michaeli-Apotheke einen sexuellen Übergriff: Dort fielen zwei Männer »dunklen südländischen Typs« über eine 42 Jahre alte Frau her, die Medikamente abholen wollte.[247]

18. JANUAR: In Wetzlar wird eine 63 Jahre alte Frau von einem 43-jährigen syrischen Migranten sexuell genötigt. Die Polizei sagt, der Mann habe möglicherweise auch zwei andere Frauen im Alter von 62 und 74 sexuell angegriffen. Im Polizeibericht heißt es dazu: »Weitere Zeugen oder Geschädigte sucht derzeit die Wetzlarer Polizei, nachdem am vergangenen Montag (18.01.2016) eine erste Strafanzeige wegen einer sexuellen Belästigung erstattet wurde. Demnach hatte ein Mann eine 63-Jäh-

rige am Montagmorgen in der Hausertorstraße unsittlich angefasst. Im Zuge der schnell eingeleiteten Fahndung konnte ein Verdächtiger festgenommen werden. Bei den Ermittlungen stellte es sich heraus, dass der 43-jährige Mann, der in Wetzlar wohnt, möglicherweise für weitere ähnlich gelagerte Straftaten in Frage kommt. Bislang erstatteten zwei Frauen, die 62 und 74 Jahre alt sind, Strafanzeigen bei der Polizei. Auch sie wurden am 26.12.2016 und am 02.01.2016 in Wetzlar, in der Frankfurter Straße und in der Silhöfer Straße, offenbar von dem Verdächtigen belästigt und beleidigt. Aufgrund der bisherigen Erkenntnisse ist nicht auszuschließen, dass der Mann, der aus Syrien stammt, weitere solcher Taten begangen hat«.[248]

19. JANUAR: In einer Tiefgarage in Bad Oldesloe können zufällig zu Fuß vorbeikommende Streifenpolizisten einen 17 Jahre alten Flüchtling aus Eritrea von einer 18 Jahre alten Frau trennen, die er gerade vergewaltigt. Der Asylant beißt der Frau dabei in Kopf, Hals und Gesicht. Als die Polizei ihn von der Frau wegzerrt, versetzt er einem Beamten eine »Kopfnuß«. Der Polizist muß, ebenso wie die Frau, im Krankenhaus behandelt werden.[249]

20. JANUAR: In zwei Leipziger Schwimmbädern stürmen Asylbewerber die Damenduschen und die Umkleidekabinen für Frauen. Die Stadt Leipzig bestätigt, daß es sich dabei nicht um Einzelfälle handelte.[250]

21. JANUAR: Die Polizei Mettmann berichtet über ein versuchtes Sexualdelikt in Langenfeld durch einen schwarzen Mann, der einem 13 Jahre alten Mädchen Geld für Geschlechtsverkehr geben wollte und dieses attackierte. Im Polizeibericht

dazu heißt es unter anderem: »Am Donnerstag, dem 21.01.2016, gegen 09.45 Uhr, wurde eine 13-jährige Schülerin am Fahlerweg in Langenfeld-Immigrath von einer männlichen Person angesprochen. Nach Angaben des Mädchens bot ihr der Unbekannte Geld für Geschlechtsverkehr. Als die Schülerin dies ablehnte und weglaufen wollte, hielt der Mann sie fest und gab ihr einen Kopfstoß. Die 13-Jährige konnte sich dennoch aus dem Griff des Mannes lösen und flüchten. Der männliche Täter konnte wie folgt (inzwischen präzisiert) beschrieben werden: ca. 25 – 29 Jahre alt, über 170 cm groß, dunkle / schwarz glänzende Hautfarbe, sprach »gebrochen« Deutsch mit unbekanntem Akzent. Durch den Kopfstoß wurde die Schülerin leicht verletzt. In Begleitung eines Erziehungsberechtigten begab sich das Mädchen in ärztliche Behandlung«.[251] Nachdem schon am 19. Januar »dunkle Südländer« in Dingolfing über eine Frau herfielen,[252] kam es auch am 21. Januar zu einem Sexangriff auf eine 18 Jahre alte Frau durch »Südländer«. Als die Frau sich gegen die sexuellen Übergriffe wehrte, schlug einer der Täter zu.[253]

22. JANUAR: In Stuttgart-Feuerbach hat ein Mann mit »südländischem Äußeren« eine 16-Jährige verfolgt, sie sexuell belästigt und vor ihr onaniert. Im Polizeibericht heißt es zum Täter: »Der Täter soll 25 bis 30 Jahre alt und 1,75 Meter groß sein. Er hat ein südländisches Äußeres und schwarze, seitlich rasierte Haare sowie einen Dreitagebart. Der Täter hat eine mollige Figur und spricht deutsch mit ausländischem Akzent«.[254] In der Stuttgarter Klett-Passage in der Innenstadt belästigen mehrere Männer mit »arabischem Aussehen« eine 23 Jahre alte Frau und rauben diese aus. Zu den Tätern heißt es: »Die vier Unbekannten sollen zwischen 18 und 27 Jahre alt und schlank

sein sowie ein arabisches Aussehen haben«.[255] Zugleich wird bekannt, daß Flüchtlinge im Johannisbad in Zwickau die Damenumkleidekabine stürmten, im Whirlpool onanierten und im Schwimmbecken ihre Därme entleerten.[256] Zudem wurden die Frauen in der Sauna von ihnen sexuell belästigt.

23. JANUAR: Am Straubinger Rentamtsberg fällt ein 18 Jahre alter Syrer über ein 17 Jahre altes Mädchen her und führt »gegen ihren Willen sexuelle Handlungen aus«.[257] Im Straubinger Hallenbad fassen afghanische Asylbewerber Mädchen in den Genitalbereich und nötigen sie sexuell.[258] In Hachenburg im Westerwald fallen syrische und afghanische Asylbewerber über 13 Jahre alte Mädchen her.[259] Ein Asylbewerber aus einem Flüchtlingsheim in Selm fällt in einem Düsseldorfer Regionalzug über eine Frau her und will diese in der Zugtoilette vergewaltigen, Mitreisende retten die Frau – ein Zeuge wird niedergeschlagen.[260] Mit einem Fahndungsfoto sucht die Polizei unterdessen nach einem orientalisch aussehenden Mann, der in Wiesbaden einen Sexangriff auf eine 18-Jährige verübt hat.[261]

24. JANUAR: In Lehrte, 17 Kilometer östlich von Hannover, wollen zwei Migranten, die »Deutsch mit Akzent« sprechen, eine 25 Jahre alte Frau vergewaltigen. Die Männer zücken ein Messer und befehlen der Frau, »die Beine breit zu machen«. In einem Zeitungsartikel heißt es dazu: »Die junge Frau war zu Fuß vom Bahnhof Lehrte zu ihrer Wohnung unterwegs. Als sie bemerkte, dass ihr zwei unbekannte Männer folgten, begann sie zu laufen. Plötzlich erfasste sie einer der Unbekannten am Arm, während sein Komplize sie mit einem Messer bedrohte und aufforderte, »die Beine breit zu machen.« Das Opfer wehrte sich und schrie lautstark um Hilfe. Als in einem

angrenzenden Haus das Licht anging, flüchteten die Täter in Richtung Leinestraße«.[262]

25. JANUAR: In Marburg onaniert ein Afrikaner neben einer Frau im Stadtbus. Im Polizeibericht heißt es: »In einem gut gefüllten Bus der Linie 5 nutzte ein Unbekannter am Montag, 25. Januar die fehlende Bewegungsfreiheit der Fahrgäste aus. Der Mann stieg gegen 17.10 Uhr am Rudolphsplatz ein und stellte sich hinter eine 19 Jahre alte Frau, die im Anschluss mehrere, unangenehme Berührungen registrierte. Am Hauptbahnhof bemerkte ein weiterer Fahrgast, dass der mutmaßliche Exhibitionist mit heruntergezogener Hose eindeutige sexuelle Handlungen an sich selbst vornahm. Auf sein Verhalten angesprochen, flüchtete der Tatverdächtige zu Fuß in Richtung Bahnhofstraße. Nach Zeugenangaben ist der Verdächtige mit nordafrikanischem Erscheinungsbild zirka 30 Jahre alt, 170 cm groß. Er hat schwarze, kurze Haare, dunkle Augen sowie eine gebräunte Haut. Bekleidet war er mit einer dunkelblauen Daunenjacke, einer Jeans und rot-weißen Boxershorts mit Karomuster«.[263]

26. JANUAR: In Bochum will ein 35 Jahre alter Flüchtling Zärtlichkeiten und mehr von einem auf einer Parkbank sitzenden Mädchen, im Polizeibericht heißt es dazu: »Am Nachmittag des gestrigen 26. Januar zeigten zwei Frauen aus Bochum ein hohes Maß an Zivilcourage. Als sie gegen 15 Uhr durch eine Parkanlage an der Dördelstraße in Bochum-Langendreer gingen, sahen sie einen Mann und ein Mädchen auf einer Parkbank sitzen. Die Situation kam ihnen verdächtig vor, als sich der Mann über die Schülerin beugte und es den Anschein hatte, dass er sie küssen wollte. Sofort sprachen die Frauen (58, 65) den Erwachsenen an. Sie trennten die beiden. Eine Bo-

chumerin brachte das Mädchen zur nahegelegenen Polizeiwache, die andere wartete bei dem Verdächtigen bis zum Eintreffen der Polizei. Der in einer Bochumer Flüchtlingsunterkunft wohnende Mann (35) wurde vorläufig festgenommen. Bei seiner anschließenden Vernehmung zeigte er sich reuig, stritt jedoch ab, das Mädchen geküsst zu haben«.[264]

27. JANUAR: Am Busbahnhof von Überlingen faßt ein 25 bis 30 Jahre alter Mann mit »dunklem Teint« einem 15 Jahre alten Mädchen an einer Bushaltestelle in den Genitalbereich, ein weiterer wird ebenfalls sexuell zudringlich.[265] Am gleichen Tag dringt ein 21 Jahre alter Asylbewerber in die Umkleidekabine eines Fitneßstudios in Lahr ein, faßt eine 18 Jährige überall an und vollzieht mit ihr »kopulationsähnliche Bewegungen«. Er bekommt dafür später eine milde Bewährungsstrafe.[266]

28. JANUAR: Als eine Polizistin in Hannover einen Asylbewerber aus dem Sudan festnehmen will, den sie zuvor bei einem Antanztrick beobachtet hatte, faßt dieser ihr in der Brühlstrasse mehrfach an die Brust und steckt ihr die Zunge heraus. Der Richter läßt den Sudanesen, der zuvor beim Diebstahl beobachtet worden war und die Polizistin nachweislich sexuell belästigte, trotz Ersuchens um ein Schnellverfahren sofort wieder frei.[267] An jenem Tag wird auch bekannt, daß zwei Asylbewerber in einem Kinderhilfezentrum ein kleines Mädchen vergewaltigt haben. Gynäkologische Untersuchungen bestätigen den Verdacht.[268] Zunächst glaubte man, daß die Täter ebenfalls minderjährig seien. Dann wurde bekannt, daß der Iraner, der angeblich erst 16 Jahre alt war, in Wahrheit schon 21 Jahre alt war. Er hatte sich als 16-Jähriger ausgegeben, um Zugang zum Kinderheim zu bekommen.[269] In Sachsen fällt ein

17 Jahre alter Asylbewerber über ein 14 Jahre altes Mädchen her.[270] In Backnang wird eine Jugendliche im Bus der Linie 361 sexuell von einem »Südländer« belästigt.[271]

31. JANUAR: Ein 30 Jahre alter Turkmene verschleppt in Kiel-Gaarden gegen 11 Uhr ein sieben Jahre altes Mädchen vom Spielplatz der Schule und vergewaltigt es in seiner Wohnung. Bald wird bekannt, daß der Turkmene am 18. Januar auch schon ein fünf Jahre altes Mädchen vergewaltigt haben soll. Die Staatsanwaltschaft suchte sofort nach Strafmilderungsgründen und befand nun, daß der Täter wahrscheinlich »nicht schuldfähig« sei.[272] Auf der Vilsbrücke im bayerischen Vilshofen bilden »Ausländer« ein Spalier, begrapschen eine 17-Jährige, die über die Brücke gehen muß und belästigen sie sexuell.[273] In der Schwedendammstraße in Villingen wird eine junge Frau von einem »dunkelhäutigen Mann« gegen ihren Willen festgehalten, geküßt und sexuell belästigt.[274] In Salzgitter kommt es zu einer Sexattacke von Nordafrikanern gegenüber zwei 15 Jahre alten Mädchen. Im Polizeibericht heißt es: »Zwei männliche Personen nordafrikanischer Herkunft im Alter von 25 und 21 Jahren belästigten zunächst in verbaler Form zwei fünfzehnjährige Mädchen. Sie forderten diese in gebrochenem Englisch auf, sie nach Hause zu begleiten. Die Mädchen verneinten die Aufforderung und zeigten im weiteren Gesprächsverlauf eine deutlich ablehnende Haltung. Diese Zurückweisung schienen die Männer jedoch zu ignorieren. Sie traten fortwährend an die Mädchen heran und berührten sie an den Armen sowie am Gesäß. Gegenüber der mittlerweile verständigten Polizei wurden von den Beschuldigten falsche Angaben zu ihrer Person gemacht. Erst im weiteren Verlauf der Ermittlungen konnte die Identität festgestellt werden«.[275]

1. FEBRUAR: Im brandenburgischen Glöwen (1200 Einwohner) vergewaltigt ein Flüchtling drei Kinder, der zuständige Amtsrichter setzt einen Haftbefehl sofort wieder außer Kraft, die Staatsanwaltschaft Neuruppin ist fassungslos.[276] Im schwäbischen Gaildorf (Nordosten Baden-Württembergs, 12 000 Einwohner) fällt ein Asylbewerber über ein sieben Jahre altes Kind her, im Polizeibericht heißt es: »Ein zunächst unbekannter Mann bedrängte bereits am 1. Februar gegen 13 Uhr einen 7-jährigen Bub, der in der Haller Straße an einer Bushaltestellte wartete. Der Südländer habe damals den Jungen umarmt und auf die Wange geküsst, weshalb die Polizei die Ermittlungen aufgenommen hat. Am Freitag (19. Feb.) gegen 12 Uhr wurde der Tatverdächtige von dem Jungen als auch von einer Lehrerin, die das zurückliegende Tatgeschehen beobachtet hatte, wiedererkannt, als der unbekannte Mann in Ottendorf in einen Bus nach Gaildorf eingestiegen war. Die alarmierte Polizei konnte den Mann bei einer Kontrolle nun identifizieren. Gegen den 40-jährigen syrischen Asylbewerber wurde ein Strafverfahren wegen Beleidigung auf sexueller Grundlage eingeleitet«.[277]

2. FEBRUAR: Auf einem Parkplatz in Schweinfurt bedrängt ein Mann mit »dunklerer Gesichtsfarbe« eine hochschwangere 31 Jahre alte Frau und nötigt sie sexuell.[278] Ein 26 Jahre alter Migrant, der Papiere als Ägypter, Tunesier und Algerier hat, schlägt an mehreren Orten in Berlin auf Frauen ein und belästigt andere sexuell. Der Mann ist der Polizei bekannt. Seine wahre Identität ist weiterhin nebulös.[279] Im sauerländischen Luftkurort Eslohe wird ein 14 Jahre altes Schulmädchen von einem Mann mit »dunklem Hauttyp« sexuell belästigt und gegen seinen Willen begrapscht. Die Täterbe-

schreibung lautet: »Der Täter und sein Begleiter hatten in Wenholthausen den Bus verlassen. Der Mann, der das Mädchen bedrängt hatte, wird beschrieben als 20 bis 30 Jahre alt und dunklem Hauttyp. Er hatte schwarze Haare und braune Augen. Er hatte am Oberkopf eine Glatze und darunter an den Seiten einen Haarkranz. Er trug eine grünliche Jacke und eine schwarze Umhängetasche. Sein Begleiter war etwa 1,85 Meter groß und trug einen grauen Kapuzenpulli. Die Polizei spricht aufgrund der Beschreibung von einem »guten Ermittlungsansatz«. Sie ermittelt jetzt auch unter Asylbewerbern in Wenholthausen«.[280]

3. FEBRUAR: Im Münchner Michaelibad in der Heinrich-Wieland-Straße werden zwei 14 Jahre alte französische Austauschschülerinnen von drei Afghanen sexuell angegriffen.[281] Die Afghanen faßten ihnen an die Brüste und zwischen die Beine. Im Warmbadbereich des Schwimmbades Heidenheim wird eine 16-Jährige von einem Asylanten sexuell belästigt. Die Polizei spricht von einer »sexuell motivierten Handlung«, will aber aus Gründen des Opferschutzes dazu nicht mehr mitteilen.[282] In Leipzig versucht ein Libyer eine 18- Jährige zu vergewaltigen. Eine Lokalzeitung berichtet dazu: »Mit einem beherzten Biss hat sich eine Frau in Leipzig aus den Fängen eines Sex-Täters befreit. Der Mann wurde später in einem Asylbewerberheim anhand der Bisswunde überführt und verhaftet. Die 25-jährige Erzieherin war morgens auf dem Weg zur Arbeit, als ihr ab der Bus-Endhaltestelle Mockau ein Mann folgte. Immer schneller wurden seine Schritte. An der Lilienthalstraße hatte Hamid S. (18) die Frau eingeholt. Den Ermittlungen zufolge rempelte der Libyer die Leipzigerin an, umschlang sie dann von hinten mit beiden Armen und würgte sie am Hals. Anschlie-

ßend soll er die Frau brutal gegen eine Hausmauer gestoßen und versucht haben, sie gewaltsam zu küssen. Doch die 25-Jährige leistete Gegenwehr: Mit ganzer Kraft biss sie dem Angreifer in die rechte Hand. Anschließend rannte die Frau auf die Straße, hielt einen Autofahrer an und alarmierte die Polizei. Nach dem Überfall ging der wegen gefährlicher Körperverletzung und Diebstahls polizeibekannte Nordafrikaner in einen Netto-Markt und stahl dort unter den Augen der Verkäuferinnen mehrere Flaschen Schnaps. Auch sie riefen die Polizei. Eine Streife fuhr kurz darauf zum Asylbewerberheim Mockau. Nachdem die Beamten der Security den Gesuchten beschrieben, führten die Wachleute die Polizisten zur Unterkunft des Libyers. Der war anhand seiner Bißverletzung leicht zu überführen«.[283] Im Regionalzug Hamburg-Harburg onanierte ein Südländer vor einer Frau. Im Polizeibericht heißt es dazu: »Am Mittwoch 3.02.2016, gegen 12.50 Uhr stieg ein unbekannter Mann in Meckelfeld in den Regionalzug Metronom aus Hamburg kommend Richtung Lüneburg. Während der Fahrt öffnete der Täter seine Hose und nahm gegenüber dem 21-jährigen Opfer unsittliche Handlungen an sich vor. Der Täter soll ca. 30 – 40 Jahre alt, und von schlanker, normaler Statur gewesen sein. Er wird als südländisch aussehend beschrieben, trug einen schwarzen Vollbart und hatte dunkle Augenbrauen. Bekleidet war er mit einem braunem Wintermantel und mit einer grauen oder braunen Wollmütze«.[284]

4. FEBRUAR: Ein 29 Jahre alter Asylbewerber aus Nigeria vergewaltigt eine 21-jährige Frau in Schloß Holte-Stukenbrock im Kreis Gütersloh. Am gleichen Ort wird ein Algerier festgenommen, der 16 und 17 Jahre alte Mädchen überall am Körper angefaßt hat. Auch ein Syrer fällt in Schloß Holte-Stuken-

brock an jenem Tag durch sexuelle Belästigungen von Frauen auf.[285] In Köln wird eine Journalistin vor laufender Kamera begrapscht und sexuell bedrängt, andere Frauen werden in Köln von Asylbewerbern vergewaltigt.[286] Ein syrischer Migrant nötigte eine 49-jährige Deutsche in Bad Reichenhall sexuell.[287] Im Lörracher Polizeibericht heißt es an jenem Tag: »Öffentliches Aufsehen erregte ein Vorfall am Donnerstagvormittag in Lörrach. Um 10 Uhr wurde der Polizei mitgeteilt, dass in der Bärenfelser Straße ein Farbiger Kundinnen eines Einkaufsmarktes massiv belästigt. Nach Angaben von Zeuginnen wurden sie vor dem Markt von dem Mann angesprochen. Er bot an, die Einkaufswägen zu schieben und wollte dafür Geld haben. Nachdem die Frauen ablehnten, soll der Mann aufdringlich und penetrant geworden sein. Die Betroffenen beschwerten sich im Geschäft, worauf man die Polizei rief. Eine Streife kam vor Ort und kontrollierte den Mann, bei dem es sich um einen Schwarzafrikaner handelte. Er konnte sich nicht ausweisen und sollte deshalb zur Feststellung seiner Identität mitgenommen werden. Auf dem Weg zum Streifenwagen griff er die Beamten unvermittelt an. Es kam zu einer körperlichen Auseinandersetzung, in deren Verlauf der Mann nach den Beamten trat, schlug und sie zu beißen versuchte. Mit Hilfe einer zweiten Streife konnte der Tobende überwältigt und festgenommen werden. Bei der Festnahmeaktion wurden zwei Beamte leicht verletzt. Zahlreiche Umstehende verfolgten das Geschehen aus nächster Nähe. Vereinzelt kam es zu Unmutsäußerungen gegenüber dem Beschuldigten. Dessen Identität und Status stehen nach wie vor nicht fest, zumal bei ihm gefälschte Dokumente gefunden wurden«.[288] Unterdessen schlägt im sächsischen Zeithain ein Asylbewerber aus Eritrea wahllos auf Frauen ein und bespuckt sie.[289] Im Oldenburger Land in

Elsfleth, einem der ältesten Orte an der Unterweser, wird eine junge Frau von einem »Südländer« sexuell genötigt.[290]

5. FEBRUAR: Im Zülpicher Viertel von Köln versammeln sich Nordafrikaner, um Frauen sexuell zu bedrängen. Eine Lokalzeitung berichtet nach den ersten sexuellen Übergriffen: »Die Polizei machte zu dem Vorfall auf Nachfrage bislang keine Angaben. Ob sich tatsächlich Nordafrikaner im Zülpicher Viertel versammelt haben, ist bislang unklar. Auch dazu sagte die Polizei zunächst nichts. Ab 21.30 Uhr wurde im Zülpicher Viertel ein verstärkter Zustrom von Menschen mit wahrscheinlich nordafrikanischer Herkunft beobachtet, heißt es in einer Mitteilung des Ordnungsamts«.[291] In der Oberdorfstraße in Villingen-Schwenningen hält ein gebrochen Deutsch sprechender Mann einer 19 Jahre alten Frau eine Pistole an den Körper und will sofort »ficken«. Die Frau flüchtet, worauf der Täter auf sie schießt.[292] Die Frau wird durch mehrere Projektile verletzt. In Klietz im Landkreis Stendhal in Sachsen-Anhalt bedrängen zwei »arabisch aussehende Männer« ein 13 Jahre altes Mädchen sexuell, fassen ihr an die Brust und fordern sie dazu auf, mitzukommen. Das Mädchen tritt die Angreifer energisch weg.[293]

6. FEBRUAR: In Waldkraiburg in Oberbayern schlägt ein Ausländer in einer Tiefgarage auf eine Frau ein. Im Polizeibericht heißt es: »Eine 18-Jährige wurde am Samstagabend, 6. Februar 2016, in der Tiefgarage am Stadtplatz von einem Unbekannten brutal niedergeschlagen und dabei verletzt, während eine Gruppe von bis zu 30 Männern tatenlos daneben stand. Dem Opfer gelang es sich zu wehren und zu flüchten, ehe noch Schlimmeres passierte. Die Polizei sucht jetzt nach Hinweis-

gebern, die zur Klärung der Tat beitragen können. Wie später rekonstruiert werden konnte, muss sich die Tat gegen 18.35 Uhr abgespielt haben. Eine 18-Jährige Faschingsbesucherin ging etwa um diese Zeit zu den Toilettenanlagen in der Tiefgarage am Stadtplatz, als ihr dort ein Mann gegenübertrat und sie lautstark aufforderte, sich auszuziehen. Gleichzeitig standen, so die Geschädigte später, etwa 25 bis 30 weitere Männer dabei, die aber nicht eingriffen. Der Täter packte die junge Frau, riss ihr das Kostüm (›Pommes-Frites-Kostüm‹, rot / gelb / weiß) vom Oberkörper und forderte sie erneut auf, sich auszuziehen. Als sie vehement ablehnte, wurde sie von dem Mann brutal zu Boden geschlagen. Einem zweiten Angriff konnte das Opfer dann ausweichen, sich wehren und aus der Tiefgarage flüchten, offenbar ohne dass der Täter oder die übrigen Männer ihr folgten. Die Frau erlitt bei dem Angriff verschiedene Verletzungen, zum Glück aber keine schweren. Sie fuhr nach der Tat schockiert nach Hause und verständigte von dort aus die Polizei. Die junge Frau gab bei ihrer Vernehmung folgende Personenbeschreibung an: Täter / Schläger: Ca. 25 bis 30 Jahre alt, etwa 170 bis 175 cm groß, leicht gebräunte Haut (›karamellfarben‹), auffallend schlanke / dünne Figur und schmales Gesicht, dunkler Dreitagebart, schwarze Haare, die an den Seiten sehr kurz geschnitten und in der Mitte auffallend aufgestellt bzw. hochgegelt waren. Bekleidet war der Mann mit einer dunklen Jeanshose, einem dunklen Pulli und einer etwa hüftlangen dunklen oder schwarzen Winterjacke. Den Täter, wie auch die umstehenden Männer beschrieb das Opfer als ›ausländisch aussehend‹‹.[294] Im südbadischen Laufenburg (Kreis Waldshut) werden mehrere Asylbewerber verhaftet, welche zuvor Frauen sexuell genötigt hatten.[295] Ähnliche Übergriffe gibt es in Bocholt (Täter war dort ein Iraker[296]), in Frankfurt

(Täter war dort ein Jordanier[297]) und in Konstanz (Täter waren dort »Ausländer«[298]). In Ravensburg überfiel ein »Südländer« einen Deutschen und wollte Sex, die Polizei berichtet: »Die Polizei ermittelt gegen einen unbekannten Täter, der Samstagnacht gegen 23.45 Uhr gegenüber einem 19 Jahre alten Mann in der Tettnanger Straße sexuell übergriffig wurde. Der junge Mann befand sich auf Nachhauseweg von einer Fasnetveranstaltung, als sich ihm in Weingartshof der Täter von hinten näherte und ihn mit einem Messer anging. Beim Versuch, das Messer von sich abwenden, zog sich der Geschädigte Schnittverletzungen an der Handinnenfläche zu. Im weiteren Verlauf kam es zwischen den beiden Männern zu einem Gerangel, in deren Folge beide stürzten und den dortigen Abhang hinunterfielen. Als der Geschädigte auf der Wiese zum Liegen kam, beugte sich der Täter über ihn und griff ihm in die Hose an sein Geschlechtsteil. Der 19-Jährige rief mehrfach laut um Hilfe, worauf der Unbekannte von ihm abließ und über die Wiese in Richtung B 30 flüchtete. An einem Haus konnte der junge Mann Hilfe holen und die Polizei unterrichten. Von dem Täter liegt folgende Beschreibung vor: Alter etwa 20 Jahre, zirka 185 cm groß, dunkle glatte Haare, schmale Statur, südländisches Aussehen«.[299] Auch die Düsseldorfer Polizei meldet für Friedrichstadt den Übergriff eines dunkelhäutigen Mannes auf eine Frau: »Die Polizei sucht Zeugen eines versuchten Sexualdelikts, dass sich in der vergangenen Nacht in Friedrichstadt ereignete. Nach dem etwa 30 Jahre alten Täter wird gefahndet. Das Opfer blieb unverletzt, erlitt jedoch einen Schock. Nach den bisherigen Ermittlungen der Polizei war die Frau zur Tatzeit auf dem Heimweg, als sie auf der Friedrichstraße in Höhe der Bachstraße unvermittelt von einem Mann angegangen wurde. Die Frau wehrte sich und schrie den Mann an. Daraufhin flüchtete der Mann in Richtung Weberstraße. Die Frau lief nach Hause und verständigte die Polizei. Eine Fahndung verlief negativ. Der Mann wird als etwa 30 Jahre alt und circa 1,70 Meter groß beschrieben. Er hatte einen dunklen Teint und einen Dreitagebart«.[300] In Celle hielten Flüchtlinge kleine Mädchen für sexuelles Freiwild. Die Polizei berichtet: »Am Samstagnachmittag, gegen 17.00 Uhr, ist es im Celler Badeland zu unsittlichen Berührungen von zwei elfjährigen Mädchen gekommen. Hierzu hatte eine Gruppe von fünf jugendlichen Flüchtlingen, die mit ihrem Betreuer aus der Region Hannover das Celler Badeland besucht hatten, in der Wasserrutsche eine Art menschliche Sperre errichtet, durch die im Anschluss daran die beiden Mädchen gerutscht waren. Hierbei war es zu oberflächlichen Berührungen an den Oberschenkeln, dem Rücken und dem Gesäß der Opfer gekommen. Die beiden Mädchen hatten sich daraufhin unter Tränen beim Bademeister gemeldet, der daraufhin die Polizei und die Eltern informiert hatte«.[301]

7. FEBRUAR: In Hirschhorn am Neckar vergewaltigen zwei Ausländer ein minderjähriges Mädchen, die Täter »mit Migrationshintergrund« kommen nicht in Untersuchungshaft.[302] Im Fastnachtstreiben fielen vor allem Araber und Afghanen dadurch auf, daß sie in Gruppen ungeniert Frauen an Brüste und in den Genitalbereich faßten.[303] In Erfurt kommt es zu gleichen Erfahrungen mit afghanischen Asylbewerbern.[304] Ebenso im hessischen Heppenheim, dort heißt es im Polizeibericht: »Vier junge Männer, die am Sonntag in Heppenheim eine 17-Jährige sexuell bedrängt haben sollen, sind heute in Untersuchungshaft genommen worden. Wie Polizei und Staatsanwaltschaft mitteilen, sollen die aus Afghanistan stammenden Jugendli-

chen zwischen 16 und 17 Jahre alt sein. Da sie als Flüchtlinge in der Region leben, hat Landrat Christian Engelhardt ein konsequentes Vorgehen auch gegen straffällig gewordene »unbegleitete minderjährige Flüchtlinge« gefordert«.[305] Auch in der Nähe von Heilbronn gab es in Hardheim Fälle von sexuellen Übergriffen durch »orientalisch aussehende Männer«. Die Polizei berichtet: »Bei den Feierlichkeiten anlässlich des Faschingsumzuges am Sonntag in Hardheim soll ein 30-jähriger Asylbewerber einer Besucherin von hinten die Arme um den Bauch gelegt und auch versucht haben die Brüste anzufassen. Die junge Frau riss sich los und teilte den Vorfall ihrem Freund mit. Zusammen konnte der mutmaßliche Täter ausfindig gemacht werden. Hinzugerufene Polizeibeamte nahmen den Mann vorläufig fest. Gegen ihn wurde ein Strafverfahren eingeleitet. Ein ähnlich gelagerter Fall ereignete sich ebenfalls bei der Hardheimer Faschingsveranstaltung gegen 18.30 Uhr: hier soll ein etwa 22 Jahre alter Unbekannter einer 19 Jährigen, die auf einer Mauer im Bereich der öffentlichen Toiletten am Schloßplatz saß, unvermittelt an die Brust gefasst haben. Die Frau flüchtete daraufhin auf die Toilette. Der Unbekannte konnte nicht mehr angetroffen werden. Er soll dunkel gekleidet und ohne Faschingskostüm unterwegs gewesen sein. Außerdem hätte der Mann orientalisch ausgesehen. Er soll zurückgegeltes, schwarzes Haar und einen Oberlippen- und Kinnbart getragen haben«.[306] In Kranenburg im Kreis Kleve am Niederrhein fällt ein Marokkaner durch sexuelle Anzüglichkeiten auf.[307] In Flieden im Kreis Fulda das gleiche durch einen »dunkelhäutigen Mann«.[308] Im Landshuter Hallenbad fällt ein afghanischer Asylbewerber über ein zwölf Jahre altes Kind her.[309] In Mainz gibt es zeitgleich eine große Zahl sexueller Übergriffe von »arabisch aussehenden Männern auf Frauen«, und ein Afghane onaniert im Fastnachtsumzug zwischen Frauen.[310] Ein Mann mit »dunklem Hauttyp« greift eine Frau in Backnang an,[311] und auch in Offenburg wollen drei »Südländer« Sex von einer Frau.[312] In Ochtrup halten Ausländer eine 16-Jährige fest und bedrängen sie sexuell.[313] In Mühldorf am Inn ist der Täter bei einer ähnlichen Sex-Attacke ein »Dunkelhäutiger«,[314] in Bernburg in der Magdeburger Börde sind es »fünf Ausländer«[315]. Im Bochumer Polizeibericht heißt es: »Am 7. Februar, zwischen 12.15 und 12.30 Uhr, wurde eine Frau (37) während der Fahrt im Linienbus 390 von einem noch nicht ermittelten Mann unsittlich berührt. Zwischen den Haltestellen Bochum Höntrop Kirche (Westenfelder Straße) und August-Bebel-Platz (Friedrich-Ebert-Straße) belästigte er die Frau und flüchtete anschließend unerkannt. Der Sittlichkeitstäter konnte wie folgt beschrieben werden: südländisches Aussehen, ca. 170 cm groß, kräftige Statur, trug eine dunkle Lederjacke und eine graue Wollmütze, die nach hinten zusammenfiel«.[316] Aus dem Raum Stuttgart kommt zeitgleich die Meldung: »Eine 18-jährige Frau war am Sonntagabend Fahrgast im Regionalexpress zwischen Waiblingen und Crailsheim. Sie befand sich mit zwei Südländern alleine im Zugabteil. Gegen 21.30 Uhr wurde sie von einem 20 – 25-jährigen Mann unsittlich bedrängt. Zunächst versuchte der Fremde die junge Frau zu küssen. Nachdem sich die Frau wehrte, betatschte der Mann die Frau unsittlich. Die Geschädigte stieg in Gaildorf aus und verständigte die Polizei.«[317] Auch in der Dresdner Neustadt wird eine 39 Jahre alte Frau von einem »Südländer« sexuell belästigt.[318] In Eppelheim westlich von Heidelberg faßt ein Ausländer einer Frau an die Brust und in den Schritt, in der Täterbeschreibung heißt es: »Der Mann ist etwa 35 bis 40 Jahre alt, hat eine schlanke Statur und ist etwa 1,80 Meter groß. Er hat dunkle, schmale Augen, eine

Hakennase und kurze, dunkle Haare. Er trug einen Dreitagebart und sprach gebrochen Deutsch«.[319]

8. FEBRUAR: In Siegburg wird ein 15 Jahre altes Mädchen Opfer der Sexattacke eines 35 Jahre alten »Zuwanderers«.[320] Über einen Marokkaner heißt es am gleichen Tag aus Brilon: »Dort beobachtete der Sicherheitsdienst dann, wie der 36-Jährige gegen 0.20 Uhr am Dienstag einer feiernden Frau in den Schritt fasste. Daraufhin wurden beide Männer von den Security-Mitarbeitern festgehalten und der Polizei übergeben«.[321] In Wilhelmshaven wird eine Elfjährige im Schwimmbad von einem Afghanen sexuell belästigt, der ihr unter anderem an die Brust faßte.[322]

9. FEBRUAR: In Leverkusen-Opladen schließt die Polizei zu Karneval alle Kneipen, nachdem es zu einer großen Schlägerei zwischen Einheimischen und Nordafrikanern gekommen ist, die zuvor eine Frau sexuell belästigt hatten.[323] In Göttingen haben »Südländer« auf dem Parkplatz eines Rewe-Marktes eine 23 Jahre alte Frau geschlagen und verbal beleidigt.[324] Und in Borghorst nahe Steinfurt haben mehrere Ausländer im Schwimmbad 13-jährige Mädchen sexuell missbraucht.[325]

11. FEBRUAR: In Braunschweig wird ein 36 Jahre alter Asylbewerber festgenommen, der dort ein 14 Jahre altes Mädchen vergewaltigt haben soll.[326]

12. FEBRUAR: Im Schwimmbad Nordenham bei Bremerhaven faßt ein Ausländer mit »dunklem Teint« einem kleinen Jungen in den Genitalbereich. Eine Lokalzeitung berichtet dazu: »Die Polizei sucht einen Mann, der im Freizeitbad Störtebeker in

Atens einen Jungen sexuell belästigt haben soll. Den Vorfall, der sich bereits am vergangenen Freitag zwischen 16.30 und 17.30 Uhr ereignete, hat die Polizeipressestelle erst am Mittwoch öffentlich gemacht. Die Ordnungshüter hoffen auf Zeugenhinweise, um den bislang unbekannten Täter ermitteln zu können. Nach Angaben der Polizei hatte der Junge, dessen Alter nicht mitgeteilt wird, gemeinsam mit einem Freund das Störtebekerbad besucht. In der Schwimmhalle soll er von dem Mann im Genitalbereich berührt worden seien. Nachdem der Junge zu Hause von dem Vorfall berichtet hatte, fuhr seine Mutter zu der Schwimmhalle, wo sie den Mann auch antraf und zur Rede stellte. Am Sonnabend erstatteten die Eltern eine Anzeige im Nordenhamer Kommissariat. Nach der Personenbeschreibung handelt es sich bei dem Mann um einen Ausländer, der kaum Deutsch spricht. Er soll 35 bis 40 Jahre alt, schlank und etwa 1,70 Meter groß sein. Auffällig sind der dunkle Teint, das vernarbte Gesicht und die schwarzen Haare«.[327] Am gleichen Tag überfallen Männer mit »dunkler Hautfarbe« ein 16 Jahre altes Mädchen in Füssen.[328]

13. FEBRUAR: In Norden-Norddeich wurden zehn und elf Jahre alte Mädchen von »Männern mit Migrationshintergrund« im Schwimmbad sexuell belästigt.[329] In der Kahlertstraße in Gütersloh verübt ein Migrant laut Polizeibericht einen Sex-Angriff auf eine 49 Jahre alte Verkäuferin.[330]

14. FEBRUAR: In Dresden werden ein Syrer und ein Iraner wegen des sexuellen Mißbrauchs von Kindern (Mädchen im Alter von zehn und elf Jahren) in einem Schwimmbad festgenommen.[331] In Duisburg überfallen gebrochen Deutsch sprechende Mitbürger eine junge Frau, begrapschen sie und wollen sie of-

fenkundig vergewaltigen. Als sie sich heftig wehrt, lassen die Täter von ihr ab und flüchten.[332]

15. FEBRUAR: In Straubing wird ein Somalier verhaftet, der ein elf Jahre altes Mädchen vergewaltigt haben soll. Er steht ab Ende November als Angeklagter vor dem Regensburger Landgericht.[333] Im Bremer Hauptbahnhof verübt ein Nordafrikaner Sex-Attacken auf eine Frau und schlägt auch auf Polizisten ein, im Polizeibericht heißt es unter anderem: »Sicherheitskräfte der Bahn versuchten ihn zu ergreifen. Dabei ließ sich der 17-jährige Nordafrikaner mehrfach fallen, verletzte sich am Kopf und wurde danach zum eigenen Schutz am Boden gehalten. Bundespolizisten nahmen ihn fest – er wehrte sich derart, dass er zur Wache getragen werden musste«.[334] In Frankfurt wurde ein algerischer Sex-Täter, der ein 14 Jahre altes Mädchen sexuell belästigte, kurz festgenommen und sofort wieder freigelassen. Im Polizeibericht heißt es: »In einer S-Bahn der Linie 1 wurde am Montagmittag, gegen 15 Uhr, ein 23-jähriger algerischer Staatsangehöriger von einem Beamten der Bundespolizei festgenommen, der in der S-Bahn ein 14-jähriges Mädchen aus Frankfurt am Main sexuell belästigt hatte. Nachdem die S-Bahn im Bahnhof Frankfurt-Höchst abgefahren war, setzte sich der 23-Jährige Mann neben das Mädchen und versuchte sie gegen ihren Willen in den Arm zu nehmen und mehrfach zu küssen. Ein Beamter der Bundespolizei, der sich auf dem Heimweg befand, wurde auf die Situation aufmerksam und kam der Jugendlichen zu Hilfe. Nachdem er den Mann, unter der Mithilfe von zwei Reisenden abdrängen konnte, übergab er ihn nach Ankunft im Hauptbahnhof einer Streife der Bundespolizei. Nach Feststellung der Personalien und Einleitung eines Ermittlungsverfahrens wegen sexueller Nötigung, wurde der

Täter wieder entlassen«.[335] In Künzelsau überfallen vier »Dunkelhäutige« mittags gegen 13 Uhr eine 35-Jährige vor dem Landratsamt, begrabschen sie und rauben sie aus.[336]

16. FEBRUAR: In Dörzbach bei Bad Mergentheim fahndet die Polizei nach einem »arabisch aussehenden Mann«. Im Polizeibericht heißt es: »Einen Unbekannten, der am Dienstagmorgen in einem Bus eine 14-Jährige belästigte, sucht die Polizei. Die Jugendliche saß gegen 7 Uhr in dem von Rengershausen in Richtung Krautheim fahrenden Bus, als der Unbekannte in Dörzbach zustieg. Der Mann setzte sich neben sie und berührte unsittlich. Obwohl sie seine Berührungen abwehrte, machte er weiter, bis sie ausstieg. Beschrieben wurde der Täter als ein vermutlich aus dem arabischen Raum stammender Mann. Er ist etwa 1,70 Meter groß und schlank. Er trug einen Dreitagebart, hat dunkelbraune, kurze Haare und einen dunklen Hautteint«.[337]

17. FEBRUAR: In Wiesbaden wird eine Frau von einem Ausländer in der Kirchgasse sexuell genötigt, in Wiesbaden-Biebrich zeigt in der Mühlhausener Strasse ein »dunkelhäutiger Mann« Passanten seinen Penis.[338] Auch in der Kleinstadt Hörstel am Rande des Teutoburger Waldes befriedigte ein Dunkelhäutiger seine exhibitionistischen Triebe. Er ließ die Hosen runter und zeigte Passantinnen auf dem Fußgängerüberweg am Rathaus sein Gesäß.[339] In Dresden wird eine 25 Jahre alte Joggerin von mehreren Südländern genötigt, die sie nicht nur anfassen, sondern auch schlagen.

18. FEBRUAR: In Uelzen müssen drei Südländer den Versuch, eine Frau zu vergewaltigen, aufgeben, weil der Rottweiler der

Frau ausländerfeindlich reagierte. Im Polizeibericht heißt es: »Wegen versuchter sexueller Nötigung ermittelt die Polizei nach einem Übergriff auf eine Spaziergängerin in den Abendstunden des 18.02.16. Nach eigenen Angaben war die Uelzenerin zusammen mit ihrem Hund (einem unangeleinten Rottweiler) gegen 19.45 Uhr im Bereich des Uhlenköper-Parkplatzes, Bahnhofstraße, unterwegs, als sich ihr drei junge Männer (25 bis 30 Jahre alt) auf dem unbeleuchteten Parkplatz (zur Tatzeit eine Baustelle) näherten. Die Personen kamen zielstrebig näher und sprachen die Frau in gebrochenem Deutsch an. Dabei griffen zwei der südländisch wirkenden Männer der Frau in die Kleidung und fassten sie unsittlich an. Die Uelzenerin setzte sich zur Wehr und rief mehrfach nach ihrem Hund. Der Rottweiler biss und verletzte daraufhin einen der Täter. Die Frau konnte in der Folge in Richtung Hauptgebäude Uhlenköperparkplatz und später nach Hause flüchten«.[340]

20. FEBRUAR: In Rotenburg/Wümme zeigt ein irakischer Flüchtling 13 und 14 Jahre alten Mädchen vor einem Supermarkt seinen Penis. Im Polizeibericht heißt es: »Es hatte den Anschein, als wolle er mit seinem Handy Fotos von ihnen machen. Die Situation wurde zunehmend unangenehmer und die Freundinnen suchten Zuflucht im Discounter. Als sie von dort nach Hause gehen wollten, kam ihnen der unbekannte Mann entgegen und entblößte sich. Die jungen Frauen rannten zurück in den Markt und riefen einen ihrer Väter über Handy um Hilfe. Gemeinsam mit der hinzugerufenen Streifenbesatzung der Rotenburger Polizei konnte der Mann noch auf dem Parkplatz gefasst werden. Gegen ihn ermittelt die Polizei wegen einer exhibitionistischen Handlung«.[341] Etwa zeitgleich haben in Biberach zwei Dunkelhäutige eine Walkerin vergewaltigt,

im Polizeibericht heißt es: »Eine 49-Jährige hat am Samstag eine schwere Straftat angezeigt. Laut ihren Angaben war sie am Morgen im Bereich des Stadtfriedhofs beim Walking unterwegs. Auf Höhe der Zufahrt des Parkplatzes an der Aussegnungshalle tauchten plötzlich zwei Männer in der Dunkelheit auf. Sie bedrohten die 49-Jährige und verübten ein Sexualdelikt. Beide Täter sind etwa 30 Jahre alt, haben einen dunklen Teint und sprachen gebrochen Deutsch.«[342] In Stuttgart wird ein Asylant festgenommen, der mehrfach eine 17-Jährige vergewaltigt haben soll.[343] In Trier verüben Ausländer einen Sex-Angriff auf eine 19-Jährige.[344] In Blankenburg fällt ein 28 Jahre alter afghanischer Asylbewerber über eine junge Frau her und fordert Sex, schreit dabei immer »I kill you«. Einem Notarzt, der bei der Festnahme gerufen wird, schlägt er mehrfach mit der Faust ins Gesicht.[345] Im nordrhein-westfälischen Greven wird ein 23 Jahre alter Mann von einem Ausländer »mit dunklem Teint« auf der Marktstraße in einem Kellerabgang geschlagen, ausgeraubt und vergewaltigt.[346]

21. FEBRUAR: In Aurich belästigen Asylanten im Schwimmbad Frauen und ein 10 Jahre altes Kind. Der Polizeibericht vermeldet dazu: »Am Sonntagabend, gegen kurz nach 20.00 Uhr, meldete sich eine Mitarbeiterin des Schwimmbades am Ellernfeld bei der Auricher Polizei und zeigte an, dass sich einige weibliche Badegäste von jungen männlichen Flüchtlingen sexuell belästigt fühlten. Es sei zu Belästigungen im Bereich der Umkleidekabine gekommen. Als die Polizeibeamten am Einsatzort eintrafen, hielten sich eine Gruppe junger Männer und die betroffenen Frauen noch im »de Baalje« auf. Die betreffende Mitarbeiterin hatte dafür Sorge getragen, dass die Beteiligten das Bad nicht verließen. Bei den männlichen Personen han-

delte es sich um Flüchtlinge aus Afghanistan sowie aus dem Iran. Die sieben Männer im Alter zwischen 19 und 32 Jahren sind alle zur Zeit in der Flüchtlingsunterkunft in der Blücherkaserne untergebracht«.[347] Auch im Schwimmbad von Eckernförde wird ein Syrer festgenommen, der ein Mädchen sexuell genötigt haben soll.[348] Im Bahnhof von Bad Schwartau vergewaltigt ein Mitbürger »mit Migrationshintergrund« eine 21 Jahre alte Frau auf der Bahnhofstoilette. Die örtliche Lokalzeitung vermeldet dazu lapidar: »Schlimmer Vorfall im Bahnhof Bad Schwartau: Eine junge Frau wurde in der Nacht zu Sonntag in der Herrentoilette vergewaltigt«.[349] In der osthessischen Gemeinde Großenlüder im Landkreis Fulda greift ein Asylant eine 29 Jahre alte Flüchtlingshelferin an und nötigt sie sexuell.[350] In Neubrandenburg attackiert ein Südländer ein 14 Jahre altes Mädchen. Als sich Zeugen nähern, ergreift er die Flucht.[351]

22. FEBRUAR: In Asperg – westlich von Ludwigsburg in Baden-Württemberg – wird eine 20 Jahre alte Frau von einem Ausländer unsittlich berührt.[352] In Feldkirchen fällt ein Ausländer über eine 16-Jährige her. Als diese laut um Hilfe schreit, rennt er davon.[353] In Brandenburg an der Havel wollen zwei Männer aus dem »türkisch-arabischen Raum« eine 15 Jährige vergewaltigen. Das Mädchen tritt ihnen jedoch mit voller Wucht in die Hoden. Die *Märkische Allgemeine* berichtete darüber unter der Überschrift »Schülerin tritt Angreifern in die Weichteile«.[354]

23. FEBRUAR: Ein 16-jähriger afghanischer Migrant, der in Glöwen (Prignitz) zwei Jungen im Alter von neun und elf Jahren innerhalb von zwei Tagen dreimal vergewaltigt hat, wird auf freien Fuß gesetzt. Da der Vergewaltiger bei seinen Eltern lebe und kein Geld besitze, bestehe keine Fluchtgefahr, urteilt

das Landgericht Neuruppin. Lokalzeitungen empören sich darüber, daß rechte Gruppen gegen die Freilassung des Täters protestieren.[355] In Berlin attackiert ein Algerier an der U-Bahn-Haltestelle am Rosenthaler Platz wahllos Frauen. Eine Lokalzeitung berichtet: »Dienstagmittag griff ein 34-Jähriger auf dem Bahnsteig des U-Bahnhofs Rosenthaler Platz plötzlich eine 17-Jährige an, riss ihr an den Haaren. Die junge Frau rettete sich in eine ausfahrende U-Bahn, woraufhin der Angreifer gegen den Zug trat und dann fluchend Richtung Ausgang ging, wie die Polizei mitteilte. Dann riss er augenscheinlich wahllos eine 22 Jahre alte Passantin an den Haaren zu Boden, so die Polizei. Die Frau trat er Richtung Kopf und Oberkörper. Drei Helfer eilten hinzu, beendeten die Attacke und hielten den 34-Jährigen, der sich erheblich wehrte, fest, bis die Polizei eintraf. Rettungskräfte brachten die 22-Jährige zur ambulanten Behandlung ins Krankenhaus. Bei dem Mann soll es sich um einen Algerier ohne festen Wohnsitz handeln«.[356]

24. FEBRUAR: Im Oberbayerischen Weilheim, westlich des Starnberger Sees, läßt ein 21 Jahre alter Nigerianer in der christlichen Pfarrkirche die Hosen runter, zeigt einer Kirchgängerin seinen Penis und will Sex. Weil er das nicht zum ersten Mal macht und es auch schon im Altenheim und bei der Stadtverwaltung versuchte, wird er später im Asylantenheim vorläufig festgenommen.[357] In Kassel-Calden, wo es eines der größten Asylantenheime im Norden Hessens gibt, überfällt ein »Südländer« eine Frau. Im Polizeibericht heißt es dazu: »Am Mittwochabend griff ein bislang unbekannter Mann eine junge Frau im Ehrster Weg im Caldener Ortsteil Fürstenwald an. Nachdem er versucht hatte, die Handtasche der 18-Jährigen aus Kassel zu erbeuten, berührte er sie unsittlich. Die Gegenwehr der

jungen Frau schlug den Täter schließlich in die Flucht. Wie sie gestern Abend gegenüber den Kripobeamten des Kriminaldauerdienstes berichtete, stand sie zunächst unter dem Einfluss der Tat und meldete sich deshalb erst einen Tag später bei der Polizei. Die für Raubdelikte zuständigen Ermittler des Kommissariats 35 der Kripo Kassel erhoffen sich nun mit der Veröffentlichung des Falls, Hinweise auf den Täter zu bekommen. Das Opfer kann den Täter nur vage beschreiben. Es soll sich um einen 1,78 m großen, schlanken Mann mit südländischem Äußeren gehandelt haben, der dem Opfer zu Folge sie in einer ihr unbekannten Sprache angesprochen habe. Der Mann sei mit einer schwarzen, gesteppten Jacke mit Kapuze bekleidet gewesen sein. Wie das Opfer berichtet, war sie mit der Regiotram gegen 20.20 Uhr am Bahnhof in Fürstenwald ausgestiegen und ging den Ehrstener Weg in Richtung Ortsausgang. Nahezu am Ende der Straße habe der Unbekannte sich von hinten unbemerkt genähert und an ihrer Handtasche gerissen. Sie habe den Mann zurückgestoßen, der sie daraufhin unsittlich berührte. Anschließend flüchtete sich die junge Frau zu einem dortigen Wohnhaus, woraufhin der Täter in unbekannte Richtung davonlief«.[358]

25. FEBRUAR: In Mockau-Nord, einem Stadtteil von Leipzig, faßt ein Südländer im Bus der Linie 70 einer 13- und einer 15-Jährigen in den Schritt und nötigt sie sexuell.[359] Ebenfalls in Leipzig griff ein Mann »afrikanischen Typs« eine 48 Jahre alte Frau in der Erich-Weinert-Straße in der Straßenbahn in sexueller Absicht an.[360]

26. FEBRUAR: In Magdeburg stehen zwei Afghanen vor Gericht, weil sie auf dem Friedhof eine 24 Jahre alte Frau vergewaltigt haben sollen.[361] DNA-Beweise hatten die Täter eindeutig über-

führt. Zuvor hatten die Medien es als »geistige Brandstiftung« bezeichnet, daß die Öffentlichkeit über die Vergewaltigung der jungen Frau durch Afghanen unterrichtet worden war. Die Rede war von »Gerüchten«.[362] Gleichen Tags wird in Mühlheim an der Ruhr ein 29 Jahre alter Ausländer festgenommen, der zahlreiche minderjährige Mädchen belästigt hatte.[363] Am gleichen Tag wird im Ostpark von Landau ein 20 Jahre alter Asylant festgenommen, der dort eine junge Frau massiv sexuell belästigt hatte.[364]

28. FEBRUAR: In Norderstedt werden mehrere afghanische Asylbewerber festgenommen, die im örtlichen Hallenbad ein Mädchen vergewaltigt und weitere Kinder sexuell belästigt hatten, wie die Polizei berichtet.[365] In Mannheim haben Afghanen Frauen sexuell genötigt und ihnen an die Brüste gefaßt und sie unsittlich berührt – die Täter wurden festgenommen.[366] Im oberfränkischen Schwarzenbach fällt ein »Südländer« auf dem Rathausplatz über eine 46 Jahre alte Frau her und bedrängte sie sexuell.[367] Im Bahnhof von Hamm muß die Polizei einen Algerier in Gewahrsam nehmen, der eine Zugreisende sexuell angegangen war und sie schwer beleidigte, als diese sein Ansinnen nicht erwiderte.[368]

Über dieser Welle von sexuellen Übergriffen liegt in Deutschland ein Mantel des Schweigens. Jenseits von »Einzelfallmeldungen« greift kaum eine deutsche Zeitung, kein Radiosender und keine TV-Station das Thema auf. Man ist also dazu gezwungen, ausländische Studien zu lesen, um einen Überblick davon zu bekommen, was in den Städten und Gemeinden der 16 deutschen Bundesländer mit Bezug zu dieser Thematik passiert.

Freier Internetzugang: Pornoseiten für Asylbewerber

Nicht nur Frauen werden sich nach dem vorhergehenden Kapitel fragen, wie es überhaupt zu solchen Zuständen kommen konnte. Wir haben schon erfahren, welchen kulturellen Hintergrund manche Flüchtlinge beim Thema Sexualität haben. Nun müssen wir noch darauf hinweisen, welches Frauenbild junge Flüchtlinge häufig mitbringen. Man muß dazu wissen, daß es in fast allen Ländern, aus denen Flüchtlinge zu uns kommen, keine »Freundinnen« gibt, nur Frauen, Geschwister und Ehefrauen. Die Frauen in den Heimatländern müssen »züchtig« und »schamhaft« sein. Ganz anders das Bild von europäischen Frauen: Große afrikanisch-arabische Kultautoren wie der 2009 verstorbene sudanesische Schriftsteller At-Tajjib Salich haben in den Köpfen dieser jungen Männer in den letzten Jahrzehnten mit ihren Romanen ein Bild von europäischen Frauen geprägt, das ganz sicher nichts mit der Realität zu tun hat: In Romanen wie dem Bestseller *Zeit der Nordwanderung* (deutsche Übersetzung 1998) sind europäische Frauen jeden Alters sexgierige Bestien, die ständig Geschlechtsverkehr mit arabischen Männern haben wollen. Sie sind das, was Asylbewerber dann hier als »Schlampen« bezeichnen. Solche Bücher werden von unseren Feuilletons übrigens als »Meilensteine der afrikanisch-arabischen Literatur« gefeiert.[369]

Nun lesen wahrscheinlich eher weniger Flüchtlinge afrikanisch-arabische Kultromane. Aber sie surfen ganz sicher mit ihren Smartphones im Internet. Schauen wir einmal, mit welchen Leistungen wir solche Asylbewerber beglücken: Warum finanzieren Steuerzahler Asylbewerbern, die im Heimatland

überall ein »Schlampenbild« von europäischen Frauen eingeimpft bekommen, mitunter sogar die Pornofilme?
Nein, das ist kein Scherz. Ein Beispiel: Der Ahlener Förderverein für Flüchtlinge hat sich 2016 nach Angaben einer Lokalzeitung frustriert von der Arbeit in einer Asylunterkunft in Dolberg zurückgezogen. Zuvor war unter anderem bekannt geworden, daß Bewohner das Gratis-WLAN auch dazu nutzten, um kostenpflichtige Erotik-Videos herunterzuladen.[370] In Deutschland gibt es an vielen Orten kostenlose Internetzugänge für Asylbewerber.[371] Freifunk-WLAN heißt das Zauberwort.[372] Nicht nur in Westfalen trifft man flächendeckend in der Lokalpresse auf Berichte wie »Stadt Münster richtet freies WLAN in Flüchtlingsheimen ein«.[373] Es ist wohl kein Wunder, wenn die Asylbewerber das Gratisangebot annehmen, häufig im Internet surfen und auch Pornoseiten besuchen. Beginnen wir unsere Erkundungsreise in den Herkunftsländern vieler Flüchtlinge: Welcher Traffic ist unter nordafrikanischen und nahöstlichen Mitbürgern gefragt? Im Jahr 2015 berichteten seriöse investigative US-Magazine wie Salon.com darüber, wonach Mitbürger in nahöstlichen und nordafrikanischen Staaten am häufigsten im Internet suchen: Demnach werden laut Auswertung von Google aus folgenden Ländern die häufigsten Pornosuchen getätigt: Pakistan, Ägypten, Iran, Marokko und Türkei. Es handelt sich also um typische Herkunftsländer von Flüchtlingen. Und was sind die häufigsten Schlagwörter bei solchen Suchen? Die Antwort laut Salon.com: Sex mit Esel, Schwein, Hund, Affen oder Ziegen.[374] Auch darüber berichtete erstmals ein US-Sender im Jahre 2010.[375]

Nach Angaben von Internet-Statistikern konnte man den Ländernamen Pakistan in den vergangenen Jahren auch in Pornistan umbenennen. Denn aus Pakistan sollen weltweit die meisten Internetabfragen nach »children sex«, »sexy children«, »sexy child« und »rape« gekommen sein, also pädophile Abfragen.

Ich habe an anderer Stelle bereits erwähnt und komme nun darauf zurück, daß sexueller Kindesmißbrauch in Pakistan bis März 2016 (!) nicht strafbar war (Kindesvergewaltigung schon). Pakistan sah sich zu einer Gesetzesänderung genötigt, nachdem Ende 2015 bekannt geworden war, daß allein im Dorf Hussain Khan Wala mehr als 400 (!) Kinderpornofilme gedreht und munter im Internet verbreitet worden waren. Die Änderung der Gesetze hat sich offenkundig noch immer nicht im ganzen Land herumgesprochen. Denn auch 2016 wurden fast wöchentlich weitere aktuelle Fälle bekannt. Neu ist dabei nur, daß die Täter jetzt bestraft werden.[376]

Halten wir zwischendurch fest: Im Zeitraum 2015/2016 kamen »Flüchtlinge« aus Ländern wie Pakistan zu uns, für die sexueller Kindesmißbrauch in deren Kulturkreis bis dahin nicht einmal strafbar war. Dieses kulturelle Denken ist allerdings nicht auf Pakistan beschränkt. Auch über Afghanistan hatten wir diesbezüglich schon ausführlich gesprochen.

Schauen wir uns einen anderen Weg der Flüchtlinge in Richtung nach Europa an. Sie haben sicher noch die Bilder aus dem Fernsehen im Kopf, die belegen, daß viele junge männliche Bootsflüchtlinge, die aus Richtung Libyen kommen, ein Smartphone haben. Was die Medienberichte Ihnen verschweigen: In Ländern wie Libyen ist »gay silver daddies« ein beliebter Begriff in Suchmaschinen.[377] Der Begriff steht für den Sex erwachsener Männer mit Jungen. Möglicherweise werden sich die vielen Asylhelfer und WLAN-Betreiber in unseren Flüchtlingsheimen also wundern, was da auf den kostenlos zur Verfügung gestellten Internetseiten so alles abgerufen wird.

In Städten wie Hamburg machen sich Flüchtlingshelfer Gedanken darüber, wie man verhindert, daß die Asylbewerber bei freiem WLAN-Zugang kostenpflichtige Pornoseiten besuchen. Eine Lokalzeitung berichtete aus Hamburg-Harburg: »Zumal auch die Frage war, wer für die Sicherheit aufkommt. Wer sorgt dafür, dass sich die Flüchtlinge nicht auf verbotenen, etwa pornografischen, oder kostenpflichtigen Seiten bewegen? Das gehört jetzt zu den Aufgaben von Bernard Zahn. Er kann nachvollziehen, welche Seiten die Flüchtlinge abrufen.«[378]

Solche Gedanken macht man sich hinter verschlossenen Türen derzeit in vielen Gemeinden. Denn es hat sicherlich gute Gründe, wenn Gutmenschen der hessischen Taunus-Flüchtlingsinitiative »Selters macht mit – Flüchtlinge willkommen« auf ihrer vor allem auch an Asylbewerber gerichteten Webseite unter den Nutzungsbedingungen für das Forum auch den ausdrücklichen Hinweis stehen hatten, daß Nutzer der Seiten sich Pornographie »zu enthalten« haben. Die Seite ist mittlerweile nicht mehr online.

Aber halten sich Flüchtlinge auch an diese Vorgaben? Es gibt keine öffentlich einsehbaren deutschlandweiten Statistiken zu jenen Internetseiten, die aus Flüchtlingsheimen abgerufen werden. Warum nicht? Der Verdacht liegt nahe, daß sich das durch US-Medien bereits geschilderte Nutzungsverhalten seit dem Verlassen der Herkunftsländer nicht geändert hat. Wie das in der Praxis aussieht, veranschauliche ich Ihnen mit einem Auszug aus dem Polizeibericht vom 23. Januar 2016. Die Polizei schildert, was eine Bahnangestellte mit diesem Mitbürger erlebte:

»Sie öffnete die Tür und sah einen jungen Mann allein im Abteil. Er hatte die Beine auf die gegenüberliegende Sitzbank gelegt. In der linken Hand hielt er sein Smartphone, auf dem ein Pornovideo lief. Mit der rechten Hand manipulierte er an seinem Geschlechtsteil. (...) Eine Verständigung war nicht möglich, da der Mann nur arabisch sprach. (...) In Göttingen nahmen Bundespolizisten den Mann zur Wache mit. Dort stellten sie fest, dass es sich um einen 22-jährigen Syrer handelt, der in Anklam wohnt.«[379]

Bundesregierung gibt Flüchtlingen Sex-Unterricht

Man kann mittels Polizeiberichten und den vorherigen Ausführungen über die WLAN-Netze in Flüchtlingsheimen also davon ausgehen, daß zu uns kommende Asylbewerber auf ihren Smartphones auch Pornofilme anschauen – und das kostenlos. Wollen wir das wirklich finanzieren? Nicht nur das. Hinzu kommt: Deutsche Steuerzahler finanzieren Kampagnen der Bundesregierung, die arabischen Asylbewerbern erklären sollen, wie Analsex und andere Praktiken funktionieren.

Nicht nur die österreichischen Hauptnachrichten berichteten darüber fassungslos unter der Schlagzeile »Deutsche Regierung gibt Flüchtlingen Sex-Unterricht«.[380] Flüchtlinge, die noch nicht lange in Deutschland lebten, erhielten so einen »diskreten und direkten Zugang zu Wissen in diesem Bereich«, sagte Elke Ferner (59, SPD), Parlamentarische Staatssekretärin im Bundesfamilienministerium, dazu laut *Bild*-Zeitung vom Frühjahr 2016.[381] Kein Scherz: Flüchtlinge bekommen in arabischer Schrift »Tipps für Gelegenheitssex« von der deutschen Bundesregierung[382] – finanziert vom deutschen Steuerzahler. Zusätzlich bieten die staatlichen Bildungsträger für Flüchtlingskurse, die ebenfalls vom Steuerzahler finanziert werden, Asylbewerbern auch noch Sex-Unterricht an.[383]

Wir finden das alles »normal«, oder? Wir bringen in einer Stadt wie Berlin ja auch 1000 Flüchtlinge in der Messehalle 26 direkt neben Europas größter Sexmesse unter.[384] Manche zugewanderte Fachkräfte arbeiten jetzt in Berufen, die uns das staatliche Fernsehen sicherlich demnächst als gelungene Beispiele für Integrationserfolge darstellen wird. Nehmen wir nur den syrischen Flüchtling A. Suleiman. Der lebt heute in Berlin und ist Dank der vorbildlichen Integrationsbemühungen der Bundesregierung stolz darauf, in Deutschland seine Fähigkeiten unter Beweis stellen zu dürfen: als Pornodarsteller.[385] Könnte es sein, daß wir aus der Sicht vieler Flüchtlinge schlicht verrückt sind? Müssen wir uns wirklich über die Folgen wundern, wenn wir das alles auch noch finanziell fördern? Im nächsten Kapitel schauen wir uns die Realität deshalb noch einmal etwas genauer an.

Das Grauen geht weiter – Fast jeden Tag neue »Einzelfälle«

Während ich dieses Manuskript verfasse, finden sich in aktuellen Lokalzeitungen Tag für Tag Hinweise auf grauenvolle Sexualdelikte, die durch Zuwanderer begangen werden. Fast immer sind die Täter Männer aus dem Orient oder Nordafrika. Da finde ich in der kleinen lokalen *Rhein-Zeitung* eine Überschrift »Afghane (18) missbraucht Jungen«. Und im Artikel heißt es: »Brutale Missbrauchstat in Westerwälder Flüchtlingsheim: Ein Afghane (18) drängte einen afghanischen Jungen (7) in der Aufnahmeeinrichtung für Asylbegehrende (AfA) in Herschbach zum Sex – gibt ihm jetzt aber die Schuld an dem Vorfall. Am Landgericht Koblenz hat er am ersten Prozeßtag behauptet: ›Ich tat nur, was das Kind mir vorschlug‹. (…) Laut Anklage zwang der Mann den Jungen im Frühjahr zweimal zum Sex – im Gebüsch am Feuerwehrhaus in Herschbach und in seinem Zimmer im Flüchtlingsheim.«[386]

Was glauben Sie, wie man nach dieser Tat heute im kleinen Westerwälder Dorf Herschbach zu orientalischen »Flüchtlingen« steht? Ich habe dort nicht einen Einwohner angetroffen, der im privaten Gespräch nicht von ohnmächtiger Wut gesprochen hätte. Und zwar auf jene Politiker und Medien, die das alles auch noch schönreden. Wut aber auch auf Asylbewerber, die sich an Kindern vergehen. Schließlich ist Herschbach eben kein »Einzelfall«.

Nahe der sachsen-anhaltischen Stadt Stendal hat Mitte September 2016 in Schonhausen ein 43 Jahre alter Iraner ein sechs Jahre altes Kind in der örtlichen Kirche vergewaltigt. Der Iraner nutzte dort zum Tatzeitpunkt Kirchenasyl.[387] Keine deutsche Zeitung hat die Angaben zur Tat in voller Form abgedruckt, das war wohl zu brisant.[388]

Überhaupt scheint der Mißbrauch in kirchlichen Einrichtungen nur dann für Aufsehen zu sorgen, wenn die Täter christlichen Glaubens sind. Denn auch im Landkreis Harz vergewaltigten drei Ausländer im September 2016 in der Evangelischen Stiftung Neinstädt ein junges Mädchen. Die Medien erregten sich anschließend nicht etwa über die Vergewaltigung. Nein, sie schimpften vor allem darüber, daß sich die Bürger der Umgebung über die Vergewaltigung der 13-jährigen Deutschen in der kirchlichen Einrichtung überhaupt so aufregten.[389]

Anfang Oktober 2016 wollte ein Araber im Kreis Borken Kindersex, die dortige Polizei berichtete: »Am Sonntag sprach ein noch unbekannter Täter nach dem derzeitigen Ermittlungsstand zwischen 13 und 14 Uhr im Bereich einer Pferdekoppel in der Nähe der Legdener Reitsporthalle (vermutlich Nordring / Mühlenbrey / Bleikenkamp) zwei acht- und zehnjährige Mädchen an und zeigte dabei sein entblößtes Glied. Der Täter fragte die Kinder nach Sex und forderte sie auf mitzukommen. Die Kinder entfernten sich in Richtung des Pferdestalls und der Täter versuchte nicht dies zu verhindern und folgte ihnen auch nicht. Am Pferdestall sprachen die Mädchen eine noch unbekannte Frau an, die dann die Eltern eines der Mädchen informierte. Diese Zeugin wird gebeten, sich an die Kripo in Ahaus zu wenden. Der Täter hat nach Angaben der Mädchen anschließend ein weiteres Kind angesprochen. Das Kind ist noch nicht bekannt, so dass die Eltern gebeten werden, sich ebenfalls bei der Kripo in Ahaus zu melden. Nach Angaben der Mädchen ist der Täter, der zunächst mehrfach auf seinem Fahrrad an den Mädchen vorbeigefahren war, ca. 28 – 30 Jahre alt, hat kurze schwarze Haare, einen südländischen Teint, war mit einer grauen Jogging- / Trainingshose und einer rote Jacke bekleidet und fuhr ein orangefarbenes Fahrrad mit blauem Schloss am Gepäckträger. Er sprach deutsch mit starkem Akzent (vermutlich arabisch).«[390]

Solche Fälle finde ich bei meinen Recherchen bundesweit. Mir scheint, die Täter werden immer brutaler – und immer skrupelloser. In Lüneburg wurde im Oktober 2016 im Kurpark eine Frau vor den Augen ihres Kindes vergewaltigt. Die Polizei berichtete mit Rücksicht auf das Opfer sehr zurückhaltend über den Fall, bei dem »Südländer« als Täter gesucht wurden:

»Im Rahmen eines sexuellen Übergriffs auf eine 23 Jahre alte Frau in den frühen Abendstunden des 01.10.16 im Lüneburger Kurpark, Uelzener Straße, ermittelt aktuell die Polizei und sucht in diesem Zusammenhang mögliche Zeugen. Die 23-Jährige hatte sich gestern bei der Polizei gemeldet und den sexuellen Übergriff vom Wochenende zur Anzeige gebracht. Am 01.10.16 war die Lüneburgerin zusammen mit ihrem Kleinkind gegen 18.30 Uhr im Kurpark unterwegs, als zwei Männer im Bereich des Fußwegs hinter dem Ententeich ihren Sohn und sie selbst von hinten umschubsten und festhielten.«[391]

Mütter und deren Kinder scheinen bei zugewanderten Sexualstraftätern besonders beliebt zu sein, so mein subjektiver Eindruck. Auch im Dezember 2016 finde ich eine solche Meldung in einem Polizeibericht aus Malsch bei Karlsruhe. Darin heißt es:

»Ein 12-jähriges Mädchen ist am Donnerstag vor der Gemeinschaftsunterkunft für Asylbewerber in der Benzstraße von einem bislang unbekannten mutmaßlichen Bewohner sexuell belästigt worden. Das Mädchen, das zusammen mit seiner Mutter unterwegs war, um Zeitungen auszutragen hielt sich zu diesem Zweck im Eingangsbereich der Unterkunft auf. Dort wurde es von dem Unbekannten zunächst angesprochen. In der Folge fasste er dem Kind an die Brust und lud es in sein Zimmer ein. Obwohl die 12-Jährige ablehnte, berührte er sie wiederum an der Brust und griff ihr in den Schritt. Als sich das Mädchen wehrte, suchte er schließlich das Weite. Die Kriminalpolizei hat die Ermittlungen übernommen.«[392]

Man muß sich bei solchen Fällen immer wieder ins Gedächtnis rufen, daß die Polizei möglichst gar nicht öffentlich darüber berichten und vor allem auch nicht nach den Tätern fahnden soll. Es gibt, so sagen es Vertreter der Polizei schließlich öffentlich, eine »strikte Anweisung, über Vergehen von Flüchtlingen nicht zu berichten«.[393] Und in manchen Bundesländern, so etwa in Nordrhein-Westfalen, darf das Wort »Flüchtling« heute in Polizeiberichten nicht einmal mehr auftauchen.[394] Beamte, die sich nicht daran halten, bekommen ein Disziplinarverfahren. Wer also in nordrhein-westfälischen Polizeiberichten nach Sexualdelikten von Flüchtlingen sucht, der wird heute keine mehr finden.

Schließlich sollen die Bürger in diesem Land nicht verunsichert werden. Denn was passiert, wenn die Eltern erfahren, daß Flüchtlinge in Schulbussen deutsche Kinder bespucken und sie wie rohes Fleisch sexuell begrapschen? Geschieht so etwas im Schulbus von Keltern nach Remchingen, dann steht es nur winzig klein in der örtlichen Pforzheimer Zeitung.[395] Bloß keine Vorurteile wecken! Nachdem eine Elfjährige Opfer der Asylanten wurde, heißt es zu weiteren Übergriffen in einem einzigen Satz, bei den Ermittlungen sei bekannt geworden, daß die Flüchtlinge Schüler »bespuckt und geschlagen haben sollen«.

Wenn ein deutscher Polizist einen »Flüchtling« nach der Vergewaltigung eines sechs Jahre alten Kindes erschießt, dann sollte man meinen, davon in den Hauptnachrichtensendungen etwas zu erfahren. Schließlich bezahlen wir Bürger viele Milliarden Euro an Zwangsgebühren für angeblich umfassende Informationen durch die öffentlich-rechtlichen Sender. In Berlin wurde tatsächlich im September 2016 ein Flüchtling nach der Vergewaltigung eines Kindes erschossen, denn er stach danach auch noch mit einem Messer auf Menschen ein. Man mußte allerdings österreichische Zeitungen lesen, um das als Deutscher zu erfahren.[396]

In jenen Tagen versuchte auch ein aus Eritrea stammender Afrikaner, eine Zehnjährige auf einem Kinderspielplatz in Köln zu vergewaltigen. Es war nur eine kleine Randnotiz in den Lokalnachrichten.[397] Eine ähnliche Situation auch im September 2016 in einem Duisburger Schwimmbad, wo der Bademeister die Polizei rief – die Leitmedien schauen bei solchen »Einzelfällen« lieber weg.[398]

Von November 2015 bis März 2016 hat ein syrischer Flüchtling jeden Morgen Frauen und Kinder in Augsburg in der Straßenbahn sexuell belästigt. Und zwar von Schulbeginn bis zum Mittag. Sein jüngstes Sex-Opfer war gerade einmal zehn Jahre alt. Er faßte Frauen und Kindern im Gedränge in den Intimbereich, fand das »normal«. Eine Lokalzeitung führt weiter aus: »Keines der Opfer musste vor Gericht aussagen, da der Angeklagte nach seiner Festnahme alle Taten eingeräumt hat, und das Gericht deshalb darauf verzichtet hatte, Zeugen zu laden. Gefragt, wie er sich zu den Taten habe hinreißen lassen, antwortete der Angeklagte: ›Mir haben die Frauen gefallen. Sie waren hübsch. Und ich war ledig.‹ Sie sei ›fassungslos‹, erwiderte darauf Richterin Angela Reuber. ›Ich denke, auch in Syrien ist das, was Sie getan haben, eine Straftat‹. Wie schwer sich solche sexuellen Belästigungen gerade bei Kindern auswirken, machte Rechtsanwalt Markus Gewert deutlich, der im Prozess die Interessen einer zehn Jahre alten Schülerin vertrat. Das Mädchen ist nach wie vor verstört, traut sich nicht mehr zur Schule. Ihre Mutter bringt sie seither morgens zur Schule, nach Unterrichtsende wird sie abgeholt.«[399]

Während in Augsburg gegen den Syrer verhandelt wird, versucht ein 27 Jahre alter Asylbewerber in Pfaffenhofen eine 14-Jährige zu vergewaltigen. Passanten verhinderten die Tat bei einem Lebensmittelmarkt. Der Asylbewerber wurde festgenommen.[400] Dreißig Kilometer östlich von Köln steht zu jenem Zeitpunkt ein afrikanischer Asylbewerber vor Gericht, der in Lindlar eine 13-Jährige mehrfach angegriffen hatte. Weil sie ihm auf seine Bettelei hin kein Geld gab, schlug er sie und faßte ihr in den Intimbereich. Er traf an jenem Tag mehrfach auf das junge Mädchen und schlug es immer wieder. Der Richter hatte später vollstes Verständnis dafür. Schließlich behauptete der Asylant, in einem »vom Bürgerkrieg betroffenen Dorf aufgewachsen« zu sein. Und deshalb wurde der Afrikaner nur verwarnt.[401]

Warum greifen unsere Medien das nie auf? Warum stellen sie sich nicht schützend vor jene Frauen und Kinder, die (wie ich es in diesem Buch dokumentiere) Tag für Tag angegriffen werden? Schon die jüngsten Migranten haben offenkundig das Gefühl, daß man unsere Frauen seelenruhig sexuell belästigen darf. Da meldet die Frankfurter Polizei im September 2016:

»Am Frankfurter Hauptbahnhof haben Beamte der Bundespolizei am Freitagabend, gegen 17 Uhr, einen 13-jährigen rumänischen Jungen in Gewahrsam genommen, der in einem Regionalexpress eine 25-jährige Reisende sexuell belästigt hatte. Nach Aussage der Reisenden hätte sich der Junge ihr gegenübergesetzt und angefangen sein Bein an ihr zu reiben. Als er dann versuchte ihr unter den Rock zu schauen, hätte er seine Hose geöffnet und vor ihr masturbiert. Die Reisende verließ daraufhin den Platz und meldete den Vorfall dem Zugbegleiter. Nach Ankunft im Frankfurter Hauptbahnhof wurde der Junge von einer Streife der Bundespolizei in Gewahrsam genommen und zur Wache gebracht.«[402]

Ein junger Rumäne onaniert vor einer Frau im Zug. Und wenig später läuft er schon wieder frei herum. Etwa zur gleichen Zeit zeigen in den Dresdener Stadtteilen Tolkewitz und Pieschen »Südländer« Kindern ihren Penis, wollen sie küssen und belästigen sie sexuell.[403] Alles nur »Einzelfälle«? Ganz sicher nicht. Denn Hunderte Kilometer westlich kocht die Wut der Bürger in Limburg an der Lahn in jenen Tagen hoch, weil sie ihre Frauen und Kinder nicht mehr ohne Angst in ein Schwimmbad lassen können. Ausländer fallen dort immer wieder über Frauen und Kinder her. Eine Lokalzeitung zitiert einen Familienvater, der alles aufgeschrieben hat:

»Der Familienvater schreibt weiter: ›Ich habe meine Konsequenzen gezogen und werde das Parkbad in Zukunft meiden – es gibt auch schöne Freibäder in Elz, Hundsangen und den Herthasee – meine Tochter würde ich nie wieder allein in das Freibad Limburg gehen lassen oder dort auch niemals mehr die Duschen nutzen lassen. Das können wir auch zu Hause.‹ Dass dieser Vorfall kein Einzelfall ist, räumt die Stadt auf Anfrage der NNP und in Kenntnis der Beschwerde des Vaters ein. ›Es gibt Klagen über das Benehmen von vor allem jungen männlichen Gästen mit Migrationshintergrund im Limburger Parkbad‹, teilt der Sprecher der Stadt, Johannes Laubach, mit.«[404]

Fast zeitgleich schreibt die Zeitung *Märkische Allgemeine* ebenfalls im September 2016 über das Verhalten afghanischer Asylbewerber: »Sexuelle Belästigung in einem Cottbuser Schwimmbad. Dort sind zwei Mädchen, 14 und 15 Jahre alt, von zwei Männern sexuell belästigt worden. Begonnen hatte es recht harmlos. Die Männer näherten sich zunächst den Mädchen, dann jedoch attackierten sie die Mädchen.«[405]

Am gleichen Tag wird in Ratingen ein Iraker verhaftet, der im Schwimmbad ein acht und ein neun Jahre altes Kind sexuell mißbraucht haben soll.[406] In dem Artikel zu diesem Fall beschreibt die Lokalzeitung, daß sich auch in Essen wenige Tage zuvor erst ähnliche Szenen abgespielt haben, Opfer waren dort ein zwölf und ein dreizehn Jahre altes Mädchen, die Zeitung berichtet: »Es wurde Haftbefehl erlassen. Bei den 20 und 24 Jahre alten Tatverdächtigen handelt es sich um anerkannte Asylbewerber aus Syrien, berichtet die Staatsanwaltschaft Essen«.[407]

Offenbar passiert auch in Essen Asylbewerbern, die Kinder sexuell belästigen oder mißbrauchen, nicht viel. Denn in jenen Tagen fand ich viele ähnliche Berichte über solche Übergriffe durch Asylanten in Essen, etwa diesen: »Drei Mädchen im Kindesalter sind am Wochenende im Grugabad zu Opfern teils massiver sexueller Gewalt geworden. Die Polizei nahm vier Verdächtige fest. Bei den Männern handelt es sich nach Informationen der Redaktion um Flüchtlinge und Asylbewerber aus dem nordafrikanischen und arabischen Raum im Alter von 13 bis 33 Jahren«.[408]

Warum muß man solche widerlichen Fälle in unseren Leitmedien mit der Lupe suchen, obwohl sie offenkundig jeden Tag vorkommen? Und warum unternimmt die Polizei alles, damit solche Fälle nicht publik werden? Auch im Schwimmbad Maximare in Hamm fielen Asylbewerber aus Afghanistan und Bangladesch im Sommer 2016 durch Sex-Attacken auf. Die Polizei bestätigte die Fälle erst, nachdem offensiv und massiv danach gefragt wurde.[409]

Wie wirkt das alles auf die Bevölkerung? Wie auf Opfer und deren Angehörige? Da erzieht ein Vater seinen heute 14 Jahre alten Sohn Niklas dazu, nicht ausländerfeindlich zu denken, nicht rassistisch zu sein und Flüchtlingen mit offenen Armen zu begegnen. Und dann muß Niklas mitansehen, wie ein Asylbewerber aus dem afrikanischen Ghana in Duisburg-Neumühl auf einem Schulgelände seine Freundin vergewaltigt. Niklas kann den Flüchtling noch von seiner Freundin runterziehen, doch da hat der das Mädchen schon entjungfert. Als der Vater dann wutentbrannt auf dem Duisburger Polizeirevier Strafanzeige gegen den Afrikaner erstatten will, da fordert die Polizei das Opfer dazu auf, sich zurückzuhalten und nichts an die Öffentlichkeit dringen zu lassen! Erst auf massiven Druck hin nahm die Polizei eine Anzeige wegen der Vergewaltigung auf.[410] Und in deutschen Leitmedien stand nichts dazu. Nicht ein einziger Satz. War doch nur ein »Einzelfall«. Die wichtigste Frage beim späteren Ermittlungsverfahren lautet übrigens nach Angaben der Eltern von Niklas, ob der Junge möglicherweise den Flüchtling bei seiner Hilfsaktion in seiner körperlichen Unversehrtheit verletzt habe. Das war Deutschland 2016. Nein, das ist kein Scherz. Das ist die Realität.

Die ganz normale Fleischbeschau

Man fragt sich als neutraler Beobachter bei den vielen Sex-Attacken, wo das alles enden wird. Das hängt vor allem auch mit der Art der Berichterstattung zusammen. Da berichten die *Stuttgarter Nachrichten* im Juli 2016 unter der Überschrift »Mädchen begraptscht und Bikini-Hose runtergezogen« über eine Gruppe »renitenter Jugendlicher«, die im Kirchheimer Freibad über zehn bis zwölf Jahre alte Mädchen hergefallen sind und sie einer sexuellen Fleischbeschau unterzogen haben.[411] Das skrupellose Verhalten der »Jugendlichen« war so widerlich, daß Badegäste flohen, während die Jugendlichen die Kinder auszogen und einer sein erigiertes Glied an einem Mädchen rieb. Der Bademeister wurde zusammengeschlagen, die herbeigerufene Polizei angegriffen. Erst einen Monat später, nachdem sich ähnliche Szenen auch in Untertürkheim und Stuttgart abspielten, erfuhren die Leser, daß es sich bei den Tätern stets um »Flüchtlinge« handelte.[412]

In Österreich geht man inzwischen offener mit dieser Thematik um. Während die *Stuttgarter Nachrichten* bei den Sex-Attacken noch politisch korrekt von »Jugendlichen« sprechen, erfahren die Österreicher im August 2016, was ein Syrer so im 17. Wiener Bezirk im weithin bekannten dortigen Jörgerbad treibt: »Es ist der jüngste einer langen Reihe derartiger Vorfälle, der sich Donnerstagnachmittag im Wiener Jörgerbad in Hernals abgespielt haben soll: Ein Mann befriedigte sich völlig ungeniert und deutlich erkennbar auf der vollbelegten kleinen Liegewiese des Traditionsbades selbst. Sowohl Badegäste, darunter auch zahlreiche Kinder, als auch der Bademeister bemerkten den Vorfall und alarmierten umgehend die Polizei. Der 57-jährige Asylwerber konnte bis zum Eintreffen der Beamten festgehalten werden«.[413]

Im oberbayerischen Herrsching am Ammersee onaniert ein Ausländer am späten Nachmittag ungeniert in der S-Bahn vor einem 14 Jahre alten Mädchen. Er läßt sich auch nicht stören, als das Mädchen ihn dabei filmt, um die Aufnahmen später der Polizei zu übergeben.[414] Zur gleichen Zeit umringen zehn Ausländer im oberösterreichischen Leonding eine 39 Jahre alte Mutter und ihre zehn Jahre alte Tochter, öffnen die Hose und fangen an zu masturbieren. Sie halten die Mutter fest, zeigen der kleinen Tochter ihre Penisse.[415] An der gleichen Stelle hatte es zuvor auch schon eine 16-Jährige getroffen. Die Täter wissen: Vor Gericht passiert ihnen ohnehin nichts. Gerade erst standen in Hamburg drei Mitglieder einer Großfamilie vor Gericht, die ein Mädchen bestialisch vergewaltigt hatten, unter anderem mit einer Taschenlampe. Und die Angeklagten feierten sich im Gericht in Siegerpose wie Popstars.[416]

In Gelsenkirchen greift sich ein »Südländer« im August 2016 auf dem Spielplatz am Möntingplatz im Stadtteil Schalke eine Sechsjährige, hält sie am Hosenbund fest und küßt sie gegen ihren Willen. Das Kind kann sich befreien und wegrennen.[417] Auch 16 Kilometer südlich von Wien fallen im österreichischen Mödling mehrere Asylbewerber auf einer Toilette über ein junges Mädchen her, lecken ihm über das Gesicht und fassen es überall an. Sie wollen Sex von dem Kind. Nur weil sich das Mädchen extrem wehrt, lassen die Asylbewerber von ihrem Opfer ab. Angst hatten dann nicht die Asylbewerber, sondern das Opfer. Das Mädchen bat Zeugen des Vorfalls darum, nichts zu sagen, weil sie sonst »als Rassistin gebrandmarkt« werde.[418] Der Mödlinger Bürgermeister Stefan Hintner sagt zu dem erneuten Fall gegenüber eine Regionalzeitung: »Wir haben die Schnauze voll von den jungen, unbegleiteten Flüchtlingen aus Afghanistan«.

Kaum hat man das gelesen, findet man im Internet eine Fahndungsmeldung der Potsdamer Polizei, in der es heißt: »Aktuell sucht die Kriminalpolizei in Potsdam Zeugen nach einem Vorfall der sich bereits am 25. Juni 2016 ereignet hat. Eine 56-jährige Potsdamerin wollte zusammen mit ihrem Enkel einen Tag am Badestrand »Heiligen See« verbringen. Gegen 14.00 Uhr sollen ca. fünf junge Männer mit südländischem Erscheinungsbild am Strand erschienen sein und vor der Familie und weiteren Badegästen öffentlich, für alle sichtbar, sich an den entblößten Geschlechtsteilen manipuliert haben«.[419]

Und während also fünf »Südländer« in Brandenburg vor Frauen und Kindern onanieren, belästigt ein 26 Jahre alter Afghane im Schwimmbad von Hüsten bei Arnsberg ein elf Jahre altes Mädchen sexuell so sehr, daß die Polizei ihn festnimmt.[420] Das Kind konnte seinem Peiniger gerade noch entkommen. Ebenfalls viel Glück hatte am 2. August 2016 in Königsbach-Stein im baden-württembergischen Enz-Kreis eine Elfjährige, die mehreren Syrern und Irakern entkommen konnte, welche sie sexuell mißbrauchen wollten. Die Asylanten forderten das Kind zum Sex auf, einer zeigte dem Mädchen schon seinen Penis.[421]

In Köln fahndete die Polizei unterdessen nach einem etwa 40 Jahre alten Südländer, der seit einem dreiviertel Jahr immer wieder im öffentlichen Nahverkehr neben Frauen und Kindern onaniert. In einem Fall sogar neben Sternsingern, die in der Stadtbahn von Köln-Porz unterwegs waren.[422] Auch im Parkbad im österreichischen Linz onanierte ein afghanischer Asylbewerber vor Kindern, unter anderem vor einem zehn Jahre alten Mädchen.[423]

Das Verständnis, mit dem unsere Behörden solchen Tätern gegenübertreten, ist mitunter kaum noch zu fassen. Da hat im Juli 2016 im oberbayerischen Wellheim im Landkreis Eichstätt ein nigerianischer Asylbewerber mit heruntergelassener Hose eine Meßdienerin von hinten vergewaltigen wollen. Vor Gericht wird bekannt, daß es nicht der erste Fall war. Und der zuständige Amtsarzt sagt im Prozeß verständnisvoll: »Er brauchte halt dringend eine Frau«.[424]

In den meisten Fällen ist das einzige, was die Täter zu befürchten haben, eine »Gefährderansprache«. So heißt es im Polizeibericht von Remagen am 19. Juli 2016 über einen afghanischen Flüchtling: »Durch eine Mitarbeiterin des Schwimmbades in Remagen wurde die örtliche Polizeiinspektion am Montag, 18. Juli, gegen 17 Uhr, verständigt, dass ein Mann mehrere Kinder im Freibadbereich offensichtlich mit sexuellem Hintergrund belästigt und angefasst hätte. Die eingesetzten Polizeibeamten konnten ermitteln, daß der Mann im Nichtschwimmerbecken umhertauchte und hierbei mit seiner Hand wiederholt Kinder im Alter von 10 bis 12 Jahren im Bereich des Gesäßes und der Genitalien berührt hatte. Die Kinder hatten den Vorfall direkt ihren Begleitern erzählt, die dann die Schwimmbadmitarbeiter informierten. Der Tatverdächtige, ein 18-jähriger junger Mann aus Afghanistan, der als Asylbewerber in der Verbandsgemeinde Bad Breisig lebt, konnte ermittelt und vorläufig festgenommen und zur Dienststelle verbracht werden, wo er vernommen und erkennungsdienstlich behandelt wurde. Gegen ihn wurde eine Strafanzeige erstattet, nach Rücksprache mit der Staatsanwaltschaft Koblenz wurde der Tatverdächtige mangels vorliegender Haftgründe nach einer Gefährderansprache wieder entlassen«.[425]

Eine Gefährderansprache ist ein polizeiliches Deeskalationsmittel. Sie wird von der Polizei eingesetzt, um potentiell bedrohlichen Personen Grenzen aufzuzeigen und sie von ihrem Tun abzubringen. Praktisch sieht die Gefährderansprache dann so aus, daß ein entsprechend geschulter Polizeibeamter den Täter aufsucht, ihm die strafrechtlichen Aspekte seines Handelns verdeutlicht und deeskalierend die Situation entschärft. Auf orientalische Flüchtlinge, die in ihren Heimatländern nur einen starken Staat kennen, muß das wie Satire wirken, wenn deutsche Polizisten, die nicht rassistisch wirken wollen, ganz behutsam ein wenig mehr Respekt für unsere Kultur erflehen.

Ein 21 Jahre alter Afghane, der im Juli 2016 im Würzburger Schwimmbad am Nigglweg mehrere Kinder sexuell mißbraucht hatte, muß deshalb erstaunt gewesen sein, daß der Haftrichter tatsächlich einen Haftbefehl erließ. Vielleicht erging es auch jenem Flüchtling so, der in einem Solinger Kinderheim ein 14 Jahre altes Mädchen vergewaltigte.

*Kölner Silvesterübergriffe: Von 500 Fällen fallen
483 aus der Statistik*

Das alles führt zu absurden Situationen: Während 82 Prozent der Deutschen Angst vor immer mehr Kriminalität haben[426], behaupten Politik und Medien, die Kriminalität sei

»rückläufig«.[427] Aus ihrer Sicht ist auch die Sorge vieler Bürger vor einem Anwachsen der Kriminalität durch immer mehr Asylbewerber völlig unbegründet. Denn je mehr Asylbewerber zu uns kommen, umso weniger Straftaten werden angeblich registriert. Holger Münch, der Präsident des Bundeskriminalamtes, hat dazu 2016 Aussagen getroffen, die man für einen Aprilscherz halten könnte: Von Januar bis Juni seien die Straftaten von Zuwanderern um 36 Prozent zurückgegangen.[428] Das sind statistische Erfolge, die sonst wahrscheinlich nur noch Nordkorea und einige wenige andere Diktaturen auf dem Papier zustandebringen.

Wie man solche grandiosen Erfolge zustande bringt, verdeutlicht beispielhaft die Aufarbeitung der sexuellen Übergriffe von Ausländern in Köln in der Neujahrsnacht 2015/2016. Von mehr als 500 angezeigten Fällen wurden 483 nicht in die Kriminalstatistik aufgenommen.[429] Mehr noch: Die deutsche Polizei muß nicht nur Statistiken fälschen. Sie darf über bestimmte Fälle – etwa Flüchtlingskriminalität – auch nicht mehr öffentlich sprechen. Sogar die *Bild*-Zeitung berichtete fassungslos: »Ein hochrangiger Polizeibeamter aus Frankfurt/M. erklärt *BILD:* ›Bei Straftaten von Tatverdächtigen, die eine ausländische Nationalität haben und in einer Erstaufnahmeeinrichtung gemeldet sind, legen wir den Fall auf dem Schreibtisch sofort zur Seite.‹ Der Beamte weiter: ›Es gibt die strikte Anweisung der Behördenleitung, über Vergehen, die von Flüchtlingen begangen werden, nicht zu berichten. Nur direkte Anfragen von Medienvertretern zu solchen Taten sollen beantwortet werden.‹ Jedoch: Ohnehin wird nicht jede Straftat in Deutschland automatisch veröffentlicht – außergewöhnlich ist aber, dass bei bestimmten Tätern bewusst NICHT berichtet wird und die Informationen als ›nicht pressefrei‹ eingestuft werden.«[430]

In Deutschland werden die zugewanderten Straftäter bei Sexualdelikten demnach offenkundig häufig auch nicht verfolgt. Man konnte diesen Eindruck rund ein Jahr nach den verheerenden systematischen Sex-Attacken von Orientalen und anderen Zuwanderern auf deutsche Frauen in der Silvesternacht 2015/16 bekommen. Denn rund ein Jahr danach vermeldete eine Kölner Lokalzeitung zu den Strafverfahren in Köln, Düsseldorf und Bielefeld: »Elf Monate nach den massenhaften Übergriffen auf Frauen in der Silvesternacht steht nun fest, dass wohl die meisten Täter straffrei davonkommen werden. Das geht aus einer Antwort des nordrhein-westfälischen Innenministeriums auf eine Anfrage der FDP hervor«.[431] Das ist die Realität im Deutschland der Gegenwart. Wer darauf vertraut, daß der Staat ihm Sicherheit garantiert, der hat verloren.

Die Autorin Anabel Schunke schrieb im Dezember 2016 über gefälschte Kriminalstatistiken und die tatsächliche Lage da draußen:

»Im Jahr 2015 verübten Migranten in Deutschland 208 344 Verbrechen. Die Zahl geht aus einem vertraulichen Bericht des Bundeskriminalamtes (BKA) hervor, der der *Bild*-Zeitung vorliegt. Ein satter Anstieg um 80 Prozent gegenüber dem Vorjahr, der umso erschreckender wirkt, wenn man sich den Zeitraum anschaut, in dem die Taten begangen wurden. Migranten haben zwischen Januar und Dezember 2015 demnach pro Tag 570 Straftaten begangen oder 23 pro Stunde. Wohlgemerkt 2015 – als die Flüchtlingskrise erst gegen Ende des Jahres so richtig Fahrt aufnahm: vor Köln und einer beispiellosen Abfolge von Sexual-, Gewalt- und Diebstahlsdelikten 2016.«[432]

KAPITEL IV:

Opfer und Angehörige: Was Medien uns verschweigen

Nun haben wir in diesem Buch Hunderte von Fällen zu Sexualdelikten aufgelistet. Man verliert da leicht den Überblick. Aber hinter jedem hier kurz skizzierten »Einzelfall« steht ein Opfer, stehen Familienangehörige, Verwandte und Freunde. Was also in unseren Medien, wenn überhaupt, als »Einzelfall« dargestellt wird, das ist vor allem ein Menschenschicksal.

Wegen meiner zahlreichen Buchveröffentlichungen zu Sexualdelikten durch Asylbewerber aus dem orientalischen Kulturkreis bekomme ich viele Dokumente von Eltern und Verwandten, deren Kinder Opfer solcher Sexualdelikte wurden. In fast allen Fällen berichten Medien nicht über deren Schicksale. Oder sie lassen jene Teile weg, welche belegen, wie skrupellos Politik, Behörden und vor allem auch Gerichte zugewanderte Sexualtäter auf unsere Frauen und Kinder loslassen. Dazu nachfolgend ein Fall, dessen Details allerdings auch nach den inzwischen vergangenen Jahren immer in noch keiner Zeitung gestanden haben.

Gewürgt, vergewaltigt, erschlagen:
Mordopfer Susanna H.

Ethnische Europäer müssen offenbar alles hinnehmen. Und sie müssen schweigen, wenn sie Opfer krimineller Zuwanderer werden. Man könnte das Leid und die horrenden Folgekosten verhindern. Dazu müßte man die Augen öffnen und tun, was ein vernünftiger Mensch tun würde. Doch das ist politisch nicht korrekt. Und so kommen Menschen ums Leben. Menschen wie Susanna H. in Dresden. In Dresden wurde im Dezember 2009 eine 18 Jahre alte Abiturientin ermordet.[433] Und dann stellten die Eltern den Behörden unangenehme Fragen. Denn der aus Pakistan zugewanderte Mörder hätte schon vor mehr als zwei Jahren abgeschoben werden müssen.

Tief empört hatte sich Bundeskanzlerin Angela Merkel (CDU) 2009 wenige Monate zuvor über den Mord an einer muslimischen Ägypterin in einem Dresdner Gerichtsaal geäußert.[434] Das Tötungsdelikt sorgte damals weltweit für Aufsehen.[435] Es gab Schweigemärsche für das Opfer. Und Gedenkveranstaltungen. Und dann ereignete sich in Dresden abermals ein schrecklicher Mord. Doch dieses Mal schauten alle weg. Denn der mutmaßliche Mörder ist Moslem und das Opfer eine tiefgläubige blonde Christin. Anders als bei der getöteten Ägypterin Marwa al-Sherbini gab es keine Schweigemärsche und keine Gedenkveranstaltungen. Denn das Geschehen paßt nicht ins politisch korrekte Weltbild.

Die blonde Dresdner Abiturientin Susanna H. stammt aus einer tiefgläubigen christlichen Familie. Sie fuhr gern Kanu und war Mitglied in einem Sportverein. Weihnachten 2009 wollte sie mit dem Jazz-Chor ihrer Schule zwei öffentliche Konzerte geben. Darauf freute sie sich. Doch am Tag des Auftritts war sie schon tot. Sie war zu hilfsbereit und zu gutgläubig. Das kostete sie das Leben. Sie wurde gewürgt und erschlagen. Der Täter hieß Syed Azif R. Wenn Sie die nachfolgenden Absätze lesen, dann erinnern Sie sich bitte an die 2016 in Freiburg ermordete Studentin Maria L., auch sie war Flüchtlingshelferin. Auch sie war hilfsbereit. Auch sie war gutgläubig.

Syed Azif R. wurde 1977 im Dorf Sahiwal in Pakistan geboren. Am 6. Januar 2007 reiste er in die Bundesrepublik ein und stellte einen Asylantrag (Vorgangsnummer 1930253). Der wurde am 8. Dezember 2007 endgültig abgelehnt. An jenem Tag erlosch auch die Aufenthaltsgenehmigung des schiitischen Moslems, der unter mehreren Alias-Namen Asylanträge stellte und als Geburtsort auch die Dörfer Moltan, Lalamusa und Seywal angegeben hatte. Die einzigen Fähigkeiten, die man bei dem Mann erkannte, waren große Bereitschaft zum Lügen und die fortgesetzte sexuelle Belästigung von Frauen. Viele seiner Belästigungen waren bei den sächsischen Polizeibehörden aktenkundig.

Doch obwohl der Mann nach deutschem Recht seit Ende 2007 hätte abgeschoben werden müssen, verlängerte das Dresdner Amt für Ausländerangelegenheiten insgesamt mindestens sieben Mal die Aufenthaltsgenehmigung des umtriebigen Mannes. Wann auch immer der Pakistaner wollte, bekam er in Dresden eine »Bescheinigung über die Aussetzung der Abschiebung« – sprich die Duldung. Am 15. Mai 2008 bekam er sie unter der Vorgangsnummer T03084624, befristet bis 14. August 2008, am 15. August 2008 befristet bis 18. November 2008, am 5. November 2008 befristet bis 26. Februar 2009, am 3. März 2009 befristet bis 8. September 2009, am 4. September 2009 befristet bis 8. Dezember 2009 und am 8. Dezember 2009 – wenige Tage vor dem Mord – befristet bis 9. März 2010.

Nochmals in Kurzform: Asylantrag abgelehnt im Jahre 2007, Aufenthaltsgenehmigung erloschen 2007, Abschiebung angedroht 2007. Und auch eine unanfechtbare Ausweisungsverfügung lag vor. Dennoch bekam der Mitbürger eine Unterkunft, wurde über Jahre hin rundum versorgt und mußte offenkundig nur mit den Fingern schnippen, um die nächste Verlängerung für seinen von den Steuerzahlern gesponserten Aufenthalt in Deutschland zu bekommen. Monat für Monat, Jahr für Jahr erschlich sich der Abzuschiebende staatliche deutsche Förderleistungen. Und in seiner reichlich bemessenen Freizeit forderte er Sex von Frauen.

Auch die 18-jährige Schülerin Susanna H. aus der Abiturklasse des katholischen St. Benno-Gymnasiums wurde von Syed Azif R. angesprochen. In seiner Zwei-Zimmer-Wohnung im 8. Stock im Asylantenheim (Zimmer 803) in der Florian-Geyer-Straße fand man sie am 16. Dezember 2009 ermordet auf. Zwei Wochen lang veröffentlichten die sächsischen Polizeibehörden kein Fahndungsfoto des mutmaßlichen Mörders Syed Azif R.. Weil man in Sachsen nicht als »rassistisch« gelten und unbedingt politisch korrekt sein wollte, hatte man Syed Azif R. über Jahre hin nicht abgeschoben. Wohl aus den gleichen Gründen scheute man auch davor zurück, in der Vorweihnachtszeit ein Fahndungsfoto des Pakistaners zu veröffentlichen – erst recht, weil es nach dem Mord eines Rußlanddeutschen an einer muslimischen Ägypterin in einem Dresdner Gerichtssaal weltweites Aufsehen gegeben hatte.

Die politisch korrekte Zurückhaltung gab Syed Azif R. viel Zeit und einen großen Vorsprung bei der Flucht. In Calais/

Frankreich wurde der Verbrecher später festgenommen. Die Eltern der ermordeten Abiturientin Susanna H. wohnen im Dresdner Stadtteil Cossebaude. Ihre Tochter würde sicher noch leben, wenn die Dresdner Ämter nicht regelmäßig eine »Bescheinigung über die Aussetzung der Abschiebung« ausgestellt hätten. Die vorerst letzte war großzügig befristet bis 9. März 2010. Wie es aussieht, wird Syed Azif R. viele Jahre in Deutschland im Gefängnis bleiben dürfen. Wir zahlen nun auch noch für den Gefängnisaufenthalt des zugewanderten Mörders. Unsere Gesellschaft muß das alles angeblich aushalten. Dafür müssen Susannas Eltern Verständnis haben.

Vaginal, anal und oral: Eine multikulturelle Kindervergewaltigung

Nachfolgend (mit Aktenzeichen) ein weiterer typischer grausamer Fall, der sich genauso ereignet hat und von mir ursprünglich für ein anderes Sachbuch dokumentiert wurde. Auch dieser Fall ist schon älteren Datums. Er soll Ihnen als Leser verständlicher machen, warum ich mich seit vielen Jahren schon gegen die Politische Korrektheit und für von Migranten vergewaltigte junge Menschen einsetze. Denn das im nachfolgenden Fall vergewaltigte Kind wird lebenslänglich unter den Folgen der kaum vorstellbaren Brutalität leiden.

Die Eltern von Manuela H. sahen die Zukunft bis zum 3. Juli 2009 wahrlich positiv.[436] Doch an jenem Tag wurde ihre junge Tochter im sauerländischen Schmallenberg auf der Straße von zugewanderten Mitbürgern angesprochen. Es waren Menschen aus dem islamischen Kulturkreis, Roma aus dem Kosovo. Im Elternhaus hatte man Manuela von klein auf beigebracht, daß man solche Roma nicht »Zigeuner« nennen darf. Man solle solche über Jahrhunderte verwendete Bezeichnungen heute nicht länger verwenden. Und so hat sich die kleine Manuela völlig unbefangen mit den Roma unterhalten. Die Tonangebenden in den deutschsprachigen Medien wollen nicht, daß man über Schicksale von Menschen wie Manuela H. berichtet. Die Legende von der »kulturellen Bereicherung« würde dann nämlich schnell wie ein Kartenhaus zusammenstürzen. Im Falle der Manuela H. haben die Roma eine der brutalsten bekannten Vergewaltigungen verübt. Das Landgericht Arnsberg setzte den Haftbefehl dennoch »außer Vollzug«. Täter Muslija B. nutzte diesen Umstand zur Flucht und läuft nun frei herum. Er kann seine »Potentiale« nun weiter frei entfalten. Sein Opfer Manuela H. befindet sich derweil in einer geschlossenen psychiatrischen Abteilung. Die Medien verschweigen Fälle wie den der Manuela H. – wie ist das möglich?

Am Landgericht Arnsberg hatten der Vorsitzende Richter Erdmann, Richter Teipel, Richterin Werthmann und die Schöffen wenige Tage vor Weihnachten 2009 über einige besonders abartige Vergewaltiger zu urteilen. Da war zum einen der 1976 im Kosovo geborene Haljilj B., ein Mitbürger der Volksgruppe der Roma, der nicht lesen und schreiben kann, seit 1990 in Deutschland lebt, wegen ständigen Schulschwänzens von der Schule verwiesen wurde, 1995 eine Deutsche heiratete und mit ihr zwei Kinder zeugte, dann mit einer Serbin in Düsseldorf zwei Kinder in die Welt setzte und danach ein weiteres Kind in Wuppertal. Der Analphabet ist in Deutschland wegen Diebstahls und Betruges vorbestraft. Zum anderen war da ein weiterer Täter, ein Verwandter, der 1982 im Kosovo geborene gläubige Muslim Muslija B., der ebenfalls weder Schulbildung noch Berufsausbildung, aber viele Kinder vorzuweisen hatte. In der Nähe des nordrhein-westfälischen Ortes Schmallenberg haben die beiden gemeinsam mit ihrem Verwandten Seljman B. die kleine Manuela unvorstellbar brutal vergewaltigt: Vaginal, anal und oral. Das Mädchen wimmerte an jenem 3. Juli 2009 vor Todesangst. Und weil Manuela die Zähne bei der analen Vergewaltigung vor Schmerzen zusammenbiß, schlug ihr einer der Roma so lange auf den Kopf, bis sie den Mund für den Oralverkehr öffnete. Ich erspare Ihnen hier weitere Einzelheiten. Die Roma haben dem Mädchen danach nicht nur das Mobiltelefon, mit dem es nach dem Martyrium hätte Hilfe rufen können, sondern auch ihre schwarze Leggings geraubt. Das Kind kam nach der bestialischen Vergewaltigung mit schwersten Verletzungen stationär in eine Siegener Kinderklinik. Es unternahm einen Selbstmordversuch. Sein Leben ist wohl für immer ruiniert. Manuela H. ist derzeit immer noch in einer kinderpsychiatrischen Behandlung. Die Kosten dieser »Bereicherung« durch die Roma-Asylbewerber wollen wir hier erst gar nicht ansprechen.

Was aber sollen die Eltern und Verwandten über den Umgang des Landgerichts Arnsberg mit den zugewanderten Vergewaltigern, gegen die wir keine Vorurteile haben sollen, sagen? Sie mußten sich beim Prozeß gegen die Vergewaltiger wenige Tage vor Weihnachten 2009 von den Richtern anhören, daß die Roma – Zitat! – »Untersuchungshaft erlitten haben und aufgrund des Anklagevorwurfs und ihrer familiären Situation als haftempfindlich anzusehen« sind. Der Vorsitzende Richter Erdmann, Richter Teipel und Richterin Werthmann haben nicht nur diesen Satz am Ende des Urteils eigenhändig unterschrieben. Die Verwandten von Manuela mußten sich von den Richtern auch noch anhören, daß »beide Angeklagte unter ungünstigen Umständen aufgewachsen sind und migrationsbedingte Schwierigkeiten und Probleme zu überwinden hatten bzw. haben«. Durch Beschluß der Kammer wurde der Haftbefehl gegen eine Meldeauflage außer Vollzug gesetzt.

Roma-Mitbürger Muslija B. wurde zwar wegen gemeinschaftlicher Vergewaltigung zu einer Freiheitsstrafe von vier Jahren und sechs Monaten verurteilt. Doch er freute sich über die Großzügigkeit der netten deutschen Richter, die ihm zunächst einmal »Haftempfindlichkeit« bescheinigt hatten. Und er nutzte die Befreiung aus der Untersuchungshaft zur Flucht. Seine Ehefrau hat bald darauf vom deutschen Steuerzahler rund 10.000 Euro als »Rückkehrprämie« bekommen und sich mitsamt der fünf Kinder des Vergewaltigers Muslija B. in das Kosovo abgesetzt. Dort wurde nach dem Autor vorliegenden Informationen mit dem deutschen Geld erst einmal eine große Party gefeiert. Das abartig vergewaltigte Mädchen wird vielleicht nie wieder lachen können.

Im Namen des Volkes ließ die Richterkammer Muslija B. wegen »Haftempfindlichkeit« – letzten Endes – laufen. Aber geschah das auch mit Rückendeckung der Bevölkerung? Wer schützt die Deutschen eigentlich vor solchen Richtern? Haben sie etwa keine Kinder? Und was denken solche Richter, wenn sie morgens in den Spiegel schauen? Freuen sie sich auf die multikulturell »bereicherte« Zukunft? Wenn diese Richter Werte verträten, dann würden sie sich öffentlich bei der Familie des Opfers entschuldigen, ihr Amt aufgeben und auf ihre Pensionen verzichten. Im Kreise der Roma würden Gutmenschen wie die Arnsberger Richter dann im wunderschönen Kosovo sicherlich auch schnell eine neue multikulturelle Zukunft finden.

Warum aber ist den Lesern dieses Buches der Fall des zugewanderten Vergewaltigers Muslija B. ebenso wie die vielen anderen noch zu schildernden Fälle völlig unbekannt? Die Antwort ist einfach: Wir nennen es Toleranz, wenn wir unsere Werte aufgeben und uns ausnehmen lassen. Vor unseren Gerichten findet religiös oder kulturell begründete Gewalt immer häufiger mildernde Umstände, während die Folgekosten der Gesellschaft aufgebürdet werden.

Fast jede Woche finde ich seither Fälle, bei denen die Vergewaltigung von Kindern durch Flüchtlinge und Asylbewerber entweder gar nicht oder aber äußerst mild bestraft wird. Im September 2016 etwa stieß ich auf ein Urteil, wonach ein irakischer Kinderschänder, der einen vierjährigen Jungen sexuell mißbraucht hatte, wegen »Haftempfindlichkeit« nur eine Bewährungsstrafe bekam.[437]

Eine für mich ähnlich unfaßbare Entscheidung gab es auch in Österreich. Im niederösterreichischen Bruck waren einer Supermarkt-Verkäuferin beim Eintüten zufällig Fotos aus dem Umschlag gefallen, die eindeutig zeigten, wie ein Mann ein Kind mißbrauchte. Sofort ging sie zur Polizei. Und die Staatsanwaltschaft ermittelte. Doch der Türke wurde nicht verhaftet. Begründung: Das vergewaltigte Kind ist der eigene Sohn des Türken. Und es handele sich bei der Kindesvergewaltigung um eine »jahrelange Familientradition«. Das Kind habe sich nicht gewehrt, weil es die Gefühle seines Vaters nicht verletzen wollte. Orientalen dürfen nach diesem Urteil, so interpretiere ich es jedenfalls, Kinder offenbar straflos vergewaltigen. Eine österreichische Zeitung überschrieb den Prozeß mit den Worten »Sex-Fotos mit Sohn aus Tradition«.[438]

Ich habe in den zurückliegenden Jahren viele für mich unfaßbare Urteile in Zusammenhang mit Kindesmißbrauch durch

Migranten gesammelt. Aufgefallen ist mir eine weitere beliebte Ausrede von Migranten, damit sie bei Kindesvergewaltigungen im deutschsprachigen Raum nicht bestraft werden. Ein Beispiel: Der Kölner Türke Erkan S. (35) hat hinter einem Supermarkt in Engelskirchen ein acht Jahre altes Kind vergewaltigt. Da Erkan S. aber laut Gericht nur einen Intelligenzquotienten von 40 (!) hat, ließ ihn das Kölner Landgericht ohne Gefängnisstrafe frei, während das Opfer weiter unter Albträumen leidet. »Die Unterbringung in der JVA würde seine soziale Existenz völlig vernichten«, so der Richter über den türkischen Täter.[439] Würden wir einen deutschen oder österreichischen Kinderschänder auch frei herumlaufen lassen, um seine »soziale Existenz« nicht zu vernichten?

Kinderschänder vor Gericht: Wenn Richter alles abnicken

Häufig behaupten aus dem Orient stammende Kindesvergewaltiger vor europäischen Gerichten, daß es sich dabei um eine kulturelle Tradition in ihrem Heimatland handle. Wir erleben solche Aussagen jedenfalls von Australien bis Deutschland. Der 20 Jahre alte Mufiz Rahaman, der 2015 in Australien einen zehn Jahre alten Jungen vergewaltigte, war empört, daß er dafür vor Gericht gestellt wurde. Schließlich werde so etwas in seinem Heimatland Bangladesch unter Muslimen allgemein akzeptiert.[440]

Auch das Osnabrücker Landgericht mußte sich nach Medienberichten schon vor längerer Zeit mit der kulturellen Tradition der Kindesvergewaltigung in islamischen Ländern befassen – und hat diese laut Angaben der *Neuen Osnabrücker Zeitung (NOZ)* ausdrücklich anerkannt. Man sollte solche

Fälle und Urteile kennen, wenn man verstehen will, warum viele Mitbürger aus diesem Kulturkreis bei hier verübten Sexualdelikten kein Unrechtsbewußtsein haben. Über das Internet haben sich solche Urteile bis in jeden Winkel der islamischen Welt verbreitet. Die Wahrheit lautet demnach: Orientalische Kindesvergewaltiger können sich in Deutschland seit 2011 auf ein Urteil des Osnabrücker Landgerichts berufen. Sie müssen nicht einmal Sozialstunden ableisten, wenn sie sich bei ihrem Verbrechen auf eine »kulturelle Tradition« im orientalischen Kulturkreis berufen. Die Richter des Osnabrücker Landgerichts mußten nach Angaben der *NOZ* über eine muslimische Familie urteilen, die es vollkommen in Ordnung fand, daß eine Elfjährige vergewaltigt wurde. Im islamischen Kulturkreis sei das eben Tradition, bekundete die Familie vor Gericht.[441] Sie wußte, daß es in Deutschland andere Sitten und Gesetze gegen Kindesvergewaltigungen gibt. Das aber störte die zugewanderte Familie nicht. Die Mutter des Täters forderte aus Gründen der islamischen Tradition sogar ausdrücklich eine Kindesvergewaltigung. Die Richter hatten offenkundig ein gewisses Verständnis für diese kulturelle Tradition. Alle beteiligten Muslime wurden nur zu einer milden Bewährungsstrafe verurteilt. Kein beteiligter Vergewaltiger oder Anstifter mußte ins Gefängnis.

Der Fall: Einer 1995 nach Deutschland eingewanderten orientalischen Familie war bekannt, daß Vergewaltigung in Deutschland ebenso strafbar ist wie der Geschlechtsverkehr mit Minderjährigen. Doch die Familie wollte an ihrer kulturellen Tradition festhalten, einigte sich mit Verwandten darauf, daß ein 21 Jahre alter Junge aus der Familie eine Elfjährige aus der Verwandtschaft entführen, mit ihr auch gegen ihren Willen Geschlechtsverkehr haben und sie dann heiraten sollte. Die Elfjährige aus Lübeck wollte keinen Geschlechtsverkehr mit dem Analphabeten, der nach Angaben des Osnabrücker Landgerichts nicht die deutsche Sprache lernen und sich hier auch nicht integrieren will. Es gab nach der ersten Entführung des Kindes aus Lübeck ins Osnabrücker Land noch keinen Geschlechtsverkehr. Die Eltern des Mannes forderten ihn dazu auf, das Kind zu vergewaltigen. Der Sohn gehorchte. Später wurde das Jugendamt auf das vergewaltigte Kind aufmerksam – alles kam heraus. Die Familie hat die Vergewaltigung und die Anstiftung zum Geschlechtsverkehr mit der Elfjährigen gestanden.

Die *Neue Osnabrücker Zeitung* schrieb zu dem Prozeß: »Eine Tat, die auch nach Feststellungen der Verteidiger der drei Angeklagten durch nichts zu entschuldigen ist. Das betonte auch der Vorsitzende Richter in seiner Urteilsbegründung«. Die Mitbürger durften den Gerichtssaal als freie Bürger verlassen. Es gab nur Bewährungsstrafen. Sie müssen weder Sozialstunden abarbeiten noch eine Geldentschädigung zahlen, die Zeitung schreibt: »Eine von der Anklagevertreterin zusätzlich geforderte Verurteilung zu einer Geldstrafe von jeweils 500 Euro lehnte das Gericht ab. Alle drei sollten jeweils das Geld in monatlichen Raten von 25 Euro zu Gunsten einer sozialen Einrichtung abstottern. Das mache nicht viel Sinn, meinte der Vorsitzende Richter, weil die Hartz-IV-Empfänger dafür keinen finanziellen Spielraum haben. Auch zu sozialen Diensten sind sie nicht verpflichtet worden, weil die drei dann für mögliche Jobangebote nicht zur Verfügung stehen«. Solche Traditionen sind oftmals mit abendländischen Traditionen, Sitten, Werten und Verhaltensweisen vollkommen inkompatibel.

Damit Sie nicht glauben, es handele sich da wieder einmal um einen »Einzelfall«, sei noch ein Beispiel erwähnt: 2016 stand ein 43 Jahre alter Türke vor dem Gießener Landgericht, der laut Anklage über sieben Jahre hin 603 Mal ein Kind sexuell mißbraucht oder vergewaltigt haben soll. Der Türke sah darin kein Unrecht und überraschte die Gießener Richter mit einem Vorschlag: Nach guter türkischer Tradition werde er nun bei den Eltern des Kindes um dessen Hand anhalten. Und wenn er das Kind heirate, sei damit die Angelegenheit nach türkischer Sitte erledigt.[442]

Politiker wollen die Bevölkerung nicht beunruhigen

Wer auf den hinteren Seiten der Lokalzeitungen aufmerksam die Schlagzeilen studiert, findet dort inzwischen immer öfter Artikel, die es nach dem Willen vieler Politiker gar nicht geben dürfte. Da heißt es etwa in der *Schwäbischen Zeitung*: »Flüchtlinge verüben mehr Straftaten«.[443] Nicht anders in der *Hamburger Morgenpost*, wo ein Artikel die Überschrift trägt: »Verbrechen in Hamburg: Jeder zehnte Tatverdächtige ist Flüchtling«.[444] Aus dem Osten ähnliche Schlagzeilen, etwa in der Lokalausgabe der *Sächsischen Zeitung* aus Bautzen »900 Straftaten von Flüchtlingen«.[445] Und auch der *Bayernkurier* berichtet zum Thema Kriminalität: »Flüchtlinge immer problematischer«.[446]

Auch aus den Reihen der Polizei werden immer öfter vertrauliche Schreiben bekannt, in denen diese davor warnt, daß Zuwanderer aus orientalischen Ländern und Nordafrika uns zukünftig noch erheblich mehr Kriminalität bringen werden. So hat die an das nordrhein-westfälische Innenministerium angebundene Bund-Länder-Projektgruppe »Zuwanderung« 2016 in einem Geheimpapier aufgeschrieben, daß Flüchtlinge uns mehr Gewalt- und Sexualdelikte, Raubüberfälle, Einbrüche und Rauschgiftkriminalität bescheren werden. Im Klartext: Die Sicherheitslage wird sich durch Asylanten noch verschärfen.[447]

Darf man so etwas sagen? Nein, natürlich nicht. So etwas steht – wie schon gesagt – nur in vertraulichen Papieren, die normalerweise nur die Elite in Politik und Leitmedien zu sehen bekommt. Dabei wußte die Politik schon seit spätestens 2014, was mit der Flüchtlingswelle auf die deutsche Zivilbevölkerung zurollen würde. Nein, das ist keine Verschwörungstheorie. Und es ist auch keine Spekulation. 2016 veröffentlichte die Tageszeitung *Die Welt* einen Geheimbericht, nach dem unsere Innenpolitiker schon seit 2014 Kenntnis über die vor allem von Nordafrikanern ausgehende Kriminalitätswelle hatten. In dem Artikel heißt es:

»Um die Bevölkerung nicht zu beunruhigen, suchten sie mit diesen Informationen zunächst aber nicht offensiv die Öffentlichkeit. Das legt zumindest das Protokoll einer Innenausschusssitzung vom 23. Oktober 2014 nahe. (...) Die Innenexperten kamen damals überein, dass durch solche Vorfälle ›Angst‹ vor Flüchtlingen geschürt werde und ›die öffentliche Wahrnehmung kippen‹ könnte, so Staatssekretär Nebe. Auch Freidemokrat Joachim Stamp warnte 2014 die Kollegen, solche Vorfälle könnten ›schnell dazu führen, dass von interessierter Seite entsprechend Stimmung gemacht wird‹. Man müsse ›froh sein‹ über ›die derzeitige vernünftige mediale Berichterstattung zu den steigenden Flüchtlingszahlen‹. Andere Teilnehmer warnten vor einer drohenden ›Diffamierung‹ infolge der Veröffentlichung solcher Erkenntnisse.«[448]

Den Normalbürgern wird also die Wahrheit vorsätzlich vorenthalten. Für sie werden stattdessen völlig andere Informationen präsentiert. So veröffentlichte das Bundeskriminalamt 2016 im Auftrag der Bundesregierung eine beruhigende Perspektive, nach der Asylbewerber uns keine erhöhte Kriminalität bringen werden.

Aber selbst dieses Bundeskriminalamt, das 2016 im Auftrag der Bundesregierung zunächst noch behaupten mußte, daß Asylbewerber uns keine erhöhte Kriminalität bescheren werden,[449] gibt Frauen inzwischen Verhaltenstips, wie sie sich vor aggressiven Sex-Attacken durch Migranten schützen können. »Wenn Frauen ein beklemmendes Gefühl dabei haben, wenn sie auf eine Gruppe Männer stoßen oder eine Situation wahrnehmen, von der eine Gefahr ausgehen könnte, sollten sie ihrer Intuition auf jeden Fall vertrauen und vermeiden, in diese Situation hineinzugeraten«, sagt Markus Koths, Pressesprecher des Bundeskriminalamts (BKA). Dazu müsse man notfalls auch bereit sein, Umwege in Kauf zu nehmen. Und Frauen sollen sich schon beim Verlassen des Hauses darauf vorbereiten, daß sie möglicherweise vor »Antänzern« wegrennen müssen. Deshalb gibt das BKA Frauen jetzt den Tip: »Turnschuhe statt High Heels tragen, damit man weglaufen kann«.[450] Nein, das ist kein Aprilscherz. Das ist die Realität in einem Land, in dem man offene Grenzen und für alles Verständnis hat.

Das Bundeskriminalamt ist übrigens jene Sicherheitsbehörde, die in den letzten Jahren die Einstellungsvoraussetzungen so weit abgesenkt hat wie kaum ein anderes deutsches Staatsorgan: Die Aufnahmeprüfungen wurden von Jahr zu Jahr leichter. Und im Jahr 2016 bestanden die meisten Bewerber nicht einmal mehr den Deutschtest. Deshalb sollte auch der noch abgeschafft oder erleichtert werden – »modernisiert werden« nennt man das jetzt offiziell.[451] Besonders intelligent müssen die Mitarbeiter des BKA also nicht mehr sein. Hauptsache, sie verbreiten das, was die Regierung in Hinblick auf die Beruhigung der Bevölkerung von ihnen verlangt. Und: Hauptsache nicht die Wahrheit über die Flüchtlingskriminalität. Die Wahrheit sieht nämlich anders aus, sagt ein Mitarbeiter des niedersächsischen Landeskriminalamtes. Er ist einer von vielen, die sich inzwischen ganz offen darüber beschweren, daß sie beim Thema Flüchtlingskriminalität die Statistiken manipulieren müssen. Er erklärt, es werde nicht wirklich gelogen, aber es werden Dinge weggelassen. Blutige Schlägereien, Raubüberfälle, Messerstechereien und Vergewaltigungen sollen durch die Nutzung des »Interpretationsspielraumes« so ausgelegt werden, daß der zivile Friede gewahrt bleibt. Heißt im Klartext: möglichst alles herunterspielen, wenn Migranten beteiligt sind. In einem Zeitungsbericht über solche Anweisungen heißt es, man könne »der Bevölkerung nicht zumuten, dass ein Ergebnis herauskomme, mit dem bestätigt werde, dass es eine Häufung von sexueller Gewalt, von schwerster Körperverletzung gebe«. Das wäre ein schlechtes Ergebnis. Deshalb würden »Statistikfilter ein wenig anders gesetzt, manche Zahlen würden verspätet geliefert, es würde kaschiert, weggedrückt und umbenannt«.[452]

Auch die griechischstämmige Polizistin Tania Kambouri hebt hervor: Die Zahlen zur Flüchtlingskriminalität sind gefälscht. Man wolle keine Ängste in der Bevölkerung schüren. Und die Wahrheit sei »politisch nicht gewollt«.[453] Sie sagt: »Nun ja, solche Zahlen über kriminelle Handlungen von Flüchtlingen sind politisch nicht gewollt. Ich denke auch, dass viele Beamte in führenden Positionen von der Politik gesteuert oder wenigstens beeinflusst werden. Denn wer die Wahrheit bei diesem Thema sagt, wird schnell in die Nazi-Ecke gestellt«.[454]

*Statistiken schönen: Wenn die Realität
dem Wunschdenken angepaßt werden muß*

Wie sieht die Verdrängung der Wahrheit dann in der Realität aus? Ein Beispiel: Im nordrhein-westfälischen Rheinberg belästigt ein 50 Jahre alter algerischer Asylbewerber im Oktober 2016 ein 15 Jahre altes Mädchen sexuell. Als der empörte Vater das auf dem Revier anzeigen will, sagt ihm ein Polizist vor Zeugen, das »bringt nichts« und rät ihm von der Strafanzeige ab.[455] Das paßt ins Bild. Wir kennen das ja schon. Auch Hunderten Frauen, die in der Silvesternacht 2015/16 in Städten wie Köln Opfer sexueller Übergriffe durch Asylanten geworden waren, riet die Polizei erst einmal eindringlich von einer Strafanzeige ab.

Es ist ein erprobtes Mittel, um deutsche Statistiken zu schönen: Man rät Opfern von Migrantenkriminalität auf der Wache davon ab, Starfanzeige zu erstatten. Vorbild dabei ist Frankreich, das diese Praxis schon seit 2010 erfolgreich anwendet.[456] Wenig bekannt ist auch die 2008 erlassene Dienstanweisung, wonach griechische Polizisten bei der Aufnahme einer Strafanzeige erst einmal eine Bearbeitungsgebühr in Höhe von 100 Euro kassieren müssen.[457] Wenn ein Flüchtling in Athen eine deutsche Touristin sexuell mißbraucht oder einem Touristen die Geldbörse klaut, dann muß der Tourist zeitgleich mit der Strafanzeige erst einmal hundert Euro Bearbeitungsgebühr an die Polizei zahlen.

Was will man damit erreichen? Nun: Wo es keine Strafanzeigen mehr gibt, da herrschen auf dem Papier irgendwann paradiesische Zustände. All das belegt, mit welch unglaublichen

Mitteln man Statistiken über Kriminalität ganz nach Belieben so frisieren kann, daß die von der Politik gewünschten Ergebnisse herauskommen.

Noch besser, beziehungsweise als doppelte Sicherung: Man berichtet erst gar nicht über entsprechende Kriminalitätsfälle. Wenn ein afrikanischer Asylbewerber einem anderen afrikanischen Asylbewerber die Augen herausreißt – wie Ende 2016 in Brüssel geschehen – dann schauen unsere Leitmedien lieber weg.[458] Man begründet das dann damit, daß man andere Täter nicht zu solchen Straftaten anregen wolle. Oder man erklärt das Verbrechen im Rahmen der Theorie der »Einzelfälle«. Es gibt also unendlich viele Möglichkeiten, die Sichtweise der Bürger zur Kriminalität zu manipulieren. Die häufigste Manipulationstechnik besteht darin, jede Straftat von Zuwanderern zu einem der bedauerlichen »Einzelfälle« zu erklären und sich achselzuckend abzuwenden. Und wenn es dann immer mehr solcher Einzelfälle in der Umgebung eines jeden Bürgers gibt – etwa bei der Zahl der Wohnungseinbrüche – und die Politik nicht mehr wegschauen kann, dann weist man empört darauf hin, daß es die Bürger Kriminellen auch viel zu leicht machen. Schuld sind dann nicht jene Politiker, welche die Grenzen geöffnet haben, sondern die bösen und knausrigen Bürger, die einfach zu wenig Geld für ihre Sicherheit ausgeben und ihre Wohnungen noch immer nicht zu Festungen ausgebaut haben.

Klar ist: Die in Deutschland vorgelegten Statistiken zu Ausländerkriminalität spiegeln keineswegs die Realität wider. Aber sie sind bereits erschreckend genug und ihr Inhalt kaum noch mit Worten zu beschreiben. Denn statistisch gesehen begehen Asylbewerber in Deutschland pro Tag 770 Straftaten.[459]

Sie fräsen sich dabei einmal durch das Strafgesetzbuch. Sie stehlen, schlagen zu, bedrohen Menschen und brennen mitunter sogar Häuser nieder. Politik, Medien und Justiz haben eine eigentümliche Neigung entwickelt, vielen dieser Straftaten mit Verständnis zu begegnen. Das Ganze ist, wie auch die Masse der Sexualstraftaten, ein Tabuthema. Wir schauen lieber weg. Und wir haben ein schlechtes Gewissen. Wenn in Europa ein Flüchtling einen Politiker vergewaltigt, dann hat nicht etwa der Asylant ein schlechtes Gewissen, sondern der Politiker, weil es seinem Peiniger jetzt vielleicht nicht mehr wirklich gut geht.[460]

Im Februar 2016 wurde in Brandenburg ein Flüchtling gefaßt, der drei (!) Kinder vergewaltigt haben soll. Die Folge? Der Amtsrichter setzte den Haftbefehl außer Vollzug – die Staatsanwaltshaft Neuruppin war fassungslos.[461] Einige unserer Richter haben bei »Flüchtlingen« offenkundig für alles Verständnis.

Zu den Straftaten, für die immer wieder Verständnis aufgebracht wird, gehört auch das Anzünden von Gebäuden, in denen Menschen leben. Im Internet sind mehrere ständig aktualisierte Listen jener Fälle zu finden, bei denen Flüchtlinge mutwillig oder fahrlässig Brände verursachen.[462] Was unter Juristen als Brandstiftung bekannt ist und bei ethnischen Deutschen strafrechtlich schwerste Folgen hat, das gilt im Falle von Asylanten häufig als eine Art »Dummer-Jungen-Streich«. Ein Beispiel: Ein Pakistani zündet eine Flüchtlingsunterkunft an, in der gerade 100 Menschen schlafen. Vor dem Heidelberger Landgericht wird die Tat sofort zur »Schnapsidee« erklärt – und der Pakistani verläßt den Gerichtssaal als freier Mann.[463] Er darf sich darüber freuen, daß das Anzünden eines Gebäudes mit 100 darin befindlichen arglosen Menschen nur mit einer milden Bewährungsstrafe von 17 Monaten geahndet wird. Wenn Deutsche eine leerstehende (!) Flüchtlingsunterkunft –

wie etwa in Meißen[464] – anzünden, dann müssen sie dafür fast vier Jahre ins Gefängnis.[465] Und wenn zum Tatzeitpunkt Menschen in der Flüchtlingsunterkunft sind, dann können Deutsche, die zum Tatzeitpunkt betrunken waren, auch schon mal acht Jahre ins Gefängnis wandern.[466]

Wie wirkt das alles auf Deutsche? Wie fühlt man sich als Deutscher, wenn man bei der kleinsten Geschwindigkeitsüberschreitung zur Kasse gebeten wird, während zugewanderte Totraser frei herumlaufen und über uns lachen?[467] Wie fühlen sich junge Mädchen und Frauen, die im Deutschland der Gegenwart nur noch unter Polizeischutz zur Schule gehen können, weil sie sonst auf dem Schulweg von zugewanderten Männern sexuell belästigt oder gar vergewaltigt werden?[468] Das gilt übrigens nicht nur für Deutschland. Auch in Österreich gibt es an manchen Orten inzwischen Personenschutz für Schulkinder – wegen der »Flüchtlinge«. So berichtete die österreichische Zeitung *Krone* unter der Überschrift »Personenschutz für Kinder in Traiskirchen«: »Neuer Zündstoff für das ›Pulverfass‹ Traiskirchen! Wie berichtet, müssen Schüler jetzt von Pädagogen in den Hort gebracht werden. ›Die Kinder trauen sich nicht mehr, alleine durch die vielen herumlungernden Asylwerber zu gehen‹, schlagen Eltern Alarm. Und eine Entschärfung des Problems ist noch nicht in Sicht ...«.[469]

Warum werden derartige Fälle zum Tabuthema gemacht? Warum sollen wir nicht darüber sprechen? 2016 haben Asylbewerber in Düsseldorf eine Flüchtlingsunterkunft angezündet und beim Großbrand einen Schaden in Höhe von mindestens zehn Millionen Euro angerichtet.[470] Ein beleibter Muslim namens Hamza befahl seinen Gesinnungsgenossen, das Lager in Brand zu setzen, weil er von den Asylhelfern nicht seinen geliebten Schokopudding bekam.[471] Es war ihm völlig egal, ob und wie viele Menschen dabei ums Leben kommen würden. Und obwohl die Unterkunft von rund 300 Menschen bewohnt wurde, lautete die allererste Nachricht, daß die Täter nicht wegen Mordversuchs angeklagt würden. Das freute die Asylbewerber, die sich mit ihrem Verbrechen auch noch stolz brüsteten. Schließlich hatte ihre Brandstiftung ja einen ehrenvollen Zweck: Sie wollten Schokopudding. Und sie wollten endlich verlegt werden und von den deutschen Steuerzahlern eigene Wohnungen finanziert bekommen. Jener Hamza, ein Asylbetrüger, der vorgab, ein syrischer Flüchtling zu sein, aber in Wahrheit Marokkaner ist, wurde wenige Tage später in aller Stille wieder auf freien Fuß gesetzt, weil nach Auffassung deutscher Justizbehörden bei dem dringend Tatverdächtigen keine Fluchtgefahr bestand.[472]

Wohin führt uns das alles? Und warum werden wir Bürger in bezug auf diese Thematik belogen, wie es schlimmer nicht sein könnte? Wer sich umfassend informieren will, sollte immer beide Seiten der Medaille betrachten. Denn das, was uns Bürgern von den Medien als angebliche Realität präsentiert wird, ist immer häufiger ein Lügengebäude. Tatsache ist: Nie zuvor haben die in Deutschland lebenden Menschen mehr Informationsmöglichkeiten gehabt. Auf der anderen Seite sind sie aber auch nie zuvor in der Geschichte über so viele Kanäle zeitgleich getäuscht worden. Viele Menschen ahnen das instinktiv. Sie nehmen es heute wie selbstverständlich hin, daß die Arbeitslosenstatistiken Monat für Monat immer skrupelloser gefälscht und Millionen Arbeitslose aus dieser herausgenommen werden. Unsere Politiker erfinden ständig neue Definitionen dafür, wer als arbeitslos gilt und streicht immer größere Gruppen aus dem Kreis der Arbeitslosen heraus. Ähnliche Praktiken werden auf vielen Gebieten des gesellschaftlichen Lebens angewandt. So lügen sich Politiker eine Welt zurecht, in der es den Bürgern Dank der von ihnen gefälschten Statistiken immer besser geht, die Arbeitslosigkeit historische Tiefstände erreicht und die Kriminalität ein angeblich aussterbendes exotisches Relikt zu werden droht.

Die Mülheimer Polizei geriet 2016 unter Erklärungsdruck, weil die offiziellen Zahlen über aufgeklärte Straftaten offenkundig mit der Realität nichts zu tun haben. Der Polizeiwissenschaftler Frank Kawelovski hatte in einer Stellungnahme für den Innenausschuß des nordrhein-westfälischen Landtages die Aufklärungsquoten der Mülheimer Polizei untersucht.[473] Während diese etwa bei Einbrüchen angeblich zahlreiche Täter ausfindig macht, bleiben in der Realität 98 Prozent der Täter unbestraft. Ähnliche Manipulationen der Statistik sorgten davor auch schon in Städten wie Berlin, Bielefeld und Köln für Aufsehen.[474]

Ausländerkriminalität in Polizeiberichten

Vor diesem Hintergrund ist es nicht einfach, einen auch nur halbwegs realistischen Überblick über die Zahl der Straftaten von Ausländern in Deutschland zu gewinnen. Denn die staatlichen Behörden unternehmen schließlich alles, um die Realität zu vertuschen. Schaut man aber genauer hin und sucht auch in den kleinen Hinweisen der lokalen Medien, dann gewinnt man einen Einblick in jenes Puzzlebild, das die Bundesregierung am liebsten Tag für Tag zerstören würde. Schauen wir uns also nachfolgend nur einmal einige Straftaten an, die ich innerhalb weniger Stunden nur im November 2016 in Zusammenhang mit ausländischen Tätern oder Tatverdächtigen finden konnte. Allein dieser winzige Auszug von »Einzelfällen«, die ich nur in den Originalmeldungen der Polizei las, aber in keiner Lokalzeitung, ist erschreckend genug:

AACHEN, 3. NOVEMBER 2016: Die Bundespolizei hat am Donnerstagmorgen in der Bahnhofsvorhalle des Hauptbahnhofes Aachen einen 37-jährigen Seriendieb festgenommen. Gegen den Asylbewerber bestand ein Haftbefehl der Staatsanwaltschaft Münster wegen eines Eigentumsdeliktes. Da der 37-Jährige die gegen ihn verhängte Geldstrafe in Höhe von fast 1000 Euro nicht zahlen konnte, muss er jetzt ersatzweise eine Haftstrafe von 87 Tagen absitzen. Nach Eröffnung des Haftbefehls wurde er in die zuständige Justizvollzugsanstalt eingeliefert. Gegen den 37-Jährigen laufen zurzeit noch weitere Ermittlungen der Bundespolizei, da er in den Niederlanden ein aktuelles Asylverfahren betreibt und in Deutschland zuvor als Asylbewerber gemeldet und zwischenzeitlich untergetaucht war.[475]

KASSEL, 3. NOVEMBER 2016: Beamte des Polizeireviers Mitte bemerkten am gestrigen Mittwochnachmittag gegen 15 Uhr beim Streifefahren in der Kasseler Innenstadt am »Entenanger« drei Männer auf einem Kinderspielplatz. Da es sich bei diesen augenscheinlich um Erwachsene handelte, die sich dort ohne Kinder aufhielten, kontrollierten die Beamten die drei Männer. Dabei entdeckten sie bei einem 24-Jährigen eine offenbar eigens zur Begehung von Ladendiebstählen präparierte Laptoptasche. In der Tasche fanden sie zudem eine Jeanshose, an der sich noch ein Sicherungsetikett eines Bekleidungsgeschäfts in der Oberen Königsstraße befand. Wie die anschließenden Ermittlungen in diesem Geschäft ergaben, stammte die Hose eindeutig von dort und war durch einen Diebstahl abhandengekommen. Der im Unstrut-Hainich-Kreis wohnende 24-jährige Algerier musste die Beamten anschließend mit aufs Revier begleiten. Seine Diebestasche stellten sie sicher. Gegen ihn wird nun wegen Diebstahls ermittelt. Nach Abschluss der polizeilichen Maßnahmen setzten sie ihn wieder auf freien Fuß.

BREMERVÖRDE, 3. NOVEMBER 2016: Ein Dokumentenprüfer der Polizei hat am Dienstag einen syrischen Führerschein als Fälschung entlarvt. Zu der Überprüfung kam es, nachdem ein 38 Jahre alter Syrer seinen Führerschein zur Umschreibung bei der Führerscheinstelle in Bremervörde vorgelegt hatte. Der Mann versicherte, daß er die Fahrerlaubnis in seinem Heimatland rechtmäßig erworben habe. Die Mitarbeiter zweifelten jedoch die Echtheit des Dokuments an und zogen den Experten der Autobahnpolizei Sittensen zu Rate. Der Polizist erkannte eindeutige Fälschungsmerkmale und stellte das falsche Dokument sicher.

LUDWIGSBURG, 4. NOVEMBER 2016: Mehrere Streifenwagen und ein Polizeihubschrauber fahndeten am frühen Donnerstagmorgen in Magstadt nach einem tatverdächtigen Mann, der in der Nacht eine Frau vergewaltigt haben soll. Gegen 03.30 Uhr alarmierte die 20-Jährige per Notruf die Polizei. Der 22-Jährige, der die Tat abstreitet, wurde am Freitag auf Antrag der Staatsanwaltschaft Stuttgart dem zuständigen Haftrichter beim Amtsgericht Böblingen vorgeführt. Dieser erließ einen Haftbefehl wegen Vergewaltigung gegen den jungen gambischen Asylbewerber und wies ihn in eine Justizvollzugsanstalt ein.

BAD SEGEBERG, 4. NOVEMBER 2016: Nachdem es im Oktober 2016 zu einer versuchten räuberischen Erpressung einer Parfümerie gekommen war, fahndete die Polizei weiterhin nach dem bislang unbekannten Täter. Am Nachmittag des 11. Oktober 2016 bedrohte eine bisher unbekannte männliche Person eine Angestellte eines Geschäftes in der Innenstadt und forderte unter Vorhalt einer Schußwaffe die Herausgabe von Bargeld. Gegen 13.20 Uhr betrat eine bisher unbekannte männliche Person die Räumlichkeiten des Geschäfts in der Dorotheenstraße, zeigte zunächst Kaufinteresse, bedrohte anschließend jedoch unmittelbar eine Angestellte der Parfümerie und forderte unter Vorhalt einer Schußwaffe die Herausgabe von Bargeld. Nachdem der Täter an dem Versuch, die Kasse eigenständig zu öffnen scheiterte, ließ der Mann von seinem Vorhaben ab und flüchtete ohne Beute in Richtung des Harksheider Wegs. Er hinterließ ein silberfarbenes Fahrrad am Tatort. Die Polizei leitete umgehend eine intensive Fahndung mit mehreren Streifenwagen ein, welche jedoch ohne Erfolg verlief. Gesucht wird ein etwa 1,70 Meter bis 1,80 Meter großer schlanker Mann im geschätzten Alter von 20 Jahren mit einer kleinen Narbe im Gesicht. Er wird als dunkelhäutig beschrieben.

STEINHEIM, 4. NOVEMBER 2016: Nachdem am Montag, 31. Oktober 2016, gegen 01.30 Uhr, in Steinheim eine Sexualstraftat zum Nachteil einer Frau angezeigt wurde, konnte die Kriminalpolizei in Höxter einen Tatverdächtigen ermitteln. Der 20 Jahre alte Asylant aus Afghanistan konnte am Freitag, 4. November 2016, gegen 10.30 Uhr, festgenommen werden.

MÜNSTER, 4. NOVEMBER 2016: Ein 15-jähriger Schüler aus Syrien verletzte am Freitagmittag (4. November, 13:17 Uhr) zwei 15- und 16-jährige Syrer an der Westfalenstraße mit einem Messer. Der Schüler und sein Bruder gerieten nach ersten Erkenntnissen auf dem Schulhof der Hauptschule mit den zwei Jugendlichen in einen Streit. Plötzlich zückte der 15-jährige Täter ein Messer und verletzte die beiden Opfer im Bereich des Rückens. Danach flüchtete der 15-Jährige mit seinem Bruder in unbekannte Richtung. Polizisten stellten den 15-Jährigen an seiner Wohnanschrift in Münster. Warum die Jugendlichen in Streit gerieten ist bislang unklar. Die 15- und 16-jährigen Flüchtlinge aus Syrien werden zurzeit in Krankenhäusern behandelt. Die Ermittlungen dauern an.

STRALSUND, 5. NOVEMBER 2016: Am 5. November 2016, gegen 16.00 Uhr, beobachteten zwei Mitarbeiter eines Bekleidungsgeschäftes der Stralsunder Innenstadt einen Mauretanier beim Versuch, eine Jacke im Wert von knapp 100 Euro zu entwenden. Als der Mann vor dem Verlassen des Geschäftes daraufhin angesprochen wurde, packte er nur widerwillig die Jacke aus. Er hatte allerdings noch andere Bekleidungsstücke in seiner Tasche. Nach einer kurzen Rangelei mit den Mitarbeitern des Geschäftes verließ der Mann das Geschäft. Daraufhin verständigte der Mitarbeiter des Kaufhauses die Polizei und folgte dem Mann in Richtung Böttcherstraße. Im Bereich der Kreuzung Böttcherstraße / Filterstraße stellten zwei Beamte des Polizeihauptreviers Stralsund die beschriebene Person auf einem Fahrrad fest. Zunächst reagierte der Mann nicht auf die Aufforderung anzuhalten, konnte von den Beamten aber dann doch angehalten werden. Er führte keinerlei Ausweispapiere mit. Durch die Beamten des Kriminaldauerdienstes Stralsund wurde die Identität des Mannes festgestellt. Es handelt sich um einen 27-Jährigen aus Mauretanien, der in Stralsund wohnt. Der Asylbewerber konnte für die mitgeführten Kleidungsstücke keinen Eigentumsnachweis vorlegen. Offenbar stammt die Ware im Wert von ca. 115 Euro aus zwei weiteren Geschäften der Stralsunder Innenstadt. Gegen den Mauretanier wird nun wegen Diebstahls ermittelt.

HANNOVER, 7. NOVEMBER 2016: Mit einem Phantombild sucht die Polizei einen von drei mutmaßlichen Tätern, die an der Grand-Couronne-Allee einen Jungen ausgeraubt haben. Nach bisherigen Ermittlungen hatten die drei Jugendlichen den 14-Jährigen auf dem Weg zur Schule angesprochen und Geld von ihm gefordert. Nachdem einer von ihnen ein Messer gezückt hatte, gab der Junge seine Geldbörse heraus. Anschließend flüchtete das Trio mit der Beute in unbekannte Richtung. Nach Beschreibungen des Opfers wurde zwischenzeitlich ein Phantombild erstellt, mit dem die Ermittler nun nach einem der Täter fahnden. Der Gesuchte ist zirka 16 bis 17 Jahre alt, etwa 1,75 bis 1,80 Meter groß, kräftig gebaut und hat ein »südländisches Erscheinungsbild«. Ein unbefangener Deutscher würde auf dem Fahndungsfoto eher einen Orientalen erkennen. Er hatte zum Tatzeitpunkt braunes, kurzes, lockiges Haar und einen schwarzen, kurzen Kinnbart. Bekleidet war er mit einem schwarzen Kapuzenpullover, einer zerrissenen, hellbauen Jeans sowie weißen, knöchelhohen Turnschuhen.

BREMERVÖRDE, 9. NOVEMBER 2016: Erneut ist bei der Führerscheinstelle im Kreishaus an der Amtsallee ein falscher Führerschein aufgetaucht. Mit einer sogenannten Totalfälschung kam ein 55-jähriger Syrer in der vergangenen Woche in die Behörde und füllte den erforderlichen Antrag zur Umschreibung auf ein deutsches Dokument aus. Wegen erster Zweifel an der Echtheit der syrischen Lizenz wurde ein Dokumentenprüfer der Polizei hinzugezogen. Dem geschulten Auge des Experten war schnell klar, dass er einen gefälschten Führerschein vor sich hatte. Die Polizei ermittelt jetzt wegen Urkundenfälschung. Mit der falschen Fahrerlaubnis darf der Antragsteller nicht mehr fahren.

DUISBURG, 10. NOVEMBER 2016: Ein 19 Jahre alter Araber hat in einer Straßenbahn Frauen belästigt. Bei seiner Festnahme bespuckte er die Polizei. Die Polizei hat den Mann (19) festgenommen, der in einer Straßenbahn Frauen angefasst und Helfer geschlagen hat. Bei seiner Festnahme leistete er Widerstand und bespuckte die Beamten. Der 19-Jährige hatte in der Bahn drei Frauen (35, 31 und 25 Jahre) unvermittelt angefaßt und zu küssen versucht. Die Frauen wehrten sich, zwei Fahrgäste (29 und 56 Jahre) eilten sofort zu Hilfe. Der Täter schlug und trat nach den Helfern, so daß der 29-Jährige leicht verletzt wurde. Zwei weitere Männer, darunter auch der Sicherheitsdienst, kamen hinzu und beförderten den Angreifer am Bahnhof Wintgensstraße in Duissern nach draußen. Auf dem Bahnsteig wurde der Mann, der laut und wiederholt »Allahu Akbar« schrie, bis zum Eintreffen der Polizei festgehalten. Bei seiner Festnahme durch die Beamten leistete er Widerstand und spuckte nach den Einsatzkräften. Auch im Gewahrsam ließ er sich nicht beruhigen.

TUTTLINGEN, 11. NOVEMBER 2016: Zu dem schweren Raub in einem Dessous-Geschäft am Donnerstag (10. November 2016), gegen 16 Uhr, an der Ecke Bahnhofstraße und Schulstraße in der Tuttlinger Innenstadt, bei welchem die Inhaberin des Ladens von einem unbekannten Täter lebensgefährlich verletzt worden ist (wir berichteten bereits), bittet die Kriminalpolizei nach wir vor dringend um Hinweise. Mittlerweile geht es der durch den unbekannten Täter lebensgefährlich verletzten Ladeninhaberin nach einer erfolgten Notoperation etwas besser. Nach wie vor befindet sich die 39-Jährige auf einer Intensivstation. Wie inzwischen feststeht, hat der Täter mit einem bislang unbekannten Schlagwerkzeug auf den Kopf der Frau eingeschlagen. Zudem muß der Täter beim Angriff gegen die Frau einen unbekannten und scharfen Gegenstand benutzt haben, mit dem er der Ladeninhaberin Schnittverletzungen im Bereich des Oberkörpers zugefügt hat. (...) Demnach soll es sich bei dem unbekannten Täter um einen etwa 40-jährigen Mann gehandelt haben. Dieser habe gebrochen deutsch gesprochen, dürfte demzufolge Ausländer sein. Der Mann habe zur Tatzeit, gegen 16 Uhr, auf dem Kopf eine weiß-braun oder weiß-schwarz gestreifte oder gemusterte Mütze getragen.

BREMERVÖRDE, 11. NOVEMBER 2016: Zum dritten Mal in kurzer Zeit kam der Dokumentenprüfer der Rotenburger Polizei wegen eines gefälschten Führerscheins zum Einsatz. Ihm wurde ein syrischer Führerschein vorgelegt, der sich unter seinen Augen schnell als Totalfälschung entpuppte. Ein 29-jähriger Syrer hatte das Dokument am Montag in der Führerscheinstelle des Kreishauses zu einem deutschen Führerschein umschreiben lassen wollen. Er muß sich wegen Urkundenfälschung verantworten.

MÜNSTER, 11. NOVEMBER 2016: Zwei 20- und 24-Jährige Algerier hatten am Mittwochabend einen 55-Jährigen aus dem Kreis Coesfeld ohne Vorwarnung ins Gesicht geschlagen, ihn getreten und ihm seinen Rucksack aus den Händen gerissen. Nach mehreren Zeugenhinweisen konnten Polizisten die Tatverdächtigen kurze Zeit später in der Nähe festnehmen. Ein

Richter erließ auf Antrag der Staatsanwaltschaft (10. November) Haftbefehle gegen die beiden Täter wegen Raubes und schickte sie in Untersuchungshaft.

FRANKFURT/MAIN, 13. NOVEMBER 2016: Am 13. November entdeckten Urkundenspezialisten der Bundespolizei am Frankfurter Flughafen bei nur einem Reisenden gleich drei falsche Dokumente. Der 37-jährige Syrer fiel in der Passkontrolle auf, als er von Pristina/Kosovo über Frankfurt nach Stockholm/Schweden weiterreisen wollte. Der kontrollierende Bundespolizist stellte am vorgelegten syrischen Reisepaß Veränderungen am Lichtbild fest. Weiterführende Ermittlungen ergaben, daß eine ebenfalls mitgeführte bulgarische Aufenthaltserlaubnis erschlichen wurde. Darüber hinaus war der Syrer im Besitz eines totalgefälschten syrischen Führerscheins. Die Bundespolizei leitete ein Ermittlungsverfahren u. a. wegen Urkundenfälschung ein.

BUTZBACH, 14. NOVEMBER 2016: Ein 36-Jähriger aus der Tschechischen Republik sitzt aufgrund des Vorwurfs einer versuchten Vergewaltigung am Freitag (11. November 2016) in Griedel in Untersuchungshaft. Gegen 08.50 Uhr stieß ein zunächst unbekannter Mann eine junge Frau in der Wingertstraße um, die mit ihrem Kind auf dem Weg in den Kindergarten war. Der Mann beugte sich über sie und sagte ihr, daß er sie vergewaltigen werde. Durch einen gezielten Tritt konnte die Butzbacherin den Mann in die Flucht schlagen und kam unverletzt mit dem Schrecken davon. Noch am Vormittag gelang aufgrund der intensiven Fahndungsmaßnahmen und der Unterstützung aus der Bevölkerung die Festnahme eines mutmaßlichen Tatverdächtigen. Nach seiner Vorführung am Freitagnachmittag beim zuständigen Amtsgericht kam der Mann in Untersuchungshaft. Noch ist unklar wo er sich zuvor aufhielt und was ihn nach Griedel führte.

FULDA, 14. NOVEMBER 2016: Mit Kopfstößen und Tritten ging letzten Freitag ein 20-Jähriger Schwarzfahrer auf zwei Bundespolizisten im Bahnhof Fulda los. Die Beamten blieben unverletzt. Der Randalierer, ein 20-jähriger Asylbewerber aus Eritrea, fuhr im ICE von Frankfurt/Main nach Fulda ohne Fahrschein und Ausweispapiere. Der Aufforderung der Zugbegleiterin, den Zug beim Halt in Fulda zu verlassen, kam der Mann nicht nach. Selbst beim Eintreffen der Bundespolizei sperrte sich der 20-Jährige und ging plötzlich auf die Beamten mit Tritten und Kopfstößen los. Mittels einfacher körperlicher Gewalt konnten die Bundespolizisten vom Revier Fulda die Attacke stoppen. Mit Handschellen gefesselt mußte der Mann die Ordnungshüter zur Wache begleiten. Die Bundespolizeiinspektion Kassel hat gegen den 20-Jährigen ein Strafverfahren wegen Erschleichens von Leistungen und Widerstand gegen Vollstreckungsbeamte eingeleitet. Nach den polizeilichen Maßnahmen kam der Asylbewerber wieder frei.

KAMP-LINTFORT, 14. NOVEMBER 2016: Am Samstag gegen 21.30 Uhr hielt sich eine 16-jährige Kamp-Lintforterin an der Kaiserstraße auf, als sich ihr ein unbekannter Mann näherte und sich in schamverletzender Weise zeigte. Der 16-Jährigen gelang es schließlich, wegzulaufen und Hilfe zu holen, woraufhin der Unbekannte die Flucht ergriff. Der Unbekannte wird wie folgt beschrieben: 40 bis 50 Jahre alt, ca. 175 cm groß, dunkelhäutig, trug eine dicke Winterjacke ohne Kapuze sowie eine graue Cappy mit weißen Streifen an der Seite.

ROSENHEIM, 14. NOVEMBER 2016: Die Bundespolizei hat am Samstag (12. November) in Rosenheim 20 irakische Staatsangehörige angetroffen. Keiner von ihnen konnte sich ausweisen. Die Migranten wurden offenbar von ihren Schleusern ausgesetzt. Außerdem nahmen Bundespolizisten auf der Inntalautobahn einen Italiener wegen Schleusungsverdachts fest. Der Mann war mit vier Syrern unterwegs. Am Wochenende registrierten die Beamten im südlichen Abschnitt des deutsch-österreichischen Grenzgebiets insgesamt etwa 100 unerlaubt eingereiste Personen.

LINDAU, 14. NOVEMBER 2016: Die Bundespolizei hat am Samstag in Lindau neun Migranten in einem Fernreisebus festgestellt. In den frühen Morgenstunden kontrollierten die Bundespolizisten die Fahrgäste eines Reisebusses, der regelmäßig zwischen Turin und München verkehrt. Sieben Syrer, ein Nigerianer und eine Jugendliche aus Eritrea konnten sich nicht ausweisen. Sie mußten den Beamten ins Lindauer Bundespolizeirevier folgen. Nach Abschluß der polizeilichen Maßnahmen, wurden sie an eine Aufnahmestelle für Flüchtlinge beziehungsweise das zuständige Ausländeramt weitergeleitet. Die 16-jährige Eritreerin konnte der Obhut des Jugendamtes anvertraut werden. Über das Wochenende verteilt registrierte die Bundespolizei in Lindau insgesamt rund 30 Migranten, die ohne die erforderlichen Papiere eingereist waren.

FREIBURG, 14. NOVEMBER 2016: Am Sonntagmorgen gegen 02.10 Uhr wurde der Polizei gemeldet, daß in der Unterkunft für Asylbewerber ein Bewohner nach einem Streit randalieren würde. Die Polizei, die mit zwei Streifen vor Ort war, mußte gegen den aggressiven 27 Jahre alten Syrer Pfefferspray einsetzen und ihn in Gewahrsam nehmen, um weitere Straftaten zu verhindern. Durch den Randalierer wurden Möbel, Türen und Lampen beschädigt. Durch das Einschlagen der Scheiben an den Türen erlitt der Mann eine Verletzung an der Hand. Nach seiner Untersuchung im Krankenhaus mußte der Mann die Nacht in einer Zelle des Polizeireviers verbringen.

GÜTERSLOH, 15. NOVEMBER 2016: Am 15.11.2016 wurde die Polizei gegen 11.00 Uhr über einen Ladendiebstahl in einem Verbrauchermarkt in Herzebrock informiert. Die Beamten trafen im Markt einen 33-jährigen Asylbewerber an, der beim Diebstahl von Spirituosen aufgefallen war. Nach Abschluß der polizeilichen Maßnahmen wurde der Ladendieb durch zivile Kräfte beobachtet. Dabei konnte festgestellt werden, daß er zu einem zweiten Mann in einen Pkw stieg. Beide fuhren anschließend von Herzebrock nach Clarholz, wo sie einen erneuten Ladendiebstahl in einem Verbrauchermarkt an der Clarholzer Straße begingen. Beide Täter wurden auf dem Parkplatz des Verbrauchermarktes festgenommen, wobei sich einer der Ladendiebe gegen die Festnahme zur Wehr setzte. Bei diesem Mann handelte es sich ebenfalls um einen 32-jährigen Asylbewerber, der z. Zt. in Bamberg wohnt. In ihrem Fahrzeug konnte noch weiteres vermeintliches Diebesgut aufgefunden werden. Außerdem waren die Fahrzeugkennzeichen gefälscht und das Fahrzeug nicht zugelassen. Letztlich wurde festgestellt, daß der Fahrer des Pkw keine gültige Fahrerlaubnis vorweisen konnte. Die beiden Ladendiebe wurden zur Polizeiwache nach Rheda-Wiedenbrück gebracht und dort von Beamten des Kriminalkommissariats erkennungsdienstlich behandelt.

STUTTGART, 15. NOVEMBER 2016: Polizeibeamte haben einen 25 Jahre alten Syrer festgenommen, der zuvor in einem Geschäft am Hauptbahnhof Stuttgart Parfum gestohlen und bei seiner Flucht einen 50-jährigen Ladendetektiv geschlagen haben soll. Der Detektiv beobachtete den 25-Jährigen gegen 16.10 Uhr dabei, wie er ein Parfum aus der Verpackung nahm und in seine Hosentasche steckte. Ein weiteres Parfum nahm er in die Hand und verließ das Geschäft. Hier umklammerte der 50-Jährige den mutmaßlichen Dieb, der sich sofort heftig wehrte und um sich schlug. Dennoch gelang es dem Detektiv, den 25-Jährigen in die Büroräume zu verbringen, wo ihn die eintreffenden Polizeibeamten festnahmen. Sie durchsuchten ihn und fanden das gestohlene Parfum und Süßigkeiten, die ebenfalls aus dem Geschäft stammten. Der 25 Jahre alte Syrer wird am Dienstag mit Antrag der Staatsanwaltschaft Stuttgart auf Erlaß eines Haftbefehls dem zuständigen Richter vorgeführt.

GIESSEN, 15. NOVEMBER 2016: Offenbar gezielt vorgegangen sind zwei Algerier bei einem Ladendiebstahl am Montagnachmittag in einem Bekleidungsgeschäft in der Bahnhofstraße. Die beiden Verdächtigen hatten vermutlich die elektronische Sicherung entfernt, um eine Jacke im Wert von 100 Euro zu erbeuten. Ein Ladendetektiv hatte das Ganze mitbekommen und wollte die beiden Personen festhalten. Die Täter versuchten vergeblich den Zeugen wegzustoßen. Der Detektiv konnte die beiden Verdächtigen, zwei algerische Asylbewerber im Alter von 17 und 24 Jahren, bis zum Eintreffen der Polizei festhalten.

GIESSEN, 15. NOVEMBER 2016: Zu einer brutalen Auseinandersetzung wurden mehrere Streifenwagen am Montag (14. November 2016), gegen 13.20 Uhr, in die Flüchtlingsunterkunft in der Rödgener Straße gerufen. Offenbar kam es zwischen zwei Gruppen mehrmals zu Streitigkeiten, die jeweils in Körperverletzungen endeten. Beteiligt an den Angriffen sollen Gruppen eritreischer und algerischer Staatsangehöriger gewesen sein. Fünf algerische tatverdächtige Männer im Alter von 18, 22, 25 und 30 Jahren konnten ermittelt werden. Der andere Teil der beteiligten Personen konnten flüchten. Die Polizei hat mehrere Verfahren eingeleitet.

LINGEN, 15. NOVEMBER 2016: Zwei Dunkelhäutige haben versucht, einer Radfahrerin ihre Handtasche zu entreißen. Die 51-Jährige war gegen 18.50 Uhr mit ihrem Fahrrad auf der Mohrmannstraße unterwegs. Etwa in Höhe der Einmündung zur Roland- beziehungsweise Mathilde-Vaerting-Straße, kamen ihr zwei Männer entgegen. Unvermittelt griff einer der beiden nach ihrer Handtasche und versuchte sie zu stehlen. Die Frau ließ die Tasche nicht los und wehrte sich vehement gegen den Diebstahl. Einer der Täter zerrte an der Tasche, während der zweite hinter der Frau stand und so stark an ihrer Hose zog, daß diese riß. Als sie die Tasche kurz wieder komplett unter Kontrolle hatte, schlug sie damit nach einem der Männer. Sie traf ihn damit im Gesicht und beide Männer ergriffen die Flucht. Beute konnten sie keine machen. Das Opfer beschrieb die Täter als jeweils dunkelhäutig. Beide waren zwischen 1,60 und 1,65 Meter groß und mit jeweils schwarzen Jogginganzügen bekleidet. Einer der Männer zog sein linkes Bein nach. Sie unterhielten sich in einer dem Opfer unbekannten Sprache.

SYLT/LIST, 15. NOVEMBER 2016: Nach einem Raubüberfall am Vormittag gegen 08.30 Uhr, in List sucht die Kriminalpolizei

Sylt nach Zeugen. Ein 37-Jähriger gab gegenüber den Ermittlern an, daß er in seinen Pkw am Rande der Alten Listlandstraße (ca. 200 Meter von der Einmündung zur L 24) steigen wollte und dort von einer bisher unbekannten Person angesprochen wurde. Diese habe Geld von ihm gefordert. Nachdem der 37-Jährige Distanz schaffen wollte, schlug ihn der Täter, so daß er nach eigenen Angaben kurzzeitig sein Bewußtsein verlor. Schließlich fehlten dem Mann Bargeld und seine EC-Karte. Der unbekannte Mann wurde folgendermaßen beschrieben: Er war ca. Anfang 30 und ca. 180 cm groß. Der Täter besaß eine schmächtige Statur, braune Augen und war dunkelhäutig. Er sprach Englisch mit Akzent und trug eine braune Lederjacke.

KASSEL, 15. NOVEMBER 2016: Am gestrigen Montagmorgen ertappte der Ladendetektiv eines Kaufhauses in der Kasseler Innenstadt zwei junge Männer beim Diebstahl von Parfüm im Wert von über 800 Euro. Wie er der alarmierten Streife des Polizeireviers Mitte anschließend mitteilte, waren die beiden 22 Jahre alten Tatverdächtigen bei dem Diebstahl offenbar arbeitsteilig vorgegangen. Während einer der beiden eine eigens zu Diebstahlszwecken präparierte Tüte aufhielt, nahm sein Komplize insgesamt neun Flakons der Marken »Versace« und »Paco Rabanne« aus dem Regal. In einem scheinbar unbeobachteten Moment steckte er die Düfte in die Tüte. Anschließend verließen die beiden Männer mit dem Parfüm das Kaufhaus. Dabei diente die von ihnen präparierte Tüte dazu, das Auslösen der Alarmanlage am Ausgang des Geschäfts zu verhindern. Dem Ladendetektiv, der den Diebstahl zuvor beobachtet hatte, gelang es jedoch, die jungen Männer zu stellen und bis zum Eintreffen der Polizei festzuhalten. Die Beamten nahmen die beiden 22-Jährigen, die derzeit in einer Flüchtlingseinrichtung im Landkreis Marburg-Biedenkopf wohnen, fest und brachten sie aufs Revier. Nach Abschluß der polizeilichen Maßnahmen setzten sie beide Männer mangels Haftgründen wieder auf freien Fuß.

STRAUSBERG / BRANDENBURG, 15. NOVEMBER 2016: Am 14. November 2016 wurde der Polizei ein Raub angezeigt. Demnach hatte ein 81-jähriger Mann am späten Vormittag des 13. November 2016 seinen Hausmüll in den entsprechenden Containern in der Rudolf-Egelhofer-Straße entleert. Dabei sei ein Mann auf ihn zugekommen und hätte sich direkt in seiner unmittelbaren Nähe aufgebaut. Als er daraufhin den Ort verlassen wollte, wurde er von dem Unbekannten zu Fall gebracht und seine Taschen nach Wertgegenständen durchsucht. Mit dem Portemonnaie des Rentners flüchtete der Angreifer anschließend in einen angrenzenden Wald. Der gebrochen Deutsch sprechende Täter wird als 25 bis 30 Jahre alt und mit einer Größe von 180 cm beschrieben. Von schlanker Statur war er zum Zeitpunkt des Geschehens komplett dunkel gekleidet.

MÖNCHENGLADBACH, 15. NOVEMBER 2016: Im Bereich der Straße Mongshof in Sasserath wurde ein Busfahrer am Dienstag gegen 08.54 Uhr Opfer eines Raubüberfalles mit Messer. Der Täter stieg an der Haltestelle »Zur Burgmühle« ein und setzte sich direkt hinter den Busfahrer. Als er dann mit dem Fahrer alleine im Bus war, bedrohte er ihn mit einem Messer. Nachdem er so eine Kellnergeldbörse geraubt hatte, flüchtete er zu Fuß. Der Täter wurde als etwa 30-35jähriger Mann dunkler Hautfarbe beschrieben. Er war ca. 1.80 m groß, hatte eine normale Statur und trug zum Tatzeitpunkt eine blaue Jeans, eine dunkelblaue Strick- oder Sweatshirtjacke, weiße Turnschuhe und eine schwarze Basecap. Auf dem Kappenschirm befand sich eine ebenfalls schwarze Schrift, ggf. die Buchstaben »NY«.

COTTBUS, 15. NOVEMBER 2016: Die Polizei sucht Zeugen einer gefährlichen Körperverletzung. Bereits am Samstag, 12. November 2016, griffen zwei bisher unbekannte männliche Personen gegen 3.00 Uhr am Stadthallenvorplatz eine junge Cottbuserin und deren Freund an. Beide gingen durch den Angriff zu Boden und wurden dort liegend getreten. Die vermutlichen männlichen Täter sind zwischen 20 und 35 Jahren alt, etwa 160 bis 170 Zentimeter groß und trugen dunkle Kleidung. Ein Mann hatte eine schwarze Mütze auf und sprach in arabischer Sprache. Beide entfernten sich nach der Tat über die Berliner Straße in Richtung Altmarkt.

LINDAU, 15. NOVEMBER 2016: Der zunächst unbekannte Täter, der am 22. Oktober 2016 einer 41-jährigen Frau aus Vorarlberg in der Lindauer Bürstergasse die Handtasche entriß und anschließend flüchtete, konnte von der Kriminalpolizei Lindau mittlerweile identifiziert und vernommen werden. Es handelt sich um einen 20-jährigen Nigerianer aus dem Landkreis. Der Tatverdächtige hat inzwischen ein Teilgeständnis abgelegt, will sich aber aufgrund einer Alkoholbeeinflußung zur Tatzeit nicht mehr an die Einzelheiten der Tatausführung erinnern können. Der Ermittlungserfolg fußt im Wesentlichen auf den Angaben der Geschädigten und den Erkenntnissen ziviler Einsatzkräfte der Polizeiinspektion Lindau. Bei einer Wahlbildvorlage hat die Geschädigte den Räuber zweifelsfrei wiedererkannt. Bei einer Durchsuchung seiner Wohnung wurde belastendes Material aufgefunden.

GARMISCH-PARTENKIRCHEN, 15. NOVEMBER 2016: Fünf Stunden lang haben rund hundert Einsatzkräfte von Kriminal- und Bereitschaftspolizei, von der Schleierfahndung und der Ausländerbehörde den Abram-Komplex in Garmisch-Partenkirchen durchsucht. In der Flüchtlingsunterkunft, in der bis zu 250 Menschen untergebracht werden können, war es in der Vergangenheit verstärkt zu Auseinandersetzungen gekommen. Am Ende des Einsatzes wurden 19 Flüchtlinge vorläufig festgenommen. Gegen die Flüchtlinge wird laut Polizei wegen des Verdachts der Urkundenfälschung, des Betrugs und Sozialleistungsbetrugs und möglichen Verstößen nach dem Asylverfahrensgesetz ermittelt. Zudem wurde mögliches Diebesgut sichergestellt.

DÜREN, 16. NOVEMBER 2016: Am Wochenende hatten ein 46-jähriger Türke und sein 27-jähriger Sohn in Düren mehrere Polizisten attackiert und schwer verletzt. Auslöser war Ärger um ein Knöllchen wegen Falschparkens. Die Familie hat nach Polizeiangaben einen türkischen Migrationshintergrund. Der 46-Jährige und sein Sohn wurden am Samstag festgenommen. Ein weiterer Sohn, der einem Polizisten schwerste Gesichtsverletzungen zugefügt haben soll, ist auf der Flucht. Die Aachener Staatsanwaltschaft beantragte Haftbefehle, diese wurden vom Haftrichter jedoch nicht erlassen. GdP-Landeschef Plickert kritisierte gegenüber Focus Online die Entscheidung des Haftrichters als für den Bürger nicht nachvollziehbar. »Und was sollen diese Täter von einem Staat denken, der sie so behandelt«, sagte er.

BONN, 16. NOVEMBER 2016: In einer groß angelegten Durchsuchungs- und Festnahmeaktion mit rund 150 Polizeibeamten nahm die Bonner Polizei am 14. September 2016 fünf Männer einer albanischen Einbrecherbande fest. Vier der Männer im Alter von 21 bis 45 Jahren wurden dabei in der Zentralen Unterbringungseinrichtung Bonn-Muffendorf, einer in einer Unterkunft in Wiehl bei Gummersbach angetroffen. Zwei Bandenmitglieder befanden sich zu diesem Zeitpunkt bereits in Abschiebehaft. Die Polizei konnte die Männer zunächst mit 19 Wohnungseinbrüchen und PKW-Aufbrüchen in der Region in Verbindung bringen. In der Folge war die Ermittlungsgruppe unter der Leitung von Kriminalhauptkommissar Mark Patrick Lück in enger Abstimmung mit Staatsanwalt Dr. Andreas Riedel insbesondere mit der Zuordnung weiterer Taten beschäftigt, die sich nach und nach u. a. durch die Auswertung von Tatortspuren ergaben. Die Bandenmitglieder stehen nun im Verdacht 65 Straftaten, davon 47 Wohnungseinbrüche und 18 PKW-Aufbrüche, begangen zu haben. Die Tatorte verteilen sich dabei auf die Polizeipräsidien Bonn (36 Einbrüche, neun PKW-Aufbrüche), Köln (neun PKW-Aufbrüche) und Koblenz (zwei Einbrüche) sowie die Kreispolizeibehörden Coesfeld (ein Einbruch) und Rhein-Sieg-Kreis (acht Einbrüche).

HAMM, 16. NOVEMBER 2016: Ein Unbekannter versuchte am Mittwoch, 16. November, einer 56-jährigen Kurierfahrerin auf der Schützenstraße die Handtasche zu entreißen. Gegen 9 Uhr näherte sich der Täter auf einem Fahrrad seinem Opfer von hinten an. Er versuchte erfolglos, die umgehängte Tasche der Frau zu stehlen. Anschließend flüchtete der südosteuropäische aussehende Mann über die Ostenallee in Richtung Innenstadt. Er hat eine dunkle Hautfarbe und trug eine dunkle Jacke mit Kapuze, eine dunkle Hose sowie eine rötliche Kappe.

WOLFENBÜTTEL, 16. NOVEMBER 2016: Eine 84-jährige Rentnerin ist am Dienstagabend gegen 20.15 Uhr Opfer eines Überfalles geworden. Nach ersten Erkenntnissen war die Rentnerin vom Einkaufen kommend in der Straße Am Hopfgarten auf dem Weg nach Hause. Hierzu schob sie ihr Fahrrad und hatte ihren Einkauf in einem Beutel im Korb auf dem Gepäckträger des Rades. Sie sei dann von einem unbekannten jungen Mann in gebrochenem Deutsch angesprochen worden, ob sie ihm helfen könne. Daraufhin habe sie ihr Fahrrad abgestellt und sei schon in diesem Moment von einer weiteren unbekannten Person geschubst worden, so daß sie gegen ihr Fahrrad gefallen und zu Boden gestürzt sei. Anschließend habe ein Täter die Tasche mit dem Einkauf aus dem Korb genommen und alle Täter seien geflüchtet. Insgesamt seien drei unbekannte Männer an der Tat beteiligt gewesen.

FRANKFURT, 16. NOVEMBER 2016: Am Dienstag, den 15. November 2016, gegen 15.10 Uhr, gelang es Zivilbeamten drei Personen zu beobachten, die sich in einem Modegeschäft »umsahen«. Die drei Männer gingen dabei arbeitsteilig vor und entwendeten insgesamt vier Herrenjacken im Gesamtwert von rund 400 EUR. Beim Verlassen des Geschäftes wurden sie festgenommen und die Stehlware sichergestellt. Bei den Festgenommenen handelt es sich um vier Algerier im Alter von 21, 22 und 25 Jahren.

WERMELSKIRCHEN, 16. NOVEMBER 2016: Am Dienstagabend sind ein 17-Jähriger und ein 16-Jähriger auf der Straße Eich von einer Personengruppe angegangen und leicht verletzt worden. Gestern Abend (15. November) waren die Wermelskirchener mit einem Freund an der Eich verabredet. In Höhe des Kreisverkehrs, so gibt der 17-Jährige später an, seien ihnen sechs unbekannte Männer entgegen gekommen. Sie murmelten etwas Unverständliches und griffen den 17-Jährigen mit Faustschlägen an. Sein 16-jähriger Bruder kam ihm zur Hilfe. Als dieser den Notruf wählen wollte, schlug einer der Angreifer das Handy aus der Hand. Weitere Zeugen riefen die Polizei. Die Schläger ließen ab und gingen in Richtung der Straße Schwanen. Die südländisch wirkenden Männer sollen circa 20-25 Jahre alt gewesen sein. Allesamt waren Bartträger oder hatten mindestens einen Dreitagebart. Einer der Täter war auffällig korpulent, die anderen von normaler Statur. Der ganze Vorfall spielte sich gegen 20.00 Uhr auf offener Straße am Kreisverkehr Jörgensgasse / Eich ab.

WITTEN, 16. NOVEMBER 2016: In den späten Morgenstunden des gestrigen 15. November kam es an der Schillerstraße in Witten zu einem feigen Straßenraub. Das Opfer: Eine 75 Jahre alte Frau. Gegen 10.45 war die Fußgängerin, die zuvor die Sparkasse an der Ruhrstraße sowie einen Supermarkt aufgesucht hatte, im »Voßschen-Garten« unterwegs. In Höhe des Flaschencontainers tauchte plötzlich von hinten ein noch unbekannter Mann auf. Direkt danach riss der Kriminelle der Wittenerin eine gelbe Tasche aus der Hand und rannte damit davon. Noch während der Anzeigenaufnahme klagte die Seniorin über leichte Schmerzen am Arm. Der Straßenräuber, augenscheinlich ein Südländer, ist ca. 25 bis 30 Jahre alt, schlank und trug eine grauen Pullover, dessen Kapuze er sich weit ins Gesicht gezogen hatte.

MONTABAUR, 16. NOVEMBER 2016: Am Dienstag, dem 15. November 2016, ereignete sich zwischen 18.05 Uhr und 18.13 Uhr ein Trickdiebstahl in einem Blumengeschäft in der Alleestraße. Hierbei lenkte ein südländisch aussehender Mann die Angestellte ab. Währenddessen gelangte vermutlich eine zweite Person über einen Seitenweg in den Laden. Hier griff er in die Registrierkasse und in die Tasche der Angestellten, welche auf einem Tisch lag. Insgesamt wurden 750 EUR entwendet. Zur Beschreibung der südländisch aussehenden Person, die eventuell spanisch sprach, kann Folgendes angegeben werden: Alter Mitte 40 Jahre, ca. 171 cm groß, schütteres braunes Haar, einige Zähne fehlten, die hintersten beiden unteren Backenzähne waren vergoldet.

HAMBURG, 16. NOVEMBER 2016: Polizeibeamte haben gestern mehrere Haftbefehle und Durchsuchungsbeschlüsse gegen Mitglieder einer rumänischen Einbrecherbande vollstreckt. Die Ermittlungen werden seit mehreren Monaten durch das für den Bereich Hamburg Mitte zuständige Einbruchsdezernat (LKA 162) geführt und richten sich gegen eine rumänische Tätergruppierung, die für Einbruchstaten in Gewerbebetriebe im gesamten Hamburger Stadtgebiet und im Hamburger Umland in Frage kommt. Dabei entwendeten die Täter u. a. Reifen, Buntmetall, Werkzeuge, Geldschränke und Baumaschinen. Die bisher ermittelte Schadenssumme, welche den Täter zuzuordnen ist, beträgt dabei mehr als 1.000.000 Euro. Durch umfangreiche Ermittlungen konnten die Beamten mehrere Personen als Tatverdächtige identifizieren. Gegen acht Personen aus dieser Gruppierung wurden über die Staatsanwaltschaft Hamburg Haftbefehle beantragt. Sechs Haftbefehle konnten gestern vollstreckt werden. Die Männer (20, 22, 25, 27, 29, 30) wurden dem Haftrichter zugeführt.

KASSEL, 17. NOVEMBER 2016: Eine mit einer rosa Bommelmütze und heller Jacke bekleidete Taschendiebin, die gebrochen Deutsch sprach, hat am gestrigen Mittwochnachmittag auf der Rolltreppe eines Bekleidungsgeschäfts am Friedrichsplatz eine 77-Jährige aus Kassel bestohlen. Das Opfer hatte den Griff der Täterin in ihre Jackentasche bemerkt und die Diebin sogar noch kurz festgehalten. Die Unbekannte riß sich jedoch los und flüchtete aus dem Geschäft. Eine Angestellte des Bekleidungsgeschäfts, die auf den Diebstahl aufmerksam wurde, war der flüchtenden Diebin auf der Oberen Königsstraße noch bis zum Königsplatz hinterhergerannt, hatte sie dort jedoch aus den Augen verloren.

KARLSRUHE, 17. NOVEMBER 2016: Zwei 16 und 17 Jahre alte Asylbewerber haben am Mittwoch gegen 22.20 Uhr einen Mann am Albtalbahnhof angegriffen. Von Zeugen konnte zunächst eine lautstarke Auseinandersetzung zwischen drei Personen beobachtet werden. Im Lauf des Streites wurde der 48-Jährige dann mit Steinen und Flaschen beworfen. Anschließend gingen die Jugendlichen mit Fäusten auf den Mann los. Durch den Angriff stürzte er auf den Boden und wurde dort von beiden Angreifern getreten. Der 48-Jährige wehrte sich daraufhin und verletzte den 17-Jährigen im Gesicht. Als die Zeugen dazwischen gingen entfernten sich die Jugendlichen. Sie konnten in Tatortnähe festgenommen werden.

BREMEN, 17. NOVEMBER 2016: Gestern am späten Abend haben zwei bisher unbekannte Täter in Oslebshausen einen Taxifahrer niedergestochen. Das Opfer wurde durch Stichverletzungen schwer verletzt und wird im Krankenhaus behandelt. Er konnte nach der Tat um 22.00 Uhr noch selbst den Notruf wählen. Die Täter flüchteten. Die beiden Täter ließen sich gestern Abend um ca. 21.40 Uhr vom Hauptbahnhof mit dem Taxi nach Oslebshausen fahren. Auf Höhe der Firma »Carglass« sollte das Taxi anhalten. Unvermittelt stachen die beiden Gewalttäter auf den 67-jährigen Fahrer ein und raubten ihm seine Geldbörse. Das Opfer beschrieb die Angreifer als »jugendliche Ausländer«. Einer der zwei soll eine weiße Jacke, der andere eine dunkle Jacke mit Kapuze getragen haben.

Seit 2012 werden in Niedersachsen Dunkelfeldstudien zur Kriminalität durchgeführt. Dort hat man erkannt, daß die Kriminalstatistik allein nicht ausreicht, um zu beschreiben, wie sicher sich die Bürger wirklich fühlen. Anonym konnten zehntausende Bürger Fragebögen des niedersächsischen Landeskriminalamtes (LKA) ausfüllen und angeben, ob sie Opfer einer Straftat geworden sind und wie sie die Arbeit der Polizei bewerten. Bei der ersten LKA-Dunkelfeldstudie gab jeder dritte Einwohner von Niedersachsen an, im Jahr 2012 Opfer mindestens einer Straftat geworden zu sein.[476] Daran hatte sich auch bei der 2016 veröffentlichten Folgestudie kaum etwas geändert. Rund 30 Prozent der Befragten wurden im Jahr der Fragestellung mindestens einmal Opfer einer Straftat.[477] Das alles belegt unzweifelhaft: Wenn Politik und Medien ständig behaupten, daß die Kriminalität rückläufig sei, dann entspricht das ganz sicher nicht der Realität.

Nur so wird allerdings auch verständlich, warum und wie die Menschen ihr Verhalten verändern: Aus Angst vor der Kriminalität steigt schon jeder fünfte abends und nachts nicht mehr in einen Bus, die Straßenbahn oder eine U-Bahn. Jeder Dritte meidet aus Angst vor Kriminalität bestimmte Straßen und Plätze – auch tagsüber. Und fast jede Frau hat Angst vor Sexualdelikten.

Noch erschreckender: Jeder dritte zeigt eine Straftat erst gar nicht an. Weil er keinen Ärger will. Weil die Täter ohnehin entweder gar nicht verfolgt oder gleich wieder mit einer Bewährungsstrafe laufengelassen werden. Weil man dann seine Adresse hinterlassen muß und nicht weiß, ob der Täter sich dann nochmals rächen wird. Das ist auch der Grund dafür, warum die weit überwiegende Mehrheit aller Frauen, die vergewaltigt oder brutal sexuell bedrängt wurden, den Mund halten.[478] Wenn man das alles weiß, dann ist jene Aussage unserer Politiker und Leitmedien zynisch und skrupellos, wonach die Kriminalität von Jahr zu Jahr rückläufig sei.

KAPITEL V:

Ausblick

Wegschauen und den Mund halten?

Überall haben die Menschen nun Angst. Angst, weil sie niemand mehr beschützt. Und Angst, weil Politik und Medien wegschauen. Nicht anders ist es im ehedem so beschaulichen Garmisch-Partenkirchen. Die Lage ist dort wegen der vielen kriminellen Flüchtlinge so desolat, daß die SPD-Bürgermeisterin Dr. Sigrid Meierhofer 2016 einen Brandbrief an die Regierung von Oberbayern verfaßte. Sie weist darin Regierungsvizepräsidentin Els darauf hin, was Bereiche der Hotellerie und Gastronomie insbesondere den weiblichen Auszubildenden und Mitarbeitern raten: Sie sollen nach Anbruch der Dunkelheit die zentralen Ortsbereiche meiden – wegen der kriminellen Flüchtlinge.[479]

Politik und die meisten Leitmedien ignorieren das. Sie behaupten einfach: Es gibt in Deutschland keine No-go-Areas. Das sagen Politiker in Nordrhein-Westfalen.[480] Und das sagen Politiker in Berlin.[481] Dabei hatte in Berlin der Paketdienst DHL 2016 die Zustellung in jenen multikulturellen Gewaltbezirken eingestellt, wo es pro Straßenzug im Jahr mehr als tausend Straftaten gibt und die Polizei sich nicht mehr hintraut.[482] Sind das alles nur »Einzelfälle«? Von wegen – es gäbe keine No-go-Areas in Deutschland. Das Deutschland der Ruhe, Sicherheit und Geborgenheit, in dem viele von uns noch gedanklich leben, gibt es schon lange nicht mehr. Eine Berliner Lokalzeitung schreibt zu den Zuständen über die vielen »Einzelfälle« mitten in Berlin:

»Es gibt offenbar Kieze, in denen das normale Leben nicht mehr richtig funktioniert – im Norden Neuköllns, in Teilen Weddings und Gesundbrunnens. Wo nicht nur Postzusteller überfallen werden, sondern auch Feuerwehrleute und Polizisten bei Einsätzen um ihre Gesundheit fürchten müssen. 50 Mal registrierte die Feuerwehr im vergangenen Jahr, dass ihre Rettungsdienstmitarbeiter angegriffen wurden. Die Dunkelziffer der Attacken und Beleidigungen wird auf das Zehnfache geschätzt, weil viele Feuerwehrmänner keine Anzeige erstatten. Andere Beispiele: Im vergangenen August wollte eine Polizeistreife im Soldiner Kiez einen Elfjährigen kontrollieren, der den Beamten schon wegen zahlreicher Straftaten bekannt war. Kurz darauf waren die Polizisten von einer 70-köpfigen aggressiven Menschenmenge umgeben, darunter die aufgebrachte Familie des Jungen. »Haut ab, das ist unsere Straße!« schallte es den Beamten entgegen ...«.[483]

In Deutschland verprügeln zugewanderte Kriminelle heute ungeniert Polizisten, wenn sie wegen einer Ordnungswidrigkeit in »ihrer Straße« ein Knöllchen bekommen.[484] So geschehen in Düren, Nordrhein-Westfalen. Dort hat das Oberhaupt einer zugewanderten Familie bestimmt, daß in »seiner« Straße vom Ordnungsamt keine Knöllchen verteilt werden dürfen.[485] Schließlich bestimme er, wer dort wann und wo parken darf. Mitglieder solcher Familienclans zerschlugen Polizisten im

Vorbeigehen mit einem Radmutternschlüssel die Augenhöhle.[486] Ein SEK-Kommando mußte den Beamten zu Hilfe kommen, die »normale« Polizei war gegenüber dem Familienclan völlig überfordert.[487] Und zwar mitten in Nordrhein-Westfalen, wo die Polizei früher für Sicherheit und Ordnung sorgte. Das darf sie heute nicht mehr. Schließlich soll niemand diskriminiert oder vorschnell verurteilt werden. Die Polizei darf sich heute nicht mehr gegen einen solchen »Einzelfall« wehren, sonst stehen sie wegen »Polizeigewalt« vor Gericht. Und deshalb geht sie in den multikulturellen Gebieten seit vielen Jahren nur noch mit einem mulmigen Gefühl auf Streife.[488] Polizisten sollten solche »Einzelfälle« heute nicht anzeigen, denn das bringt endlose Schreiberei mit Anwälten, Gerichten und Staatsanwälten, Ärger mit Vorgesetzten und einen Beförderungsstop. Also schaut man weg und hält bei jedem »Einzelfall« brav den Mund. Das ist heute »normal«. Es sei denn, die Auswüchse werden extrem.

So wie November 2016 in Hameln. Dort fand es der kurdische Mitbürger Nurettin B. (38) völlig »normal«, einer Frau einen Strick um den Hals zu legen und diese an der Anhängerkupplung seines Autos langsam zu Tode zu schleifen. Bis das Seil riß.[489] Diese extremen Auswüchse gibt es heute vielfach: In Oberschleißheim enthauptet der 43 Jahre alte Hasan C. eine Frau mit einem Beil.[490] Im Dezember 2016 übergießt ein 41 Jahre alter Afrikaner vor einem Kieler Krankenhaus eine Frau mit Benzin und verbrennt sie bei lebendigem Leib.[491] Ein Polizeisprecher sagt über das Opfer: »Man konnte nicht mehr erkennen, ob es sich um eine Frau oder einen Mann handelt.« Am 27. Oktober 2016 tritt ein Mitbürger eine 26 Jahre alte Frau, die in Berlin am U-Bahnhof gerade eine Treppe zur U 8 hinuntergehen will, vorsätzlich von hinten so brutal in den Rücken, daß sie in Lebensgefahr gerät. Sechs Wochen später, im Dezember 2016, wird einer Zeitung das Video der Überwachungskamera zugespielt, auf dem der Täter deutlich zu erkennen ist. Die Zeitung veröffentlichte es, weil die Polizei auch sechs Wochen nach der Tat nicht öffentlich nach dem Täter fahndete.[492] Nachdem das Video internationale Wellen schlägt, fahndet die Berliner Polizei auf Druck der Politik nicht etwa nach dem mutmaßlich zugewanderten Täter, sondern wegen »Geheimnisverrats« nach denen, die es aus den Polizeiarchiven an die Medien gegeben haben, damit der Täter endlich ermittelt werden kann.[493]

Diese multikulturelle Brutalität ist heute leider der alltägliche Wahnsinn im Deutschland der Gegenwart. Die Folgen können jederzeit jeden von uns treffen. Es ist jetzt nur noch eine Frage der Zeit.

Helfen Sie den Opfern

Über die Jahre hinweg haben wir uns offenkundig an die auf den letzten Seiten geschilderte Alltagskriminalität von Zuwanderern gewöhnt. Neu hingegen ist die massive Zunahme der Sexualdelikte durch diese Bevölkerungsgruppe.

Sexueller Mißbrauch hat in manchen Kulturkreisen, das habe ich in diesem Buch ausführlich und mit zahlreichen Quellen dokumentiert, bis heute eine lange Tradition. Unter ausdrücklicher Berufung auf diese Tradition werden Kindesvergewaltiger aus diesem Kulturkreis in Deutschland gelegentlich sogar freigesprochen. Die hohe Zahl dieser sexuellen Übergriffe durch Migranten aus Nahost und Nordafrika ist bei uns ein Tabuthema. Polizeigewerkschaften, Frauenverbände, der Paritätische Wohlfahrtsverband und andere fordern, dieses Tabu endlich zu durchbrechen. Denn die beeindruckende Zahl von sexuellen Übergriffen durch »Flüchtlinge« ist kein Kennzeichen für Deutschland, sondern findet sich überall dort, wo dieser Personenkreis zuwandert. Ich habe auch das in diesem Buch dokumentiert.

In Deutschland finden Prozesse wegen sexuellen Mißbrauchs aufgrund des Alters der Opfer hinter verschlossenen Türen statt, also ohne die Öffentlichkeit. Die Medien erfahren fast nie etwas darüber. Gerade vor diesem Hintergrund ist es aufschlußreich, wie viele Fälle ich allein in dieser vorliegenden Dokumentation in relativ kurzer Zeit vorwiegend für das Jahr 2016 im Internet zusammentragen konnte.

Derzeit gibt es immer noch großen Druck, sexuellen Mißbrauch und Vergewaltigungen von Frauen und Kindern, bei denen die Täter Flüchtlinge sind, vor der Öffentlichkeit geheim zu halten. Nicht nur in Deutschland. Auch in Österreich. Als in einem Wiener Hallenbad ein zehn Jahre alter Junge von einem irakischen Flüchtling vergewaltigt wurde und wegen massivster Verletzungen im Analbereich im Kinderklinikum des AKH behandelt werden mußte, da entschied die Landespolizeidirektion, mit dem Fall nicht an die Öffentlichkeit zu gehen.[494] Anders gesagt: ihn geheim zu halten.

Wer die Wahrheit unterdrückt, hilft allerdings den Sexualstraftätern und Kinderschändern unter den Flüchtlingen. Und er versündigt sich an den Opfern. Wie weit Politik und Medien dabei schon gehen, habe ich Ihnen in den Kapiteln über Afghanistan dargelegt.

Am Ende dieses Buches ist für mich subjektiv klar: Das, was Politik und Medien bei kriminellen Übergriffen als »Einzelfälle« verharmlosen, ist bei näherer Betrachtung immer deutlicher als Teil eines weitverbreiteten Verhaltensmusters in dieser Personengruppe erkennbar. Politik und Medien erwecken den Eindruck, von den Sorgen und Nöten der Bevölkerung, die unter diesen Zuständen leben muß, nichts wissen zu wollen. Sie verschließen lieber fest die Augen. Angeblich sollte nach den Übergriffen von Köln und in anderen deutschen Städten Silvester 2015/16 alles besser werden. Das Gegenteil ist der Fall. Im Sommer 2016 gab es nahezu flächendeckend Sex-Alarm in Freibädern, wenn Flüchtlinge kamen. Von Rendsburg bis Augsburg, von Bonn bis zum Bodensee rissen die Berichte über Flüchtlinge, die unsere Frauen und Kinder als sexuelles Frischfleisch sehen, nicht ab. Und unsere Richter tragen nicht gerade dazu bei, diese Straftaten einzudämmen. Denn harte Urteile, die abschreckend wirken, habe ich trotz intensiver Recherche kaum je gefunden. Im Gegenteil. Zwei Wochen nach der berüchtigten Kölner Silvesternacht, nach der angeblich alles anders werden sollte, hat ein Eritreer im holsteinischen Bad Oldesloe in einem Parkhaus eine 19 Jahre alte Frau vergewaltigen wollen. Polizisten, die ihre Hilfeschreie hörten, zogen den Afrikaner von der Frau runter. Wenige Monate später bekam der Eritreer im Juni 2016 eine milde Bewährungsstrafe von nur sieben Monaten. Man muß dazu wissen, daß er auch noch wegen gefährlicher Körperverletzung angeklagt war. Schließlich hatte er nach der versuchten Vergewaltigung die Polizisten angegriffen und geschlagen.[495] Die immer wieder anzutreffende Milde deutscher Richter gegenüber jenen Flüchtlingen, die ihre schamlose Respektlosigkeit gegenüber Frauen und Kindern ausleben, war allerdings nicht Gegenstand dieses Buches. Sie würde locker ein weiteres Buch füllen.

In der Realität haben Frauen heute immer öfter Angst, wenn sie Orientalen oder Nordafrikanern begegnen. Das Leben ist für sie zu einem offenen Spießrutenlaufen auf Straßen, Festen, in Bädern oder in Bus und Bahn geworden. Der Staat schützt Frauen und Kinder immer weniger. Die sexuellen Übergriffe werden in unserer Wahrnehmung schleichend zum Normalfall. Hilflose und empörte Frauen haben nach der Silvesternacht in Köln in vielen deutschen Städten gegen sexuelle Übergriffe demonstriert. Wie die Entwicklung zeigt: ohne Erfolg.

Mehr noch: Wer die Entwicklung systematisch dokumentiert, Vergewaltigungen von Frauen und Kindern öffentlich anprangert, der geht selbst die Gefahr ein, mit einem Fuß im Gefängnis zu stehen. Denn das Aussprechen der Wahrheit gilt im Deutschland der Gegenwart heute vielen, die die geschilderte Entwicklung nach Kräften verschleiern, inzwischen als »Volksverhetzung«.

Als ich dieses Buch in der ersten Januarwoche 2017 abschloß, bestand ein wenig Hoffnung, daß die Mauer des Schweigens durchbrochen würde. Große Medien begannen nämlich, das Thema aufzugreifen. Und die Stimmung in der Bevölkerung verändert sich allmählich. Am 7. Dezember 2016 macht die österreichische *Kronen-Zeitung* mit der Schlagzeile auf: »Plus 133 Prozent – Zahl der Sex-Attacken durch Asylbewerber steigt stark«. Im Artikel heißt es wörtlich: »Es ist Tatsache, dass die Zahl der Vergewaltigungen durch Asylwerber gestiegen ist«.[496] Kurz zuvor berichtete die Internetzeitung *Huffington Post* aus Deutschland im Dezember 2016: »In den letzten fünf Jahren ist die Zahl sexueller Straftaten durch Zuwanderer um 178 Prozent gestiegen. Der Anteil der durch Zuwanderer begangenen Straftaten gegen die sexuelle Selbstbestimmung an der Gesamtzahl hat sich fast verdreifacht.«[497]

Vielleicht sollten Sie nach der Lektüre dieses Buches mit Freunden und Bekannten, und vor allem auch mit Kindern, über die aktuelle Lage und Ihre Einschätzung sprechen. Nur so kann man einen Beitrag dazu leisten, möglichen Gefahrensituationen rechtzeitig aus dem Weg zu gehen. Bundeskanzlerin Angela Merkel hat am 18. Juni 2011 in einer Videobotschaft an die Deutschen gesagt: »Wir müssen akzeptieren, dass die Zahl der Straftaten bei jugendlichen Migranten besonders hoch ist«. Ich behaupte: Nein, wir müssen das nicht als Bestandteil der Merkelschen Willkommenskultur akzeptieren. Und wir dürfen bei den Sexualdelikten der Asylanten und Flüchtlinge nicht länger wegschauen.

Schon vor einem Jahrzehnt habe ich in meinem Buch *SOS Abendland* geschildert, wie die sexuellen Übergriffe und massenhaften Vergewaltigungen durch Zuwanderer skandinavische Länder an den Rand des Zusammenbruchs bringen. Als Abwehrmaßnahme empfahlen schwedische Sicherheitskreise in jenen Jahren eine Art modifizierter Keuschheitsgürtel. Für *SOS Abendland* und meine anderen Bücher, in denen ich auf die importierten Sexualstraftaten hinwies, wurde ich von deutschsprachigen Medien bespöttelt.

Inzwischen bleibt vielen das Lachen im Halse stecken. Seit Ende 2016 weisen deutsche Leitmedien Frauen auf »safe shorts« hin, also moderne Keuschheitsgürtel als Schutz gegen sexuelle Übergriffe.[498] Wie weit also wollen wir diese zugewanderte Kriminalität gegenüber Frauen und Kindern noch tolerieren? Werden diese »safe shorts«[499] demnächst etwa ebenso wie Maßnahmen zum Einbruchsschutz gegen durchreisende ausländische Tätergruppen von der Bundesregierung finanziell gefördert? Sind »safe shorts« künftig das, was unsere Politiker meinen, wenn sie Frauen Sicherheit und Freiheit versprechen?

Wollen wir eine solche Entwicklung? Frauen und Kinder, die »safe shorts« tragen müssen, sobald sie die sichere Wohnung verlassen? Wissen Sie, was danach kommt? Auch in Schweden hatte man Frauen und Mädchen bereits 2005 die Anschaffung von »Keuschheitsgürteln« empfohlen.[500] Und man hatte dort ernsthaft geglaubt, das Problem so endlich lösen zu können. Zehn Jahre später gibt es in Schweden nun das staatliche Verbot, über Sexualstraftaten von Flüchtlingen in den Medien zu berichten. Wollen wir es wirklich auch hier so weit kommen lassen? Weit sind wir nicht mehr davon entfernt. Vielleicht aber öffnen wir zuvor einmal die Augen.

Weltweit berichteten ausländische Medien im Dezember 2016 über die Welle von Sex-Attacken der Flüchtlinge in Deutschland gegen Frauen und Kinder. Eine Londoner Zeitung machte am 13. Dezember über die Lage in Deutschland im abgelaufenen Jahr 2016 mit der Überschrift auf: »Enthüllt: Schockierende Karte belegt, daß Tausende Frauen und Kinder sexuell von Migranten angegriffen werden«.[501] Zeitgleich berichteten auch russische Nachrichtenagenturen über die schockierende Karte mit den Vergewaltigungsfällen als Folge der Merkelschen Willkommenspolitik.[502] Was also ist zu tun?

Man muß in Deutschland keine Arbeitsgruppen bilden, um zu ergründen, wie andere europäische Länder mit Flüchtlingen unter den Sexualstraftätern umgehen. In Finnland etwa werden sie seit 2016 ausgewiesen. Und zwar auch dann, wenn sie schon Jahrzehnte im Land leben. Wer dort als Flüchtling oder ehemaliger Zuwanderer Kinder oder Frauen sexuell belästigt oder gar vergewaltigt, der darf sofort ausgebürgert und in sein Herkunftsland zurückgeschickt werden. Das finnische Verfassungsgericht hat das in Helsinki im Dezember 2016 so entschieden.[503] Vielleicht finden wir ja in Deutschland einen anderen Weg. Aber um Lösungen zu finden und nicht länger tatenlos zuzuschauen, muß man endlich offen über die Lage sprechen. Das sind wir unseren Frauen und Kindern schuldig.

Schauen wir uns ganz am Ende noch einmal kurz die Homepage des Bundeskriminalamtes an.[504] Und stellen Sie sich vor, Sie wollen sich dort über jene Thematik informieren, die wir in diesem Buch ausführlich behandelt haben. Die brutale Wahrheit lautet: Sie finden dort Ansprechpartner für Rechtsextremismus und für Datenschutz. Aber für die von Migranten in Deutschland bedrohten Frauen und Kinder ist im deutschen Bundeskriminalamt offenkundig niemand zuständig. Es scheint, als sei das Ende der Sicherheit politisch gewollt. Zumindest hat man ihm nichts Wirksames entgegenzusetzen.

Am Ende abermals meine schon am Anfang dieses Buches zitierte Bitte an alle Leser: Bitte richten Sie Ihren Unmut über die Zustände nicht gegen Asylbewerber. Bitte demonstrieren Sie nicht vor Flüchtlingsheimen. Denn für die Zustände sind vor allem Politik und Medien verantwortlich. Wenn Sie wirklich etwas verändern wollen, dann sollten Politiker und Medien ihren Unmut zu spüren bekommen. Schreiben Sie Politikern und Medien. Und wählen Sie Politiker, mit denen Sie unzufrieden sind, nicht mehr. Kündigen Sie Ihr Zeitungsabonnement, wenn dort die hier skizzierte Realität verschwiegen wird. Demonstrieren Sie gemeinsam vor Medienhäusern und den Büros unserer Politiker, erhöhen Sie so zusammen mit anderen den Druck. Und sprechen Sie mit Freunden und Bekannten über die Lage. Denn das Totschweigen der Lage da draußen hilft nur den Tätern.

Das Unerhörte

Ein Nachwort von Ellen Kositza

Was Udo Ulfkotte schreibt, ist unerhört. Das gilt im doppelten Wortsinne. Unerhört ist eigentlich das, was nicht gehört wird. Was hinten runter fällt, verschwiegen wird und eben: kein Gehör findet. Openthesaurus.de findet für das Attribut »unerhört« eine Menge an widerstreitenden Synonymen und Assoziationen. Sie reichen von »unverschämt«, »haarsträubend« bis »ungeheuerlich« und »himmelschreiend«. »Unerhört!« als Empörungsvokabel hingegen markiert das, was man »heute besser nicht« sagen sollte – weil es auf diese oder jene Weise neben der Spur ist.

Welcher Spur eigentlich? Wer bestimmt die Matrix, innerhalb derer eine »Spur« angelegt oder bestimmt werden könnte? Wir leben in verwirrenden Zeiten. Vorbei die Ära, als man von »common sense« und »gesundem Menschenverstand« reden konnte, und jeder ungefähr wußte, was gemeint war.

Schaut man den Eintrag »Udo Ulfkotte« im Internetlexikon Wikipedia an, wird klar, was Ulfkottes Gegner mit »unerhört« meinen. Hier gilt es als Empörungsvokabel, und gemeint sind der Autor und seine Bücher. Es gab in den letzten Jahren, gemessen am Rang, also an den Verkaufszahlen seiner Bücher, neben Thilo Sarrazin kaum einen streitbareren Publizisten als Udo Ulfkotte. Seine Verfemung hat ein Datum. 2003 endete seine (seit 1986 währende) Tätigkeit als außenpolitischer Korrespondent der *FAZ*. Damals hatte er das vielbeachtete Buch *Der Krieg in unseren Städten* veröffentlicht. Er warnte darin (damals war das ein Nischenthema!) vor der Ausweitung islamistischer Bandenreviere und Parallelgesellschaften. Ulfkotte prophezeite eine Renaissance des islamischen Fundamentalismus. Damals wollte das kaum jemand hören. Er ließ thematisch verwandte Bücher folgen: *Heiliger Krieg in Europa. Wie die radikale Muslimbruderschaft unsere Gesellschaft bedroht* (2007), *Vorsicht Bürgerkrieg! Was lange gärt, wird endlich Wut* (2009) und *Gekaufte Journalisten. Wie Politiker, Geheimdienste und Hochfinanz Deutschlands Massenmedien lenken* (2014). Das Bürgerkriegsbuch hielt sich 16 Wochen lang auf den *Spiegel*-Bestsellerlisten, die *Gekauften Journalisten* noch länger. Letzteres verkaufte sich rund 150 000 Mal. Offenkundig fand all dieser »unerhörte« Stoff seine Leser.

Vielsagend ist, was Ulfkottes Gegner (und er hatte im *juste milieu* zuletzt kaum noch Freunde), die sogenannten »Experten« (also: die »Gehörten«), zu seinen Büchern meinten. Eine Auswahl: »ein intolerantes und feindseliges Machwerk, das systematisch Vorurteile schürt« (Peter Schütt), »leistet einem Rassismus gegen Muslime Vorschub (...) ausländerfeindliche Stimmungsmache« (Claudia Dantschke), »Verschwörungsfantasien« (Wolfgang Benz), »Alarmismus, Panikmache« (Joseph Croiteru), »pauschalisierend, verschwörungsideologisch (Armin Pfahl-Traughber); Ulfkotte liefere »bizarre Phantasien« (Patrick Bahners).

Nun denn. Udo Ulfkotte stellt uns in diesem, seinem letzten Buch eine horrende Reihe an Gewalttaten vor, über die in den Medien nichts oder nur verstreut zu hören war. Diese Auflistung aus dem Jahre 2016 ist in der Tat unerhört. Sie ist womöglich »bizarr«. Wer aber eine solche Darstellung als »intolerant«, »pauschalisierend« oder als »ausländerfeindliche Stimmungsmache« klassifizieren wollte, entlarvte sich selbst.

Hier ist nichts zusammengesponnen oder spintisiert. »Bizarr« mag es sein. Dies aber liegt nicht an der Zusammenstellung durch den Autor, sondern am Vorgefundenen selbst. Was Ulfkotte uns, dem Leser, anhand von Polizeiberichten und verstreuten Meldungen, die nur in lokalen Blättern Niederschlag fanden, aufblättert, ist drastisch genug. Dennoch markiert er in punkto Ausländerkriminalität und beim Blick auf Verstöße gegen die sexuelle Selbstbestimmung nur die Spitze eines Eisbergs!

Bekanntlich gibt es keine Institution, die kontinuierlich und zuverlässig jene »Einzelfälle« auflistet. Es gab sie bei Vollendung des Ulfkotteschen Manuskripts unmittelbar vor seinem Tod im Januar 2017 nicht, und es gibt sie auch heute, Ende 2018, nicht.

Knapp anderthalb Jahre lang existierte die täglich zehntausendfach aufgerufene Seite XY-Einzelfall: Auf Facebook, Twitter und per Google-Karten wurden all diese ominösen »Einzelfälle« (gemeint: Übergriffe von Fremden auf Autochthone) eingetragen. Die Initiatorin, die sich »Petra Berger« nennt und sich mit weiteren Frauen und einem Mann zu diesem »XY-Einzelfall-Projekt« zusammengeschloß, notierte, daß sie sich nach den sogenannten Silvesternachtvorfällen in Köln alarmiert gefühlt hatte.

Der Wochenzeitung *Junge Freiheit* hatte Berger im April 2016 gesagt: »Ich hab mir damals gedacht: Die das getan haben, die werden das wieder tun. Nach Silvester fing die Polizei plötzlich an, vermehrt solche Fälle bekannt zu machen. Aber die überregionale Presse hat dies nur vereinzelt aufgegriffen, so daß kein Gesamtbild davon entstanden ist, wie flächendeckend diese Fälle vorkommen. Daß es sich eben nicht um Einzelfälle handelt.« Berger und ihre Mannschaft hatten davon abgesehen, Fälle zu dokumentieren, die auf reinem Hörensagen basierten. Sie betonte: »Die Angabe ›Täter hatte schwarze Haare und einen Vollbart‹ reicht uns nicht, das nehmen wir dann nicht auf. Wir lesen nicht zwischen den Zeilen und interpretieren, sondern es muß ein eindeutiger Hinweis auf die Herkunft des Täters in der Meldung stehen.«

Nach gut einem Jahr gaben die Betreiberinnen ihre Tätigkeit, die in internationalen Medien (bis hin nach China, Japan und Australien) breite (und ausschließlich im Ausland positive) Beachtung gefunden hatte, auf. Petra Berger sagt heute: Die Anwürfe von außen, die journalistischen Versuche, hinter die Identität des »XY-Einzelfall«-Teams zu kommen, seien nur das eine gewesen. Vor allem habe es innerhalb des Teams Diskussionen gegeben, wie weit man sich »nach rechts« abgrenzen müsse. Der übliche Stolperstein!

Ich schätze seit langem die Seite ehrenmord.de. Die Betreiberin Uta Glaubitz ist weit entfernt davon, unter »Rechtsverdacht« zu stehen. Sie listet nur auf. Sie insinuiert nichts, faßt nur, Einzelfall für Einzelfall, zusammen: Wer war das Opfer (auch Mordversuche zählen mit), woher stammen Opfer wie Täter, welche Kinder sind mitbetroffen, was genau ist wann und wo passiert, woher stammen Belege für die Tat? Allein für das Jahr 2016, also für Ulfkottes Berichtsraum, finde ich hier knapp 80 Fälle. Jeder einzelne ist an Härte kaum zu übertreffen. Interessant ist: Die wenigsten davon hat unser Autor berücksichtigt – das meine ich mit »Eisberg«. Nehmen wir nur diese Fälle aus dem Jahr 2016, die mir keineswegs als besonders scheußlich, sondern repräsentativ erscheinen. Daß diese hier in Ulfkottes ihm eigener akribischer Sammlung fehlen, verdeutlicht den Umfang des Eisbergs unter der Wasseroberfläche:

1. AYSHA, geboren: 1963, verbrüht: 2016, Wohnort: Hamburg, Herkunft: Türkei, Kinder: mehrere erwachsene, Täter: ihr Ehemann Zekeriya B. (zur Tat 69 J.).

Aysha ist 53, ihr Mann 69, sie haben mehrere erwachsene Kinder. Vater Zekeriya betreibt ein Reisebüro in Hamburg. Zekeriya hat eine Geliebte, Aysha will sich trennen. Um sie zu entstellen, verbrüht er seine Frau mit zwei Litern kochendem Wasser. 52 Prozent der Hautoberfläche verbrennen. Die erwachsene Tochter alarmiert die Feuerwehr. Aysha liegt zwei Monate auf der Intensivstation. Zekeriya setzt sich in die Türkei ab.

Vor Gericht zieht die Tochter ihre Aussage zurück. Sie versucht sogar, der Mutter die Schuld zuzuschreiben. Diese habe sich selbst mit kochendem Wasser übergossen. Die verbrühte Mutter will nicht aussagen. Die Ärzte werden nicht von ihrer Schweigepflicht entbunden.

Selbst der Verteidiger plädiert auf eine Bewährungsstrafe, denn – so sagt er – die Familie habe das bereits geregelt. Die Frau habe 5000 Euro und ein Grundstück bekommen. Obwohl er Jurist ist, will er die Tat (gefährliche Körperverletzung) offenbar nicht von einem deutschen Gericht, sondern von einem Familienrat regeln lassen. Deswegen wehrt er sich vehement, als der Notruf der Tochter vor Gericht abgespielt wird: »Mein Vater hat sie geschlagen und ihr heißes Wasser über den Kopf geschüttet.«

Eine Zeugin, eine Freundin der Familie, die kein Aussageverweigerungsrecht hat, windet sich vor Gericht und beruft sich auf ihren hohen Blutdruck. Es kommt zu weiteren Zeugenfalschaussagen.

Im September 2016 wird Zekeriya zu drei Jahren und zehn Monaten Haft verurteilt. Die Richterin spricht von einem Ehrmotiv. Weder das Datum der Tat noch der richtige Name der Frau sind bekannt.

2. ANNA, geboren: 1972, Mordversuch: 4. Mai 2016, Wohnort: Saarbrücken, Herkunft: Täter: Marokko, Täter: ihr Freund Mohamed (zur Tat 44 o. 47 J.).

Mohamed kommt aus Marokko und ist seit 2005 oder 2006 in Deutschland. An anderer Stelle heißt es, er habe in Wirklichkeit einen anderen Namen und komme aus Algerien. 2007 wird sein Asylantrag abgelehnt. Um die 50 Mal wird seine Duldung verlängert. 2015 soll er ausgewiesen werden. Er taucht unter und wohnt überwiegend bei seiner Freundin in Saarbrücken. Deren Nationalität ist unklar, vermutlich eine Deutsche. Am 4. Mai 2016 sticht Mohamed ein Dutzend Mal auf seine Freundin ein, bricht ihr Nasenbein und Kiefer. In ihrem Kopf bleibt eine abgebrochene Klinge stecken. Der Täter flieht aus der Wohnung und trifft im Treppenhaus eine Nachbarin. Sie sagt, sie rufe die Polizei. Mohamed schlägt ihr ins Gesicht.

Der Täter wird blutverschmiert auf der Straße festgenommen. Die Beamten finden die Tatwaffe. Die Frau kommt lebensgefährlich verletzt ins Krankenhaus. Sie wird notoperiert und überlebt.

Im November 2016 wird Mohamed wegen versuchten Totschlags und Körperverletzung zu sieben Jahren und vier Monaten Haft verurteilt.

3. WIEBKE, geboren: 1987, erdrosselt: 16. Mai 2016, Wohnort: Köln, Herkunft: Opfer: Deutschland, Täter: Türkei, Kinder: drei Töchter (zur Tat 2, 12, 13 J.), Täter: ihr Freund Yakub B. (30 J.).

Wiebke hat zwei Töchter aus einer früheren Beziehung mit dem gut zehn Jahre älteren Vito A. Eine davon ist 13, was bedeuten würde, daß sie mit 16 ihr erstes Kind bekommen hat. Sie hat außerdem eine knapp zweijährige Tochter mit Yakub. Die beiden sind etwa drei Jahre zusammen und leben in Köln-Bilderstöckchen. Es kommt zu Streit und Gewalt, man trennt sich, kommt wieder zusammen. Yakub gilt als eifersüchtig und kontrollierend. Sein Beruf wird mit Sicherheitsmann angegeben, ihrer mit Hausfrau.

Am 16. Mai 2016 erdrosselt er Wiebke mit einem Geschirrtuch, wickelt sie in einen Teppich und versteckt sie im Keller der gemeinsamen Wohnung. Am 17. Mai meldet Yakub seine Freundin als vermißt. Die Beamten befragen Nachbarn, schauen aber nicht in den Keller. Freunde und Familie suchen nach ihr. Am 20. Mai geht der Täter mit einem Anwalt zur Polizei, gibt an, wo die Leiche liegt, beschuldigt aber den Exmann (40 J.). Dieser beantragt das Sorgerecht für die beiden älteren Töchter, was unter Umständen problematisch sein könnte, wenn es auch hier zu häuslicher Gewalt kam. Die jüngste Tochter kommt zu einer Pflegefamilie. Später werden Yakubs Eltern das Sorgerecht beantragen.

Im September 2016 beginnt der Prozeß vor dem Landgericht Köln. Zeugen berichten von häuslicher Gewalt im Vorfeld der Tat. Die Staatsanwaltschaft fordert 9 Jahre Haft. Das Gericht verurteilt Yakub im November wegen Totschlags zu elf Jahren Haft.

4. TAMARA K., geboren: 1979, erdrosselt: 27. Mai 2016, Wohnort: Regensburg, Herkunft: Opfer: Deutschland, Täter: Albanien, Kinder: zwei Söhne (9 und 11 J.), Täter: ihr Ehemann Ditran Kucana (zur Tat 45 J.).

Tamara ist Bibliothekarin, Ditran Kranführer, sie haben zwei Söhne. Am 27. Mai 2016 erdrosselt Ditran seine Frau im gemeinsamen Schlafzimmer. Die beiden Söhne schlafen in der Etage darunter. Nach der Tat fährt der Täter ins Krankenhaus und gibt an, seine Frau hätte ihn angegriffen und liege jetzt tot zu Hause.

Die Beamten finden die Leiche, die Gewaltspuren gegen Kopf und Oberkörper aufweist. Der Täter kommt in Untersuchungshaft und gesteht die Tat. Die Söhne kommen zu den Großeltern. Der Großvater ist ehemaliger Präsident des Fußballclubs Jahn Regensburg.

Im Februar 2017 beginnt der Prozeß wegen Totschlags vor dem Landgericht Regensburg. Im April wird der Täter zu neun Jahren und drei Monaten Haft verurteilt.

5. JULIA C. B., geboren: 1980, erstochen: 10. Juni 2016, Wohnort: Berlin-Schöneberg, Herkunft: Opfer: Deutschland; Täter: Tunesien, Kinder: sie war schwanger, Täter: ihr ehemaliger Lebensgefährte Merwan B. (zur Tat 29 J.).

Merwan kommt 2012 aus Tunesien nach Deutschland und trifft im Kiez »Rote Insel« im Berliner Bezirk Tempelhof-Schöneberg auf ein Netz wohlmeinender Unterstützer. Obwohl sein Asylantrag abgelehnt wird, wird ihm von vielen Seiten bedeutet, er könne vielleicht doch hierbleiben. Eine Frau heiratet ihn (zunächst in einer Imamehe), in der Kneipe kann er anschreiben lassen und übernachten, eine Frau hält ihn finanziell aus, Kumpels spendieren ab und zu Kokain, ein Anwalt berät ihn, wie er eine Schwangerschaft für sein Bleibevorhaben nutzen kann. Ein Verein verschafft ihm ein Zimmer und eine ehrenamtliche Tätigkeit in der Refugees-Welcome-Szene Tempelhof. Merwans Beruf wird mit »Elektriker in Tunesien« angegeben.

Julia ist Lehrerin für Chemie und Geschichte am Albert-Einstein-Gymnasium in Berlin. An Silvester 2015/16 lernt sie

Merwan in einer Dartkneipe kennen. Sie wird schwanger. Er will nicht, daß sie das Kind bekommt. Die beiden geraten in Streit und Merwan bedroht Julia mit einem Messer und der Drohung »Ich bring Dich um«. Erst als der Anwalt ihn berät, daß er mit der Schwangerschaft seine Ausweisung umgehen könnte, will er das Kind haben. Julia aber will es jetzt allein erziehen. Merwans Ausweisung rückt näher.

Am 10. Juni 2016 ist Merwan wieder mit der Vorgängerfreundin Vanessa (also seiner Freundin vor Julia, die auch einmal schwanger von ihm war) zusammen. Trotzdem lauert er Julia im Treppenhaus auf. Als sie die Tür öffnet, greift er sie mit einem mitgebrachten Messer an. Sieben Stiche werden später gezählt. Nachbarn hören die Schreie.

Merwan kommt aus der Wohnung, sagt zu den Nachbarn, sie hätten Streß gehabt, und geht weg. Die Nachbarn rufen die Polizei und verfolgen ihn. Kurz später wird er in einem Getränkemarkt festgenommen. Julia verblutet, der Notarzt versucht vergeblich, ihr Leben zu retten. Auch das ungeborene Baby stirbt.

Julias Leichnam wird in Braunschweig beigesetzt, wo sie zur Schule gegangen ist. Im Januar 2017 beginnt der Prozeß vor dem Landgericht Berlin. Die Anklage lautet auf Mord und Schwangerschaftsabbruch.

Auch die alte/neue Freundin sagt aus. Sie ist bereits mit einem Inder verheiratet, der auch eine Aufenthaltsgenehmigung brauchte und Vanessa 2000 Euro dafür zahlte. Sie hat ein Kind, aber nicht von ihm. Da die 20-Jährige also verheiratet war, konnte sie Merwan auch nur in einer Imamehe heiraten. Sie hatte ihn kennengelernt, als er eine Schule in Kreuzberg besetzte, um Aufenthaltsgenehmigungen durchzusetzen.

Noch im Januar werden die Plädoyers gehalten. Der Staatsanwalt weist explizit darauf hin, wie distanzlos das Verhalten des Refugees-Welcome-Vereins dem Täter gegenüber war. Merwan wird wegen Mordes und Schwangerschaftsabbruch zu lebenslanger Haft verurteilt. Die Verteidiger kündigen Revision an. Vanessa verlobt sich mit einem anderen Mann.

Im Umfeld des Prozesses ist auch zu erfahren, daß Merwan bereits erhebliche Probleme mit der deutschen Justiz hatte. Da er sich zunächst als minderjährig ausgab, sind die Akten aber wohl versiegelt. Im August 2017 wird die Revision abgewiesen.

6. NICOLE G., geboren: 1974, erstochen: 2. Juli 2016, Wohnort: Emmerich (bei Kleve, NRW), Herkunft: Opfer: Deutschland; Täter: Indien, Kinder: zwei Söhne (zur Tat 16 und 19 J.), Täter: ihr Exfreund Sarbjit S. (oder Ajay S.) (30 J.).

Nicole hat zwei Söhne. Ihre Beziehung zu ihrem indischen Freund Sarbjit ist gewalttätig. Mehrfach kommen Nachbarn der Familie zu Hilfe. Irgendwann zieht Sarbjit nach Rees. An anderer Stelle wird sein Name mit Ajay angegeben. Er ist seit 2012 in Deutschland und arbeitet zeitweise als Küchenhelfer in Dortmund.

In den frühen Morgenstunden des 2. Julis 2016 tritt Sarbjit die Tür seiner Exfreundin ein, geht ins Schlafzimmer und sticht auf Nicole und ihren neuen Freund (29 J.) ein. Beide kommen schwerverletzt ins Krankenhaus. Nicole stirbt. Ihr Freund überlebt.

Der Täter wird am Tatort verhaftet und kommt in Untersuchungshaft. Der ältere Sohn blieb bei der Tat unverletzt, der jüngere übernachtete bei Bekannten und erfährt erst zwei Tage später von der Tat. Vor dem Landgericht Kleve beginnt im Dezember 2016 der Prozeß. Eine Zeugin berichtet von einer früheren Szene im Treppenhaus, in der Sarbjit den jüngeren Sohn der Angeklagten mit beiden Händen würgte. Der damals

16-Jährige hatte seiner Mutter beigestanden, als Sarbjit ihr aus Wut gegen einen gebrochenen Fuß getreten hatte. Ein Nachbar war dazwischen gegangen und hatte das Würgen beendet. Im Februar 2017 wird der Täter wegen Totschlags zu acht Jahren und drei Monaten Haft verurteilt.

7. ANNA VOLTZ UND SOHN ANTON, geboren: 1980, 2009, erdrosselt: 17. August 2016, Wohnort: Eching (bei München), Herkunft: Opfer: Deutschland; Täter: Mauritius, Kinder: ein Sohn (zur Tat 7 J.), Täter: ihr Exfreund Alain Adone (49 J.)

Anna ist in Frankfurt geboren, studiert Politik und Journalistik in Leipzig und Toulouse, wo sie Alain kennenlernt. Er hat einen französischen Paß und kommt aus der ehemaligen französischen Kolonie Mauritius, einer Insel im Indischen Ozean. Drei Jahre später kommt Sohn Anton zur Welt. Etwa 2013 kehrt Anna mit ihrem Sohn nach Deutschland zurück, zieht nach Eching am Ammersee und arbeitet für eine PR-Agentur.

Im August 2016 kommt der Vater des Jungen zu Besuch. Er wohnt etwa zwei Wochen bei Mutter und Kind. Am 17. August erdrosselt er beide, danach versucht er, sich die Pulsadern aufzuschneiden. Da Anna nicht zur Arbeit kommt, alarmiert eine Kollegin die Polizei. Diese Kollegin wußte wohl, daß es während des Besuchs bereits zu Handgreiflichkeiten gekommen war und Alain seine Exfreundin bedrohte. Der Täter wird am Tatort festgenommen und gesteht die Tat.

Die Staatsanwaltschaft Augsburg erhebt im November 2016 Anklage wegen Mordes in zwei Fällen, der Prozeß wird im März 2017 eröffnet. Noch im selben Monat wird Alain wegen zweifachen Mordes verurteilt: zwölf Jahre für den Mord an der Mutter, lebenslang für den Mord am Sohn. Die besondere Schwere der Schuld wird nicht festgestellt.

Sie haben von all diesen Fällen nichts gehört? Wie das? Anhand eines weiteren »Einzelfalls« werden die Schweigegründe deutlicher. Irgend etwas – in der Tat könnte man lange darüber rätseln, welcher Fall Gehör findet und welcher nicht – verhalf dem Einzelfall »Mia, Kandel« zu breiter Publizität.

Zwei unterschiedliche Begründungen wurden vorgetragen, warum über die Tragweite des Verbrechens zunächst nicht berichtet wurde. Zum einen berichtete das Netzportal mannheim24.de: »Am Mittwochnachmittag, gegen 15.20 Uhr, kommt es zwischen einem 15-jährigen Jungen und einem 15-jährigen Mädchen zum Streit. Plötzlich zieht der 15-Jährige ein Messer und sticht auf die 15-Jährige ein! Die Jugendliche erliegt später im Krankenhaus ihren Verletzungen.«

Unter der Meldung steht folgender Hinweis: »Unsere Redaktion verzichtet, unter Berufung auf den Pressekodex (Ziffer 12), auf die Veröffentlichung von Nationalitäten, wenn diese Informationen keinen begründeten Sachbezug zu einer Straftat darstellen.«

Es stellte sich rasch heraus, daß es sich bei diesem Fall keineswegs um »Zoff unter Kindern« handelte. Nach der Tat kamen Zweifel auf, ob der Täter tatsächlich so jung sei. Ein Gutachten im Auftrag der Staatsanwaltschaft kam zu dem Ergebnis, daß er zum Zeitpunkt der Tat mindestens 17 Jahre und sechs Monate, wahrscheinlich aber schon 20 Jahre alt war. Aber was antworteten die Leitmedien auf Anwürfe, daß sie im »Fall Mia« wie zu Silvester 2015 / 16 sich zunächst in Schweigen hüllten? Nun, sie gaben sich – hier die Begründung der *Tagesschau* – zivilcouragiert-besonnen:

»Warum waren wir so zögerlich? Das hat einen guten Grund. Nach allem, was wir bisher wissen, handelt es sich um eine Beziehungstat. So schrecklich sie gewesen ist, vor allem für die

Eltern, Angehörigen und Bekannten – aber tagesschau und tagesschau.de berichten in der Regel nicht über Beziehungstaten.«

Beziehungstaten? Nun, die medialen Hashtag-Empörungsstürme wie #Aufschrei und #metoo zeigen bis heute, wie eminent die Medien daran interessiert sind, das Private politisch werden zu lassen! In all diesen Fällen ging es um streitbare Übergriffe im Graubereich (Flirt, mißglückter Flirt, Belästigung). In Kandel und hunderten anderer Fälle hingegen ging es um Leben und Tod.

Halten wir fest: Es gibt einen Willen zur Berichterstattung. Und es gibt einen deutlich erkennbaren Unwillen. Warum? Weil es »irrationale Ängste schüren« oder »Klischees bestätigen« könnte? Oder weil es das eigene, tönerne Weltbild von der friedlichen Koexistenz aller Kulturen, allerorten, bedroht? Es gibt zahllose andere »Einzelfälle«, von denen weder Ulkotte noch Glaubitz berichten. Und, wohlgemerkt: Wir reden hier nicht von Raub, Wohnungseinbrüchen, Drogendelikten etc., sondern im Fokus dieses Buches stehen ausschließlich Übergriffe gegen Frauen.

Ein Journalist, der wenigstens eine bruchstückhafte aktuelle »Einzelfall«-Dokumentation übernommen hat, ist der ehemalige *Focus*-Redakteur Michael Klonovsky – ausgerechnet im Rahmen seines recht elitären (also: nicht an den sogenannten deutschen Mob adressierten) Netztagebuchs *Acta diurna* (michael-klonovsky.de). Beispielsweise schrieb Klonovsky am 9. Mai 2016:

»Was wir endlich brauchen, ist ein Gesetz über eine geregelte, strukturierte und nachvollziehbare Zuwanderung, in dessen Zentrum die wirtschaftliche Anwerbung steht. Ein wirkliches

Einwanderermilieu ist agil, kreativ, strebsam, bunt, dort wird gearbeitet, dort versuchen Menschen, aufzusteigen, ihre geistigen, kulturellen, mentalen, kulinarischen Eigenarten in die neue Gesellschaft einzuspeisen und in ihr anzukommen. Wo aber nur Einwanderung in den Sozialstaat stattfindet, erkennen Sie daran, daß junge Männer, die nichts zu tun haben, auf der Straße herumlungern, und daß die Frauen sukzessive aus dem Stadtbild verschwinden. Jeder kennt solche gruseligen Bezirke. Würde ein solches Einwanderungsgesetz bereits existieren, wäre die Hälfte der sogenannten Flüchtlinge gar nicht hier. Mit einem Satz: Die Regierung soll kein Integrationsgesetz verabschieden, sondern dafür sorgen, daß hier Menschen einwandern, die kein Integrationsgesetz brauchen. Und nicht solche oder solche oder solche oder solche oder solche oder solche oder solche oder solche oder solche oder solche oder solche oder solche oder solche – (Die Liste läßt sich seitenlang fortsetzen; man muß nur die Polizeiberichte und die Lokalseiten lesen). Und man muß sich die ganze Sache immer wieder als den umgekehrten Fall vorstellen: Wenn also etwa eine Million »Flüchtlinge« aus einem christlichen oder westlichen Land in ein arabisches einwandern und sich ein Teil dort so aufführte.«

Muß ich erwähnen, daß sich hinter den je verlinkten »solchen und solchen« je ein brisanter »Einzelfall« verbarg?

Ehremord.de dokumentiert für das Jahr 2018 (Stand Oktober) übrigens 68 Fälle. Was sagt Ihnen beispielsweise der Fall »Anna S.«, erstochen am 20. August 2018 in Düsseldorf? Wenig, »nichts von gehört?« Sehen Sie: Nur ein Einzelfall.

Anmerkungen

1. Siehe express.co.uk vom 26. Mai 2016: »It's not their fault, it's yours!« (17.10.2018)
2. Zitiert nach Zeit Online vom 17. April 2015 »Hilfsorganisationen prangern Gewalt gegen Flüchtlinge an« (18.20.2018)
3. Siehe: Welt Online vom 7.3.2016 »Polizei rechnet mit verschärfter Sicherheitslage« (18.10.2018) und Spiegel Online vom 7.3.2016 »Polizei rechnet mit steigender Kriminalität« (18.10.2018)
4. Zitiert nach *Hamburger Abendblatt* vom 18.3.2016 »Verdacht des sexuellen Mißbrauchs in Erstaufnahme« (18.10.2018)
5. Siehe Bild Online vom 3.7.2016 »Sex-Mob-Alarm im Schwimmbad« (18.10.2018)
6. Siehe Welt Online vom 4.7.2016 »›Enormer Anstieg‹ sexueller Übergriffe in Düsseldorf« (18.10.2018)
7. Siehe bundesregierung.de, Pressekonferenz vom 31.8.2015 (18.10.2018)
8. Siehe Express.co.uk vom 28.11.2018 »180 rapes, assaults and robberies by migrants in just ONE German city« (18.10.2018)
9. Siehe Sputnik News online vom 6.12.2016 »German Police ›Unable‹ to confirm links between refugee camps and rapes« (18.10.2018)
10. Siehe SZ Online vom 21.6.2016 »Prozess um Vergewaltigung im Blumenbeet« (18.10.2018)
11. Siehe Bild Online vom 20.6.2018 »Frau von Flüchtlingen in München vergewaltigt« (18.10.2018) und tz online vom 21.6.2016 »Vergewaltigung im Botanischen Garten: Täter gestehen« (18.10.2018)

12	Siehe Abendzeitung Online vom 27.11.2016 »Brutaler Sex-Überfall in Münchner Bar« (18.10.2018)
13	Siehe tz online vom 23.4.2015 »Einer hielt das Opfer, der andere vergewaltigte es« (18.10.2018)
14	Zitiert nach Bild online vom 18.10.2016 »Verging sich dieser Typ an einer 12-jährigen?« (18.10.2018)
15	Siehe etwa NOZ online vom 6.12.2018 »40-jähriger gesteht Vergewaltigung von Rentnerin auf Friedhof« (18.10.2018)
16	Siehe Augsburger Allgemeine online vom 24.2.2016 »Mann belästigt Frau in Kirche sexuell – 21-jähriger verhaftet« (18.10.2018)
17	Siehe wochenblatt.de vom 22.4.2016 »Schülerin missbraucht: Mehrjährige Haftstrafe für Volksfest-Vergewaltiger von Straubing« (18.10.2018)
18	Siehe General Anzeiger Bonn online vom 2.12.2016 »Klinikarzt missbraucht 17-jährige Patientin« (18.10.2018)
19	Siehe oe24.de vom 11.10.2016 »Frau im Rollstuhl von Flüchtlings-Mob vergewaltigt« (18.10.2018)
20	Siehe etwa Kronen Zeitung online vom 5.12.2016 »Sexattacke: Afghanen fielen in Zug über Frau her« und vom 3.10.2016 »Tirol: Sex-Übergriff auf 16-jährige in Zugabteil« (18.10.2018)
21	Siehe innsalzach24.de vom 4.12.2016 »Sex-Übergriff in Waldkraiburg: Frau zu Boden gerissen (19.10.2018)
22	Siehe Neckarquelle online vom 5.2.2016 »19-jährige sexuell belästigt und mit Schüssen aus einer Softair-Pistole verletzt« (19.10.2018)
23	Siehe MZ online vom 21.2.2016 »Verdacht des sexuellen Übergriffs« (19.10.2018)
24	Siehe LZ online vom 6.12.2016 »Freier reißt Prostituierter einen Teil der Zunge heraus« (19.10.2018)
25	Siehe dailymail.co.uk vom 10.2.2016 »Algerian sex attacker shouted ›Inshallah‹ – if allah wills it – as he raped a 25-year-old student – then asked her if she had enjoyed it« und Bild online vom 22.2.2016

»Ein Vergewaltiger geht 8 Jahre in den Knast« (19.10.2018) und Bild Online vom 9.2.2016 »Das Protokoll eines Sex-Verbrechens« (19.10.2018)

26 Siehe Kurier online vom 6.12.2016 »Studentin Wien vergewaltigt: Angeklagte zeigen keine Reue« (19.10.2018)

27 Siehe Neue Westfälische online vom 3.4.2016 »14-jähriger im Delbrücker Hallenbad sexuell missbraucht« (19.10.2018)

28 Siehe WAZ online vom 21.4.2016 »Laubberg: Mann brutal vergewaltigt« und Gifhorner Rundschau online vom 31.10.2016 »Staatsanwalt will Haft für Vergewaltiger« (18.10.2018) und vom 7.11.2016 »29-jähriger muss für fünf Jahre hinter Gitter« (19.10.2018) und vom 1.9.2016 »Sex-Attacke auf Mann im April wird angeklagt« (19.10.2018)

29 SZ online vom 30.11.2016 »Übergriffe bei Rathaus-Party« (19.10.2018)

30 Siehe unzensuriert.at vom 4.12.2016 »Sexuelle Belästigungen von Migranten im Münchner Rathaus vier Wochen vom SPD-Oberbürgermeister Reiter vertuscht« (19.10.2018)

31 Siehe *General Anzeiger Bonn* vom 2.12.2016 »Klinikarzt missbraucht 17-jährige Patientin« (19.10.2018)

32 Zitiert nach solinger-bote.de vom 11.4.2016 (18.10.2018)

33 Siehe wize.life vom 6.12.2016 »Afghane vergewaltigt Rentnerin: Jetzt erzählt ihre Tochter, was aus ihrer Mutter nach der Tat wurde« (19.10.2018)

34 Siehe Kronen Zeitung online vom 9.12.2016 »›Was hab ich getan, dass mir das passiert?‹« (19.10.2018)

35 Siehe General Anzeiger Bonn online vom 21.5.2016 »Jugendliche fürchten sich in den Abendstunden« (19.10.2018)

36 Siehe BZ online vom 18.4.2014 »Raubüberfälle in Freiburg: Ermittler fahnden nach Minderjährigen« (19.10.2018)

37 Siehe Bayern Kurier online vom 25.1.2016 »Grüner OB will ›harte Linie‹ gegen Nordafrikaner« (19.10.2018)
38 Siehe BZ online vom 5.9.2016 »Sehbehinderte Frau an der Haltestelle niedergeschlagen« (19.10.2018)
39 Siehe Freiburg-Nachrichten.de vom 3.11.2016 »Freiburg: Obdachloser am hellichten Tag an der Dreisam zusammengeschlagen und ausgeraubt« (19.10.2018) und BZ online vom 3.11.2016 »Zwei Männer attackieren Obdachlosen an der Dreisam« (19.10.2018)
40 Siehe Südkurier online vom 30.11.2016 »›Wildpinkler‹: Fahndungserfolg für die Freiburger Polizei« (19.10.2018)
41 Siehe BZ online vom 11.10.2016 »Junge Männer begrapschen 15-jährige unweit des Schwarzwaldstadions« (19.10.2018)
42 Siehe Stuttgarter Nachrichten online vom 7.10.2016 »13-jährige sexuell missbraucht« (19.10.2018)
43 Siehe presseportal.de vom 7.10.2016 »Freiburg-Ebnet: Sexueller Übergriff auf Mädchen – Täterfestnahme« (19.10.2018)
44 Siehe ntv.de vom 28.10.2016 »Frauen in Freiburg von drei Männern belästigt« (19.10.2018)
45 Siehe philosophia-perennis.com vom 22.11.2016 »Freiburg: Eine idyllische Stadt wird zur No-go-Area« (19.10.2018)
46 Siehe Stern online vom 30.11.2016 »Warum Täter-DNA für Ermittler oft wertlos ist« (19.10.2018)
47 Siehe etwa BZ online vom 3.12.2016 »Polizei: 17-jähriger soll Maria L. ermordet haben – ein Haar war wichtige Spur« (19.10.2018)
48 Siehe badische-zeitung.de/fall-maria-l (Dossier, zuletzt am 19.10.2018 eingesehen.)
49 Später, 2018, gründete die Familie von Maria L. auch eine Stiftung, u. a. zum Zwecke der Integration ausländischer Studenten, siehe auch maria-ladenburger-stiftung.de
50 Siehe Stern online vom 13.12.2016 »Mutmaßlicher Mörder von Maria L. soll vorbestrafter Gewalttäter sein« (23.10.2018)

51 Im März 2018 wurde Hussein K. in Freiburg zu lebenslanger Haft verurteilt. Gemäß gerichtlichen Altersgutachten sei er vermutlich über 21 Jahre. Der psychiatrische Gutachter attestierte Hussein eine »frauenfeindliche Einstellung«, die aus der Mitte der Persönlichkeit komme. Den griechischen Ermittlern gegenüber habe Hussein K. sich erstaunt gegeben: »Es war doch nur eine Frau.« (siehe tagesspiegel.de, 22.3.2018)

52 Siehe Stern online vom 11.11.2016 »Ermordete Joggerin: Polizei wendet sich an die Bevölkerung (23.10.2018)

53 Im August 2017 wurde der rumänische LKW-Fahrer Catalin C. festgenommen und vom Landgericht Freiburg am 22. Dezember 2017 zu lebenslanger Haft, und unter Vorbehalt, zu anschließender Sicherheitsverwahrung verurteilt. Zur Zeit läuft die Revision gegen das Urteil vor dem Bundesgerichtshof in Karlsruhe. Im Juni 2018 wurde gegen Catalin C. auch in Innsbruck Mordanklage erhoben. Er steht in dringendem Verdacht, im Januar 2014 in Kufstein auch die französische Austauschstudentin Lucile ermordet zu haben. Die *Tiroler Tageszeitung* formuliert servil: Der Rumäne Catalin C. (41) – für ihn gilt weiter die Unschuldsvermutung – hatte sich seine Opfer wohl rein zufällig ausgesucht. Siehe auch tt.com, Beitrag vom 20.6.2018.

54 Siehe BZ online vom 12.12.2016 »Unbekannte verüben sexuelle Übergriffe auf junge Frauen« (23.10.2018)

55 Siehe Focus online vom 12.12.2016 »Sexuelle Übergriffe auf zwei Frauen nahe und in Freiburg« (23.10.2018)

56 Siehe Bild online vom 4.12.2016 »Warum die ›Tagesschau‹ nicht über Maria berichtete« und Stern online vom 4.12.2016 »›Tagesschau‹ ignoriert Festnahme in Freiburg – Begründung sorgt für Kopfschütteln (23.10.2018) und Express.de vom 4.12.2016 »Facebook-Kommentar Darum verschwieg die ›Tagesschau‹ die Festnahme im Freiburg-Mord« (23.10.2018) und Welt online vom

4.12.2016 »Darum ließ die ›Tagesschau‹ die Freiburg-Meldung weg« (23.10.2018)

57 Siehe nytimes.com vom 9.12.2016 (23.10.2018)
58 Siehe washingtonpost.com vom 3.12.2016 (23.10.2018)
59 Siehe daily mail online vom 4.12.2016 »Teenage Afghan immigrant is arrested after 19-year-old who worked at refugee centre and was the daughter of a senior EU official was raped and killed« (23.10.2018)
60 Siehe Mirrow online vom 4.12.2016 »Teenage refugee arrested on suspicion of rape and murder of 19-year old daughter of senior EU official« (23.10.2018)
61 Siehe latimes.com vom 5.12.2016 (23.10.2018)
62 Siehe BBC online vom 5.12.2016 »Freiburg murder: Germans urged not to scapegoat migrants« (23.10.2016)
63 Siehe BestChinaNews online vom 24.11.2016 »German students at: Chinese girls were refugees raped, we all scared« (23.10.2016)
64 Siehe Bild online vom 5.12.2016 »Flüchtling als Uni-Vergewaltiger verhaftet« (23.10.2018)
65 Siehe Blick online vom 21.7.2016 »Ist der Täter schon längst im Ausland?« (23.10.2018) und vom 1.3.2016 »Jetzt überprüft die Staatsanwaltschaft tausende Handybesitzer« (23.10.2016)
66 Siehe Tagesanzeiger online vom 21.10.2016 »Tötung von Freiburg erinnert an Vergewaltigung von Emmen LU« (23.10.2018)
67 Zitiert nach Luzerner Zeitung online vom 25.5.2016 »Emmen: Vergewaltigung in Emmen: Opferfamilie fordert Gesetzesänderung« (23.10.2018)
68 Siehe bka.de vom 23.5.2016 »PKS 2015 – Standard Übersicht Tatverdächtigentabellen« (23.10.2018) dort die Tatbestände: Vergewaltigung und sexuelle Nötigung §§ 177 Abs. 2, 3 und 4, 178 StGB; Vergewaltigung überfallartig (Einzeltäter) gemäß § 177 Abs. 2 Nr. 1, Abs. 3 und 4 StGB; Vergewaltigung überfallartig (durch Gruppen)

gemäß § 177 Abs. 2 Nr. 2 StGB und Vergewaltigung durch Gruppen gemäß § 177 Abs. 2 Nr. 2 StGB;

69 Siehe Bundeszentrale f. pol. Bildung online: Statistik: Bevölkerung mit Migrationshintergrund I (23.10.2018)

70 Siehe statista.com: Anteil der ausländischen Bevölkerung an der Gesamtbevölkerung in Deutschland von 1991 bis 2017 (23.10.2018)

71 Siehe Statistisches Bundesamt: Publikationen/Thematische Veröffentlichungen/Migration/Integration (23.10.2018)

72 Siehe frauen-gegen-gewalt.de, »Streitsache_Sexualdelikte_Zahlen_und_Fakten_b.pdf« (23.10.2018)

73 Siehe statista.de: Anzahl der Ausländer in Österreich nach den zehn wichtigsten Staatsangehörigkeiten am 1 Januar 2018

74 Siehe parlament.gv.at, dann Suchbegriff 576696 (23.10.2018)

75 Siehe Focus online vom 31.8.2018 »Ausländeranteil nimmt zu: Gefängnisse in Baden-Württemberg sind übervoll« (23.10.2018)

76 Siehe Stuttgarter Nachrichten online vom 27.7.2016 »Gedränge hinter Gittern« (23.10.2018)

77 Zitiert nach mdr.de, »auslaendische-haeftlinge-in-gefaengnissen-in-sachsen-100« (23.10.2018)

78 Siehe Osnabrücker Zeitung online vom 16.3.2016 »Strafvollzugsbeamte warnen: Plätze in U-Haft werden knapp« (23.10.2018) https://www.mdr.de/sachsen/gemkow-haeftlinge-ausland-100.html

79 Siehe Blick online vom 27.1. 2014, aktualisiert am 28.9.2018 »Drei Viertel der Insassen sind Ausländer« (23.10.2018)

80 Siehe Kurier online vom 13.1.2013 »Österreichs Gefängnisse sind zum Bersten voll « (23.10.2018)

81 Das Zitat stammt aus diesem Interview mit der *Frankfurter Rundschau* vom 22.11.2016 »Snowden ist ein Verräter« (23.10.2018)

82 Siehe Welt online vom 31.8.2016 »Gefängnisse sind »Flüchtlingsbedingt« überfüllt« (23.10.2018) und vom 31.8.2016 »«Zahl der Häftlinge stark gestiegen«« (23.10.2018)

83 Siehe BZ online vom 20.11.2016 »Wer Verbrecher freilässt, braucht eben auch weniger Zellen« (23.10.2018)
84 Siehe Der Westen online vom 14.5.2016 »BKA-Chef Münch: Zahl ausländischer Tatverdächtiger steigt« (23.10.2018)
85 Siehe Der Westen online vom 25.5.2016 »In NRW gibt es immer weniger Verurteilungen« (23.10.2016)
86 Siehe SüdWestPresse online vom 7.5.2015 »Der Angeklagte streitet Missbrauch ab« (23.10.2018)
87 Siehe Welt online vom 1.10.2016 »Schweiz schiebt ab sofort kriminelle Ausländer ab« (23.10.2018)
88 Siehe statista.de: Ausländeranteil an den Gefängnisinsassen in ausgewählten Ländern (23.10.2018)
89 Siehe statista.de: Anteil der Ausländer an der ständigen Wohnbevölkerung in der Schweiz nach Kantonen am 31. 12.2017 (23.10.2018)
90 Siehe Zeit online vom 3.10.2016 »Das Rating der Bösen« (23.10.2018)
91 Siehe Deutschlandfunk online vom 28.1.2016 »Wir haben die sicherste Republik in Deutschland seit dem Jahr 2000« (23.10.2018)
92 Siehe evangelisch.de vom 5.1.2016 »Kriminologe nach Übergriffen: Männliche Flüchtlinge besser integrieren« (23.10.218)
93 Siehe Welt online vom 11.12.2016 »Sind die Sorgen der Deutschen gerechtfertigt, Herr Pfeiffer?« (23.10.2018)
94 So der Politiker Biedenkopf, siehe Spiegel online vom 28.11.2000 »Kein rechtsradikaler Hintergrund« (23.10.2018)
95 Siehe Zeit online vom 25.11.2010 »Der Niederschlag von Sebnitz« (23.10.2018)
96 Siehe NZZ online vom 18.9.2011 »An Ketten gelegt wie Tiere« (23.10.2018)
97 Siehe Die Rheinland Pfalz online vom 25.11.2016 »Landau: Drei Männer schlagen Schwangere am Bahnhof bewusstlos« (23.10.2018)

98 Siehe blaulicht.de; Presseportal vom 19.4.2016 (23.10.2018)
99 Siehe blaulicht.de vom 21.11.2016 »Mann greift Bundespolizisten im Bahnhof Mannheim an« (23.10.2018)
100 Siehe NZZ online vom 18.9.2011 »An Ketten gelegt wie Tiere« (23.10.2018)
101 Siehe lokalkompass.de; Suchbegriff »Asylbewerber aus Hattingen schlägt Vorsitzenden Richter nach Urteilsverkündung nieder« (23.10.2018)
102 Siehe The Guardian online vom 17.6.2009 »Quarter of men in South Africa admit rape, survey finds« (23.10.2018) und vom 18.11.2010 »We have a major problem in South Africa« (23.10.2018)
103 Siehe BBC online vom 9.5.2016 »South African Judge Madel Jansen in race rape row« (23.10.2018)
104 Siehe The Telegraph online vom 11.11.2001 »South African men rape babies as ›cure‹ for Aids« (23.10.2018)
105 Siehe ibtimes.co.uk vom 12.2.2014 »Child Sexual Abuse: Top 5 Countries with the Highest Rates« (23.10.2018)
106 Siehe rense.com vom 1.5.2011 »AIDS ›virgin‹ myth drives South Africa's hideous child-rape epidemic« (23.10.2018)
107 Siehe justice.gov.za; Suchbegriff »Ukuthwala«
108 Siehe timeslive.co.za vom 25.3.2015 »No hiding behind ›ukuthwala‹ for child rape convict« (23.10.2018)
109 Siehe Focus online vom 13.8.2016 »Türkei lockert Verbot von Sex mit Kindern« (23.10.2018)
110 Siehe theexplainer.com vom 29.6.2016 »Behind the scourge of child rape in South Africa« (23.10.2018)
111 Siehe panapress.com vom 9.11.2001 »Six South Africans gang-rape 9-month old baby« (23.10.2018)
112 Siehe etwa: iol.co.za vom 23.4.2015 »Plett baby porn accused in the dock« (23.10.2018)

113 Siehe The Australian online vom 14.1.2011 »Mum raped by seven as her kids slept nearby« (23.10.2018)

114 Siehe The Guardian online vom 26.10.2006 »Australian Muslim leader compares uncovered women to exposed meat« (23.10.2018)

115 Siehe dieses Interview ren.tv/novosti, 17.1.2016 (23.10.2018)

116 Siehe Express online vom 19.1.2016 »Islamic scholar says Allah allows Muslim men to rape non-Muslim women to humiliate them« und zeenews.india.com vom 17.1.2016 »Allah allows Muslims to rape non-Muslim women in order to humiliate them, claims Islamic professor« (23.10.2018)

117 Siehe aftonbladet online vom 16.5.2016 »De har klippt och klistrat« (23.10.2018)

118 Siehe NyTimes online vom 12.3.2016 »To maintain supply of sex slaves, ISIS pushes birth control« (23.10.2018)

119 Siehe cnn online vom 8.10.2015 »ISIS soldiers told to rape women ›to make them Muslim‹« (23.10.2018)

120 Siehe The Guardian online vom 4.11.2014 »Libyan troops sent home after sexual assault allegations« (24.10.2018)

121 Siehe The Telegraph online vom 6.5.2015 »Libyan soldiers ›preyed on male British rape victim linke hunting dogs‹« (24.10.2018)

122 Siehe The Telegraph online vom 6.5.2015 »Libyan soldiers ›preyed on male British rape victim linke hunting dogs‹« (24.10.2018)

123 Siehe The Guardian online vom 30.9.2015 »Libyan soldiers who assaulted women at army base seek asylum in the UK« (24.10.2018)

124 Siehe BBC online vom 15.10.2016 »MoD pays damages over sex attacks by Libyan cadets in UK« (24.10.2018)

125 Siehe Middle East Eye online vom 13.2.2015 »Libya's shame as soldiers return from UK« (24.10.2018)

126 Siehe Focus online vom 29.9.2016 »Polizei warnt vor ›knallharten kriminellen Strukturen‹ in deutschen Flüchtlingscamps« (24.10.2018)

127 Siehe Handelsblatt online vom 6.10.2015 »Polizeigewerkschaft spricht von Verharmlosung« (24.10.2018)
128 Siehe wdr online vom 24.10.2017 »Syrer wegen sexuellen Missbrauchs in Hammer Schwimmbad verurteilt« (24.10.2018)
129 Siehe Tagesspiegel online vom 7.7.2016 »Kinderschutzbeauftragte: ›Flüchtlingsunterkünfte sind ein Mekka für Pädophile‹« (24.10.2018)
130 Siehe Fox News online vom 28.1.2016 »Afghan men struggle with sexual identity, study finds« (24.10.2018)
131 Zitiert nach Fox News online vom 28.1.2016 »Afghan men struggle with sexual identity, study finds« (24.10.2018)
132 Siehe The Star online vom 15.12.2008 »World court inquiry sought in Afghan rapes« (24.10.2018)
133 Siehe The Star online vom 14.12.2008 »Chaplain says senior officer aware of rapes by Afghans« (24.10.2018)
134 Siehe The Telegraph online vom 13.1.2011 »Paedophillia culturally accepted in south Afghanistan« (24.10.2018)
135 Siehe Foreign Policy online vom 28.10.2013 »Bacha Bazi: An Afghan tragedy« (24.10.2018)
136 Siehe UN News online vom 3.2.2011 »New UN-Afghan pact will help curb recruitment, sexual abuse of children« (24.10.2018)
137 Siehe Schweizerische Flüchtlingshilfe online, Suchbegriff »Bacha Bazi«, (24.10.2018)
138 Siehe Daily Mail online vom 7.1.2016 »The secret shame of Afghanistan's bacha bazi ›dancing boys‹ who are made to dress like little girls, then abused by paedophiles« (24.10.2018)
139 Siehe FAZ online vom 23.5.2011 »Die Tanzknaben vom Hindukusch« (24.10.2018)
140 Siehe Digital Journal online vom 20.11.2007 »Boys in Afghanistan sold into prostition, sexual slavery« (24.10.2018)

141 Siehe Epoch Times online vom 27.10.2016 »Freiburg: Afghane (62) zerrt Jungen (8) unter Dusche« (24.10.2018)

142 Siehe Presseportal/Blaulicht online vom 25.10.2016 »Waldshut/Tiengen: Sexueller Übergriff auf Jungen in Asylbewerberunterkunft« (24.10.2018)

143 Zitiert nach OTZ online vom 12.12.2016 »14-jährige in Meiningen vergewaltigt – Polizei kontrollierte Täter und Opfer zuvor zufällig« (24.10.2018)

144 Zitiert nach OTZ online vom 12.12.2016 »14-jährige in Meiningen vergewaltigt – Polizei kontrollierte Täter und Opfer zuvor zufällig« (24.10.2018) und siehe auch Express online vom 12.12.2016 »Schlimmer Verdacht: Asylbewerber soll Mädchen (14) vergewaltigt haben« (24.10.2018)

145 Siehe The Guardian online vom 25.4.2010 »The hypocrisy of child abuse in many Muslim countries« (24.10.2018)

146 Siehe Dawn online von 3.9.2014 »Pakistan's hidden shame: Documentary reveals horror of pedophilia in K-P« (24.10.2018)

147 Siehe auch Channel 4 online vom 28.4.2014 »Pakistan's hidden shame documentary to air on Channel 4« (24.10.2018)

148 Siehe Dawn online vom 11.3.2016 »Senate passes law to criminalise child sexual abuse« und loc.gov online vom 22.3.2016 »Pakistan: Senate passes law to criminalise child sexual abuse and child pornography« (24.10.2018) – nur Kindesvergewaltigung war schon vor 2016 in Pakistan strafbar, nicht jedoch sexueller Kindesmißbrauch

149 Siehe The Telegraph online vom 8.2.2004 »Acid attack on boy who ›refused sex with Muslim Cleric‹« (24.10.2018)

150 Siehe The Washington Post online vom 13.10.2013 »Pakistan struggles to combat child rapes« (24.10.2018)

151 Siehe Washington Post online vom 21.4.2011 »Pakistan Supreme Court frees five in gang-rape case that received global attention« (24.10.2018)

152 Siehe Amnesty International online vom 11.12.2015 »Egypt: Child ›raped with wooden stick by police officers‹ must be released« (24.10.2018)
153 Siehe The American Conservative online vom 10.7.2013 »Routine child rape by Afghan Police« (24.10.2018)
154 Siehe SF Gate online vom 29.8.2010 »Afghanistan's dirty little secret« (24.10.2018)
155 Siehe SF Gate online vom 29.8.2010 »Afghanistan's dirty little secret« (24.10.2018)
156 Siehe IPS News online vom 25.9.2012 »Child abuse on the rise in Bahrain« (24.10.2018)
157 Siehe IBTimes online vom 12.2.2014 »Child sexual abuse: Top 5 countries with the highest rates« (24.10.2018)
158 Zitiert nach dem YouTube Video »Congo soldiers explain why they rape« (24.10.2018)
159 Siehe YouTube Video »Congo soldiers explain why they rape« (24.10.2018)
160 Siehe AZ online vom 29.6.2016 »Asyl-Betreuerin entkam der Vergewaltigung nur mit Glück« (24.10.2018)
161 Siehe Welt online vom 7.5.2015 »Islamisten schwängern 214 von 234 entführten Mädchen« (24.10.2018)
162 Siehe etwa The Wire online vom 4.11.2016 »Girls recued from Boko Haram made victims by Nigerian soldiers« (24.10.2018) und HRW online vom 31.10.2016 »Nigeria: Offcials abusing displaced women, girls« (24.10.2018)
163 Siehe SZ online vom 17.5.2010 »Nur Doofe wollen zur Polizei« (24.10.2018)
164 Siehe dodig.mil, dann Suchbegriff »Afghan child sexual abuse« (24.10.2018)
165 Siehe AFP Correspondent online vom 25.7.2016 »Their silent screams« (24.10.2018)

166 Siehe Auswärtiges Amt online vom 3.2.2016 »EUPOL afghanistan« (24.10.2018)

167 Siehe ntv online vom 21.1.2011 »Steuerzahler zahlt für Talk-Show« (24.10.2018)

168 Siehe oev online vom 17.8.2016 »Bub (4) in Flüchtlingsheim vergewaltigt« (24.10.2018)

169 Siehe Bild online vom 17.9.2016 »Die unglaubliche Begründung von Gericht und Staatsanwalt« (24.10.2018)

170 Siehe etwa Independent online vom 17.8.2016 »Four-year old child refugee ›raped by Afghan man‹ at centre for Asylum in Germany« (24.10.2018)

171 Siehe Radio 24.dk vom 2.11.2016 »Langeland: Ein weiterer Sexskandal wird vor der Öffentlichkeit verschwiegen« (24.10.2018)

172 Siehe Radio 24.dk vom 10.8.2016. Dort heißt es in den 6-Uhr-Nachrichten in Dänisch: Fem asylansøgere mellem 14 og 17 år blev i sidste uge bortvist fra asylcentret i Tullebølle på Langeland, efter to af drengene er blevet sigtet for voldtægt og tre for seksuel chikane på Langelandsfestivalen. Nu vil Langelands borgmester, Bjarne Nielsen (V), samle problematiske og uledsagede flygtningebørn på asylcentre med særligt skrappe krav, men det er ikke alle, som er enige i dette forslag. Vi taler med Mattias Tesfaye, indfødsretsordfører for Socialdemokraterne. (24.10.2018)

173 Siehe Radio 24.dk vom 2.11.2016 »Langeland: Ein weiterer Sexskandal wird vor der Öffentlichkeit verschwiegen« (24.10.2018)

174 Siehe Express online vom 11.11.2016 »Migrant sex attacks against children in Sweden could escalate, officials warn« (24.10.2018)

175 Siehe zu den nachfolgenden Angaben Express online vom 6.11.2016 »How sex attacks are spreading across Sweden as police struggles with migrant crime« (24.10.2018)

176 Siehe DLF online vom 8.12.2016 »Die Medien schweigen« (24.10.2018)

177 Siehe Daily Mail online vom 6.12.2016 »Five Afghan Teenagers are arrested after a boy isgang-raped an knifepoint for more than an hour in a forest in Sweden« (24.10.2018)
178 Siehe Daily Mail online vom 19.8.2016 »Did you know that Sweden has the highest RAPE rate worldwide? Turkish airport puts up shocking billboard after Stockholm blasted Ankara for legalising sex with children« (24.10.2018)
179 Siehe etwa Daily Mail online vom 12.1.2016 »Three-year old boy is raped ›by multiple people‹ at asylum centre in Norway«(24.10.2018)
180 Siehe The Local online vom 9.1.2016 »Could Germany copy Norway gender lessons?« (28.10.2018)
181 Siehe Finland today online vom 18.3.2015 »How the rape in Tapanila started an outrage against Somalis in Finland« (24.10.2018)
182 Siehe Finland Today online vom 26.11.2015 »A rape in Kempele – refugees advised not to approach Finnish girls for sake of safety« (24.10.2018)
183 Siehe Focus online vom 1.8.2016 »1000 Männer am Bahnhof von Helsinki: Auch hier gab es Übergriffe auf Frauen« (28.10.2018)
184 Siehe Lokal.hu vom 15.9.2016 (24.10.2018)
185 Siehe Welt online vom 9.5.2016 »Muslimgangs missbrauchen weiße, englische Mädchen« (24.10.2018)
186 Siehe zu den Vergewaltigungsdrohungen in Crewe etwa Mirrow online vom 11.2.2016 »Vigilantes' filmed patrolling town after claims of mass brawl and rape threats at school« (24.10.2018)
187 Siehe Telegraph&Argus online vom 5.2.2016 »Eleven Keighley rapists and a cab driver who sexually abused a vulnerable teenage schoolgirl to be sentenced at Bradford Crown Court« (24.10.2018)
188 Siehe Express online vom 9.8.2016 »ROTHERHAM ABUSE SCANDAL: Horrific reality of ›industrial scale‹ child grooming revealed« (24.10.2016)

189 Siehe Express online vom 29.10.2016 »Fury as Islamic group orders Muslims in Rotherham to boycott police over child sex scandal« (24.10.2018)
190 Siehe Mirrow online vom 19.11.2016 »15-year-old refugee who raped boy, 5, months after arriving in UK, handed rehabilitation order« (24.10.2018)
191 Siehe Birgün online vom 12.5.2016 »30 children raped in the refugee camp that Merkel visited in Turkey« (28.10.2018)
192 Siehe Hürriyet online vom 12.5.2016 (24.10.2018)
193 Siehe Birgün online vom 22.5.2016 (24.10.2018)
194 Siehe Birgün online vom 19.8.2016 (24.10.2018)
195 Siehe etwa Mirrow online vom 13.5.2016 »Refugee camp cleaner ›raped 30 Syrian boys aged 8 to 12 repeatedly over many months‹« (24.10.2018)
196 Siehe FARS News online vom 24.5.2016 »Turkish Camps Turned into Centers for Raping Children, Selling Refugees' Body Organs« (24.10.2018)
197 Siehe Mirrow online vom 5.3.2016 »Migrant boys raped in ›Calais Jungle‹ camp so violently they were left needing surgery« (24.10.2018)
198 Siehe The Sun online vom 31.7.2016 »Syria crime wave Hundreds of Syrians in UK arrested over string of offences including rape and child abuse« (24.10.2018)
199 Siehe The Guardian online vom 13.8.2016 »›Sexual assaults on children‹ at Greek refugee camps« (24.10.2018)
200 Siehe Daily Mail online vom 28.9.2016 »Four Pakistani teenagers are arrested after being accused of gang-raping a 16-year-old boy at a Greek migrant camp and recording it on mobile phones« (24.10.2018)
201 Siehe Daily Pakistan online vom 6.10.2016 »Four teenagers arrested for gang-raping boy in Hyderabad« (24.10.2018)

202 Siehe Reuters online vom 13.3.2013 »Syria's children shot at, tortured, raped: charity report« (24.10.2018)
203 Siehe Gatestone Institute online vom 5.3.2016, »Germany: Migrant Rape Crisis Worsens« (24.10.2018)
204 Die Angaben zum Zeitpunkt der ersten Vergewaltigung schwanken, klar ist, daß die Tat in den ersten Januartagen 2016 erfolgte und es an den folgenden Tagen weitere Vergewaltigungen von Kindern gab, siehe zum Prozeß etwa Bild online vom 19.3.2016 »Blitzanklage gegen Flüchtling« (28.10.2018)
205 Siehe Der Westen online vom 29.1.2016 »Mädchen wurde in Düsseldorfer Kinderhilfezentrum missbraucht« (24.10.2018)
206 Siehe NRW direkt online vom 17.2.2016 »Gewalt im Kinderhilfezentrum« (24.10.2018)
207 Siehe etwa Bild online vom 7.1.2016 »Das geheime Polizei-Protokoll!« (24.10.2018)
208 Siehe NW online vom 15.1.2016 »Ermittlungen: 14-Jährige soll sexuell missbraucht worden sein« (24.10.2018)
209 Siehe Wochenblatt online vom 8.1.2016 »Asylbewerber tatverdächtig: Sexueller Übergriff auf 15-Jährige in Burghausen« (24.10.2018)
210 Siehe Abendblatt online vom 5.2.2016 »Flüchtling soll Kind in Unterkunft missbraucht haben« (24.10.2018)
211 Siehe WAZ online vom 7.1.2016 »Rathaus: Opfer wollte seinem Peiniger helfen« (24.10.2018)
212 Siehe SWP online vom 8.1.2016 »13-Jährige von jungem Mann begrabscht« (24.10.2018)
213 Siehe Saarbrücker Zeitung online vom 25.1.2016 »Syrer onaniert vor vier Frauen in einer Sauna« (24.10.2018)
214 Siehe Bild online vom 15.1.2016 »Frau (48) von drei Männern vergewaltigt« (24.10.2018)
215 Siehe Neue Presse online vom 10.1.2016 »Gleidingen: Sex-Attacke auf 45-jährige Frau« (24.10.2018)

216 Siehe NWZ online vom 11.1.2016 »Mehrere Frauen in Oldenburg sexuell belästigt« (24.10.2018)
217 Siehe Tag 24 online vom 11.1.2016 »Deshalb ließ der Staatsanwalt die Sex-Täter von Leipzig laufen« (24.10.2018)
218 Siehe Saarbrücker Zeitung online vom 11.1.2016 »Mann wollte Frau (46) offenbar vergewaltigen« (24.10.2018)
219 Siehe Abendblatt online vom 10.1.2016 »Flüchtling gesteht sexuellen Missbrauch eines Schulkindes« (24.10.2018)
220 Siehe Presseportal vom 11.1.2016 »(59) Im Freizeitbad von Unbekannten unsittlich berührt« (24.10.2018)
221 Siehe http://www1.wdr.de/angriff-auf-junges-maedchen-wuppertal-100.html (24.10.2018)
222 Siehe Presseportal/Blaulicht online vom 14.1.2016 »Bornhöved - Polizei nimmt 36-jährigen Flüchtling nach sexueller Nötigung fest« (24.10.2018)
223 Siehe Presseportal/Blaulicht online vom 12.1.2016 »Kamen – Sexueller Missbrauch eines Kindes – Sexualdelikt im kommunaler Unterbringungseinrichtung« (25.10.2018)
224 Siehe Wochenblatt online vom 12.1.2016 »Junge Frau soll von Asylbewerbern angepöbelt worden sein« (25.10.2018)
225 Siehe Freie Presse online vom 13.1.2016 »Mann bedrängt junge Frau in Frankenberg« (25.10.2018)
226 Siehe Mirror online vom 5.3.2016 »Migrant boys raped in ›Calais Jungle‹ camp so violently they were left needing surgery« (24.10.2018)
227 Zitiert nach Presseportal/Blaulicht online vom 12.1.2016 »Fröndenberg – Sexuelle Nötigung – Frau wurde von zwei Männern im Bereich Mühlenberg angegrapscht« (25.10.2016)
228 Siehe Der Westen online vom 22.1.2016 »Gelsenkirchener (45) zeigt Zivilcourage und kassiert Prügel« (25.10.2018) und Focus online vom 22.1.2016 »Wollte Mädchen beschützen:

Gelsenkirchener kassiert Prügel für Zivilcourage« (25.10.2018)

229 Siehe NWZ online vom 16.1.2016 »Polizei sucht Tatverdächtige mit Phantombildern« (25.10.2018)

230 Siehe Wochenblatt online vom 13.1.2016 »Sexueller Übergriff auf junge Frau in Altötting« (25.10.2018)

231 Siehe Presseportal/Blaulicht online vom 15.1.2016 »Frau von Männern bedrängt und verletzt« (25.10.2018)

232 Siehe Wochenblatt online vom 19.1.2016 »Begrapscht und geschlagen: Sexueller Übergriff auf Frau – Polizei bittet um Zeugenhinweise« (25.10.2018)

233 Siehe Weserkurier online vom 15.1.2016 »Junge Frau im Bahnhof und Zug sexuell belästigt« (25.10.2018)

234 Siehe Presseportal/Blaulicht online vom 16.1.2016 »Festnahme nach sexuellem Missbrauch eines Kindes – Hilden« (25.10.2018)

235 Siehe Sachsen-Kurier online vom 15.1.2016 »Chemnitz: Tunesier versucht, Frau in Spielothek zu vergewaltigen« (25.10.2018)

236 Siehe Bild online vom 15.1.2016 »Flüchtling (31) wegen Vergewaltigung vor Gericht« (25.10.2018)

237 Siehe Presseportal/Blaulicht online vom 19.1.2016 »Mainz: Unbekannter belästigt Frauen« (25.10.2018)

238 Siehe Rhein-Neckar-Zeitung online vom 16.1.2016 »Mannheim: 55-Jährige wird Opfer eines sexuellen Übergriffs« (25.10.2018)

239 Siehe Spiegel online vom 15.1.2016 »Schwimmbad-Verbot für männliche Flüchtlinge« (25.10.2018)

240 Siehe SZ online vom 17.1.2016 »Klare Regeln statt pauschaler Verbote« (25.10.2018)

241 Siehe Siegener Zeitung online vom 16.1.2016 »Missbrauch durch Flüchtling?« (25.10.2018)

242 Siehe Bild online vom 17.1.2016 »Flüchtling begrapscht vier Mädchen im Schwimmbad« (25.10.2018)

243 Siehe Tag 24 online vom 19.1.2016 »Sexueller Übergriff auf Supermarkt-Mitarbeiterinnen« (25.10.2018)

244 Siehe Presseportal/Blaulicht online vom 22.1.2018 »Kriminalpolizei sucht Zeugen nach versuchter Vergewaltigung in der Wik« (25.10.2018)

245 Siehe Nordbayern online vom 18.1.2016 »An Brust gefasst: 21-Jährige im Hauptbahnhof sexuell belästigt« (25.10.2018)

246 Siehe Wochenblatt online vom 20.1.2016 »20-Jährige berichtet über einen Spanner im Burghauser Hallenbad« (25.10.2018)

247 Siehe PNP online vom 18.1.2016 »20-Jährige berichtet über einen Spanner im Burghauser Hallenbad« (25.10.2018)

248 Siehe Presseportal/Blaulicht online vom 22.1.2016, Pressemeldungen (25.10.2018)

249 Siehe SHZ online vom 20.1.2016 »Versuchte Vergewaltigung im Parkhaus – Haftbefehl erlassen« (25.10.2018)

250 Siehe Bild online vom 20.1.2016 »Grabsch-Attacke in Leipziger Schwimmhalle« (25.10.2018)

251 Zitiert nach Presseportal/Blaulicht online vom 25.2.2016 »Fahndung mit Phantombild nach Sexualdelikt – Langenfeld« (25.10.2018)

252 Siehe Wochenblatt online vom 19.1.2016 »Begrapscht und geschlagen: Sexueller Übergriff auf Frau – Polizei bittet um Zeugenhinweise« (25.10.2018)

253 Siehe Wochenblatt online vom 22.1.2016 »18-Jährige in Dingolfing betatscht und geschlagen« (25.10.2018)

254 Siehe StN online vom 23.1.2016 »Unbekannter verfolgt 16-Jährige und onaniert« (25.10.2018)

255 Siehe StN online vom 23.1.218 »23-Jährige sexuell belästigt und ausgeraubt« (25.10.2018)

256 Siehe Bild online vom 22.1.2016 »Im Schwimmbad: Därme entleert! Frauen belästigt!« (25.10.2018)

257 Siehe Wochenblatt online vom 25.1.2016 »Asylbewerber soll in Straubing eine junge Frau (17) sexuell missbraucht haben« (25.10.2018)
258 Siehe Wochenblatt online vom 25.1.2016 »Junge Afghanen belästigen Mädchen im Straubinger Aquatherm« (25.10.2018)
259 Siehe Siegener Zeitung online vom 25.1.2016 »13-Jährige im Hallenbad bedrängt« (25.10.2018)
260 Siehe Focus online vom 24.1.2016 »Heldenhaftes Eingreifen: Fahrgäste retten Frau im Zug vor sexuellem Übergriff« (25.10.2018)
261 Siehe Focus online vom 23.1.2016 »Sexuelle Belästigung: Unbekannte bedrängen 18-Jähriges Mädchen« (25.10.2018)
262 Zitiert nach HAZ online vom 27.1.2016 »Unbekannte versuchen 25-Jährige zu vergewaltigen« (25.10.2018)
263 Siehe Presseportal/Blaulicht online vom 27.1.2016, Pressemeldungen Marburg-Biedenkopf vom 27.1.2016 (25.10.2018)
264 Siehe Presseportal/Blaulicht online vom 27.1.2016 »Mann belästigt Mädchen – Couragierte Frauen passen auf!« (25.10.2018)
265 Siehe Südkurier online vom 5.1.2016 »15-Jährige am Überlinger Busbahnhof sexuell belästigt« (25.10.2018)
266 Siehe bo.de online vom 25.2.2016 »Urteil gefallen: 18-Jährige im Lahrer Fitnessstudio genötigt« (225.10.2018)
267 Siehe Bild online vom 28.1.2016 »Bei Festnahme! Sex-Attacke auf Polizistin« (25.10.2018)
268 Siehe Bild online vom 28.1.2016 »Minderjährige Flüchtlinge verhaftet« (25.10.2018)
269 Siehe Bild online vom 23.2.2016 »Sex-Täter (21) schwindelt sich als Kind in Heim!« (25.10.2018)
270 Siehe Sächsische Zeitung online vom 5.2.2016 »14-jähriges Mädchen bedrängt« (25.10.2018)
271 Siehe Stuttgarter Zeitung online vom 29.1.2016 »Backnang: Mann belästigt Frau« (25.10.2018)

272 Siehe ntv.de vom 2.2.2016 »Mann vergewaltigt Siebenjährige in Kiel« (25.10.2018)

273 Siehe PNP online vom 1.2.2016 »Mädchen (17) im Vorbeigehen betatscht – Polizei sucht Zeugen« (25.10.2018)

274 Siehe Südkurier online vom 1.2.2016 »Nach sexuellem Übergriff: Täterbeschreibung veröffentlicht« (25.10.2018)

275 Siehe Presseportal/Blaulicht online, Pressemeldungen vom 31.1.2016 Salzgitter/Peine (26.10.2018)

276 Siehe SVZ online vom 1.2.2016 »Streit um Gerichtsbeschluss« (26.10.2018)

277 Siehe Presseportal/Blaulicht online, Pressemeldungen vom 19.2.2016, Landkreis Schwäbisch-Hall (26.10.2018)

278 Siehe MainPost online vom 7.2.2016 »Mann belästigt Schwangere« (26.10.2018)

279 Siehe MAZ online vom 2.2.2016 »Mann schlägt und belästigt Frauen in S-Bahn« (26.10.2018)

280 Siehe Der Westen online vom 4.2.2016 »14-Jährige im vollbesetztem Schulbus sexuell belästigt« (26.10.2018)

281 Siehe Focus online vom 4.2.2016 »Junge Männer begrapschen zwei 14-jährige Mädchen in Münchner Schwimmbad« (26.10.2018)

282 Siehe Heidenheimer Zeitung online vom 5.2.2016 »16-Jährige von Gleichaltrigem in der Aquarena sexuell belästigt« (26.10.2016)

283 Zitiert nach Tag 24 online vom 4.2.2016 »Bisswunde überführt Sex-Täter« (26.10.2018)

284 Siehe Presseportal/Blaulicht online vom 10.2.2016 »Winsen – Exhibitionist im Regionalzug – Zeugen gesucht« (26.10.2018)

285 Siehe NW online vom 5.2.2016 »Übergriffe an Weiberfastnacht« (26.10.2018)

286 Siehe Der Tagesspiegel online vom 5.2.2016 »Mehrere sexuelle Übergriffe im Straßenkarneval« (26.10.2018)

287 Siehe Wochenblatt online vom 5.2.2016 »Nach Weiberfasching: Frau (49) von syrischem Migranten sexuell bedrängt« (26.10.2018)
288 Siehe Presseportal/Blaulicht online vom 4.2.2016 »Lörrach: Schwarzafrikaner belästigt Frauen und leistet Widerstand bei Festnahme – zwei Polizeibeamte verletzt« (26.10.2018)
289 Siehe SZ online vom 4.2.2016 »Asylbewerber geht auf Frauen los« (26.10.2018)
290 Siehe NWZ online vom 5.2.2016 »Asylbewerber geht auf Frauen los« (26.10.2018)
291 Siehe RP online vom 6.2.2016 »Im Zülpicher Viertel sollen sich Nordafrikaner versammelt haben« (26.10.2018)
292 Siehe Neckar-Quelle online vom 5.2.2016 »19-Jährige sexuell belästigt und mit Schüssen aus einer Softair-Pistole verletzt« (26.10.2018)
293 Siehe MZ online vom 6.2.2016 »Verdacht der sexuellen Nötigung in Klietz: Männer bedrängen 13-Jährige« (26.10.2018)
294 Siehe innsalzach24.de vom 7.2.2016 »Sexuelle Nötigung in Tiefgarage: Frau (18) kann fliehen« (26.10.2018)
295 Siehe PZ online vom 8.2.2016 »Junge afghanische Männer belästigen Frauen bei Faschingsveranstaltung« (26.10.2018)
296 Siehe Presseportal/Blaulicht online vom 7.2.2016 »Kreis Borken – 52 Polizeieinsätze am Karnevalssamstag« (26.10.2018)
297 Siehe OP online vom 7.2.2016 »16-Jährige unsittlich berührt: Polizei nimmt Mann aus Offenbach fest« (26.10.2018)
298 Siehe Presseportal/Blaulicht online, **Pressemeldungen vom 6.2.2016,** Landkreis Konstanz (26.10.2018)
299 Siehe Presseportal/Blaulicht online, **Pressemeldungen vom 8.2.2016,** Landkreis Ravensburg (26.10.2018)
300 Siehe Presseportal/Blaulicht online, **Pressemeldungen vom 8.2.2016,** Landkreis Ravensburg (26.10.2018)
301 Siehe Presseportal/Blaulicht online, **Pressemeldungen vom 7.2.2016,** PI Celle (26.10.2018)

302 Siehe Mannheimer Morgen online vom 9.2.2016 »Jugendliche sollen 17-Jährige vergewaltigt haben« (26.10.20.18)
303 Siehe Allgemeine Zeitung online vom 8.2.2016 »Angetanzt und angegrapscht: Mehrere sexuelle Belästigungen im Fastnachtstreiben am Schillerplatz in Mainz« (26.10.2018)
304 Siehe TLZ online vom 8.2.2016 »Sexuelle Belästigung am Erfurter Domplatz – Polizei sucht weitere Opfer« (26.10.2018)
305 Siehe Mannheimer Morgen online vom 8.2.2016 »Heppenheim: Jugendliche nach sexuellem Übergriff in Haft« (26.10.2018)
306 Siehe Presseportal/Blaulicht online vom 8.2.2016, Pressemeldungen Neckar-Odenwald-Kreis (26.10.2018)
307 Siehe Presseportal/Blaulicht online vom 7.2.2016 »Karnevalsumzüge am Tulpensonntag Stand 18.00 Uhr« (26.10.2018)
308 Siehe Presseportal/Blaulicht online vom 8.2.2016 »Frauen unsittlich berührt« (26.10.2018)
309 Siehe Wochenblatt online vom 8.2.2016 »Landshut: 12-Jährige von afghanischem Teenager belästigt« (26.10.2018)
310 Siehe Allgemeine Zeitung online vom 8.2.2016 »Angetanzt und angegrapscht: Mehrere sexuelle Belästigungen im Fastnachtstreiben am Schillerplatz in Mainz« (26.10.2018)
311 Siehe Presseportal/Blaulicht online vom 8.2.2016, Pressemeldungen vom Rems-Murr-Kreis (26.10.2018)
312 Siehe Baden online vom 8.2.2016 »Belästigung: Frau wird von drei Männern bedrängt« (26.10.2018)
313 Siehe Westfälische Nachrichten online vom 8.2.2016 »16-Jährige sexuell genötigt« (26.10.2018)
314 Siehe OVB online vom 9.2.2016 »Feuerwehr musste Geschäft sichern« (26.10.2018)
315 Siehe MZ online vom 7.2.2016 »Eulenspiegelturm: 15-Jährige wird bedrängt« (26.10.2018)

316 Zitiert nach Presseportal/Blaulicht online vom 9.2.2016 »Bochum-Wattenscheid: Frau im Linienbus 390 belästigt - Zeugen gesucht! (26.10.2018)
317 Siehe Stuttgart-Journal online vom 8.2.2016 »Waiblingen / Crailsheim: 18-Jährige im Zug sexuell belästigt« (26.10.2018)
318 Siehe Tag24.de vom 8.2.2016 »Frau bedrängt und geküsst: Polizei sucht Zeugen« (26.10.2018)
319 Siehe Mannheim24 online vom 7.2.2016 »Radfahrer begrapscht Fußgängerin« (26.10.2018)
320 Siehe Express online vom 9.2.2016 »Siegburg: 15-jährige bei Karnevalszug sexuell belästigt« (26.10.2018)
321 Siehe Presseportal/Blaulicht online vom 9.2.2016 »Karnevalsfeier endet für zwei Männer in Polizeizelle« (26.10.2018)
322 Siehe WZ online vom 8.2.2016 »Mädchen im Nautimo belästigt« (26.10.2018)
323 Siehe RP online vom 9.2.2016 »Polizei schließt alle Kneipen nach Schlägereien« (26.10.2018)
324 Siehe Presseportal/Blaulicht online vom 12.2.2016 »23-Jährige auf Supermarktparkplatz in der Annastraße von Unbekannten bedrängt – Polizei Göttingen sucht Zeugen« (26.10.2018)
325 Siehe Westfälische Nachrichten online vom 10.2.2016 »Sexuelle Belästigung« (26.10.2018)
326 Siehe Presseportal/Blaulicht online vom 12.2.2016 »Polizei nimmt 36-Jährigen nach Missbrauchsvorwurf fest« (26.10.2018)
327 Zitiert nach NWZ online vom 18.2.2016 »Junge im Hallenbad sexuell belästigt« (26.10.2018)
328 Siehe all-in.de vom 15.2.2016 »Mädchen (16) von jungen Männern in Füssen belästigt: Polizei sucht Zeugen« (26.10.2018)
329 Siehe Presseportal/Blaulicht online vom 15.2.2016 »Mädchen im Schwimmbad belästigt« (26.10.2018)

330 Siehe Presseportal/Blaulicht online vom 18.2.2016 »Sexueller Übergriff in Bäckerei: Dringend Tatverdächtiger festgenommen« (26.10.2018)

331 Siehe RadioDresden online vom 15.2.2016 »Wieder junge Mädchen im Georg-Arnhold-Bad belästigt« (26.10.2018)

332 Siehe Presseportal/Blaulicht online vom 15.2.2016 »Meiderich: Diskothekenmitarbeiterin auf Heimweg von vier Männern überfallen – Polizei sucht Zeugen« (26.10.2018)

333 Siehe Wochenblatt online vom 30.11.2016 »Hat ein Somalier ein Kind (11) vergewaltigt?« (26.10.2018)

334 Siehe Presseportal/Blaulicht online vom 15.2.2016 »17-Jähriger randaliert – Bundespolizei sucht Opfer« (26.10.2018)

335 Siehe Presseportal/Blaulicht online vom 16.2.2016 »14-jähriges Mädchen in der S-Bahn sexuell belästigt« (26.10.2018)

336 Siehe Presseportal/Blaulicht online vom 18.2.2016 »35-Jährige wurde ausgeraubt« (26.10.2018)

337 Siehe Presseportal/Blaulicht online vom 17.2.2016, Pressemitteilung vom Stadt- und Landkreis Heilbronn Neckar-Odenwald-Kreis (26.10.2018)

338 Siehe Presseportal/Blaulicht online vom 18.2.2016 »Pressemitteilungen der Polizei für Wiesbaden und den Rheingau-Taunus-Kreis« (26.10.2018)

339 Siehe Presseportal/Blaulicht online vom 19.2.2016 »Hörstel, Exhibitionist« (26.10.2018)

340 Siehe Presseportal/Blaulicht online vom 19.2.2016, Pressemeldungen Lüneburg (26.10.2018)

341 Siehe Presseportal/Blaulicht online vom 22.2.2016, Pressemeldungen Rotenburg (26.10.2018)

342 Siehe Presseportal/Blaulicht online vom 21.2.2016 »Biberach – Unbekannte lauern Frau auf – Die Kriminalpolizei sucht Zeugen zu einem Sexualdelikt am Samstagmorgen in Biberach« (26.10.2018)

343 Siehe Presseportal/Blaulicht online vom 22.2.2016 »Staatsanwaltschaft und Polizei Stuttgart geben bekannt: Mutmaßlicher Vergewaltiger in Haft« (26.10.2018)
344 Siehe Presseportal/Blaulicht online vom 22.2.2016 »Junge Frau in Saarstraße belästigt« (26.10.2018)
345 Siehe MZ online vom 21.2.2016 »Verdacht des sexuellen Übergriffs« (26.10.2018)
346 Siehe Presseportal/Blaulicht online vom 23.2.2016 »Greven, Raubüberfall/ sexuelle Belästigung« (26.10.2018)
347 Siehe Presseportal/Blaulicht online vom 23.2.2016 »Aurich – Frauen fühlten sich im Schwimmbad sexuell belästigt«
348 Siehe Kieler Nachrichten online vom 22.2.2016 »Festnahme im Schwimmbad« (26.10.2018)
349 Siehe IN online vom 22.2.2018 »Junge Frau auf Bahnhofstoilette vergewaltigt« (26.10.2018)
350 Siehe Fuldaer Zeitung online vom 22.2.2016 »Flüchtling bedrängt junge Helferin sexuell« (26.10.2018)
351 Siehe Presseportal/Blaulicht online vom 26.2.2016 »Zeugenaufruf nach Belästigung einer 14-Jährigen in Neubrandenburg« (26.10.2018)
352 Siehe Presseportal/Blaulicht online vom 23.2.2016 »Asperg: Frau von einem Unbekannten belästigt« (26.10.2018)
353 Siehe mangfall24.de vom 23.2.2016 »Rätselhafte Nötigung: Was hatte der Täter vor?« (26.10.2018)
354 Siehe MAZ online vom 23.2.2016 »Schülerin tritt Angreifer in die Weichteile« (26.10.2018)
355 Siehe MAZ online vom 24.2.2016 »Mutmaßlicher Vergewaltiger auf freiem Fuß« (26.10.2018)
356 Siehe BZ online vom 23.2.2016 »Mitte: Mann attackiert Frauen auf dem Bahnsteig« (26.10.2018)

357 Siehe Augsburger Allgemeine online vom 24.2.2016 »Mann belästigt Frau in Kirche sexuell – 21-Jähriger verhaftet« (26.10.2018)

358 Zitiert nach Presseportal/Blaulicht online vom 26.2.2016 »Landkreis Kassel-Calden: Unbekannter greift junge Frau in Fürstenwald an: Kasseler Polizei hofft auf Hinweise« (26.10.2018)

359 Siehe Tag24 online vom 26.2.2016 »Zwei Mädchen im Bus belästigt und verfolgt« (26.10.2018)

360 Siehe Bild online vom 26.2.2016 »Sex-Attacken in Bus und Bahn« (26.10.2018)

361 Siehe MZ online vom 26.2.2016 »Überfall-Serie in Magdeburg Mutmaßliche Sexualstraftäter müssen sich verantworten« (26.10.2018)

362 Siehe MZ online vom 9.11.2015 »Gerüchte um Vergewaltigung in Magdeburg ›Das ist geistige Brandstiftung‹« (26.10.2018)

363 Siehe Presseportal/Blaulicht online vom 28.2.2016 »Mülheim an der Ruhr: 29-Jähriger vorläufig festgenommen – Mann belästigt mehrere junge Frauen im Forum« (26.10.2018)

364 Siehe Mannheim 24 online vom 26.2.2016 »Polizist stoppt betrunkenen Grapscher (20)!« (26.10.2018)

365 Siehe ntv online vom 1.3.2016 »Vergewaltigung im Schwimmbad? Haftbefehl gegen zwei Flüchtlinge erlassen« (26.10.2018)

366 Siehe Presseportal/Blaulicht online vom 28.2.2016 »Mannheim-Herzogenried: Bei einer Party bedrängt, begrapscht und geküsst – Zeugen gesucht« (26.10.2018)

367 Siehe Frankenpost online vom 29.2.2016 »Mann begrapscht 46-jährige Spaziergängerin« (26.10.2018)

368 Siehe Presseportal/Blaulicht online vom 29.2.2016 »19-Jähriger belästigte weibliche Reisende im Hauptbahnhof Hamm – Bundespolizei leitete Ermittlungsverfahren ein« (26.10.2018)

369 Siehe NZZ online vom 19.2.2009 »Ein Buch – ein Klassiker« (26.10.2018)

370 Siehe Westfälische Nachrichten online vom 17.6.2016 »Förderverein beendet Kooperation« (26.10.2018)
371 Siehe Spiegel online vom 21.7.2016 »Gar nicht so einfach, Gutes zu tun« (26.10.2018)
372 Siehe TAZ online vom 10.8.2015 »Abgeschnitten vom Zuhause« (26.10.2018)
373 Siehe Westfalen heute online vom 24.7.2015 »Stadt Münster richtet freies WLAN in Flüchtlingsheimen ein« (26.10.2018)
374 Siehe salon.com vom 15.1.2015 »Why porn is exploding in the Middle East« in Verbindung mit muslimsandtheworldcom »Do Muslims watch Pornography« und wikiislam.net, Suchbegriff Muslim Statistics Pornography) (26.10.2018)
375 Siehe Fox News online vom 11.12.2015 »No. 1 Nation in Sexy Web Searches? Call it Pornistan« (26.10.2018)
376 Siehe etwa die Auflistung hier: ibtimes.co.in vom 11.5.2016 »Another child rape, pornography scandal rocks Pakistan« (26.10.2018)
377 Siehe ibtimes.co.in vom 1.7.2016 »Web Porn Searches Mock Anti-Gay Laws in Muslim World and Africa« (26.10.2018)
378 Siehe Abendblatt online vom 14.7.2015 »Flüchtlinge in Tostedt erhalten WLAN-Zugang« (26.10.2018)
379 Zitiert nach Presseportal/Blaulicht online vom 21.1.2016 »22-Jährigen beim Masturbieren im Zug erwischt« (26.10.2018)
380 Zitiert heute.at vom 11.3.2016 »Deutsche Regierung gibt Flüchtlingen Sex-Unterricht« (26.10.2018)
381 Zitiert Bild online vom 9.3.2016 »Wie die Regierung Flüchtlingen Sex erklärt« (26.10.2018)
382 Siehe JF online vom 8.3.2016 »Was Flüchtlinge über guten Sex wissen müssen« (26.10.2018)
383 Siehe etwas Focus online vom 9.12.2016 »Experten fordern mehr Frauen-Verstehkurse für Flüchtlinge« (26.10.2018)

384 Siehe Tag24 online vom 2.10.2015 »1000 Flüchtlinge neben Deutschlands größter Sexmesse?« (25.10.2018)
385 Siehe Berliner Kurier online vom 20.7.2016 »Minütlich bekommt er Droh-Mails. Dieser syrische Flüchtling ist jetzt Porno-Darsteller« (26.10.2018)
386 Zitiert nach Rhein Zeitung online vom 11.10.2016 »Westerwälder Flüchtlingsheim: Afghane (18) missbraucht Jungen« (26.10.2018)
387 Siehe AZ online vom 22.9.2016 »Iraner genießt Kirchenasyl und soll sich an Mädchen (6) vergangen haben« (26.10.2018)
388 Siehe presse.sachsen-anhalt.de, Pressemitteilung 001/2016 (26.10.2018)
389 Siehe MZ online vom 5.9.2016 »Mädchen in Thale von Trio vergewaltigt? Lynch-Stimmung bei Facebook nach Sex-Vorwurf« (26.10.2018)
390 Zitiert nach Presseportal/Blaulicht online vom 3.10.2016 »Legden – Exhibitionist spricht Kinder an« (26.10.2018)
391 Siehe Presseportal/Blaulicht online vom 5.10.2016 »Polizei sucht Zeugen nach sexuellem Übergriff im Kurpark ++ Ermittlungen dauern an« (26.10.2018)
392 Siehe Presseportal/Blaulicht online vom 2.12.2016 »Malsch- Mädchen sexuell belästigt« (26.10.218)
393 Siehe Focus online vom 9.1.2016 »Polizist: ›Strikte Anweisung, über Vergehen von Flüchtlingen nicht zu berichten‹« (26.10.2018)
394 Siehe JF online vom 9.1.2016 »Polizisten berichten: Asyl-Kriminalität wird systematisch vertuscht« (26.10.2018)
395 Siehe PZ online vom 29.9.2016 »Junge Flüchtlinge bedrängen in Bus Elfjährige und fassen ihr an den Po« (26.10.2018)
396 Siehe Kronenzeitung online vom 28.9.2016 »Berlin:Migrant in Asylheim von Polizei erschossen« (26.10.2018)
397 Siehe Express online vom 27.9.2016 »Tatort Spielplatz: Sex-Täter legt sich auf 10-jährige und küsst sie« (26.10.218)

398 Siehe RP online vom 14.9.2016 »Mädchen von zehn Männern in Schwimmbecken belästigt« (26.10.2018)

399 Zitiert nach Augsburger Allgemeine online vom 13.9.2016 »Haftstrafe nach sexuellen Übergriffen in Tram« (26.10.2018)

400 Siehe Donaukurier online vom 12.9.2016 »Tatort Parkplatz« (26.10.2018)

401 Siehe Rundschau online vom 7.9.2016 »Verwarnung für den Täter; Flüchtling hat in Lindlar 13-Jährige mehrfach angegriffen« (26.10.2018)

402 Zitiert nach Presseportal/Blaulicht online vom 5.9.2016 »Sexuelle Belästigung durch 13-jährigen Jungen« (26.10.2018)

403 Siehe Sächsische Zeitung online vom 1.9.2016 »Erneut Kinder sexuell belästigt« (26.10.2018)

404 Zitiert nach NNP online vom 2.9.2016 »Junge Männer belästigen Frauen im Limburger Parkbad« (26.10.2018)

405 Siehe MAZ online vom 1.9.2016 »Mädchen in Schwimmbad sexuell belästigt« (26.10.2018)

406 Siehe RP online vom 1.9.2016 »Kinder berichten von Missbrauch in Ratinger Freibad« (26.10.2018)

407 Siehe RP online vom 1.9.2016 »Kinder berichten von Missbrauch in Ratinger Freibad« (26.10.2018)

408 Siehe Der Westen online vom 29.8.2016 »Sexuelle Übergriffe auf drei Kinder im Essener Grugabad« (26.10.2018)

409 Sieh WA online vom 31.8.2016 »Polizei nennt zwei weitere Belästigungen im Maximare« (26.10.218)

410 Siehe Wochenblick online vom 26.8.2016 »Mutige Tat: 14jähriger zerrt Asyl-Vergewaltiger von Freundin« (26.10.2018)

411 Siehe StN online vom 21.7.2016 »Mädchen begrapscht und Bikini-Hose runtergezogen« (26.10.2018.)

412 Siehe StN online vom 26.8.2016 »Mehrere Mädchen im Freibad sexuell belästigt« (26.10.2018)

413 Siehe OE24 online vom 19.8.2016 »Asylwerber im Freibad abgeführt« (26.10.2018)
414 Siehe Merkur online vom 25.8.2016 »14-Jährige in S-Bahn belästigt« (26.10.2018)
415 Siehe Wochenblick online vom 25.8.2016 »Sexattacke: Ausländer umzingeln Frau mit Kindern« (26.10.2018)
416 Siehe MOPO online vom 25.8.2016 »Vergewaltigung in Harburg Angeklagte feiern sich im Gericht« (26.10.2018)
417 Siehe Focus online vom 8.8.2016 »Mann belästigt sechsjähriges Mädchen in Schalke – Zeugen gesucht« (26.10.2018)
418 Siehe Krone online vom 6.8.2016 »Vier betrunkene Asylwerber fallen über Mädchen her« (26.10.2018)
419 Die Originalmeldung ist nicht mehr abrufbar, aber hier noch gespeichert: web.archive.org vom 5.8.2016 »Zeugen nach Vorfall in Strandbad »Heiliger See« gesucht« (26.10.2018)
420 Siehe Der Westen online vom 6.8.2016 »Elfjährige und ihre Freundin beim Schwimmen im Nass belästigt« (26.10.2018)
421 Siehe Presseportal/Blaulicht online vom 23.8.2016 »Königsbach-Stein – 12-Jährige sexuell belästigt« (26.10.2018)
422 Siehe Presseportal/Blaulicht online vom 27.7.2016 »Sexualtäter onaniert wiederholt vor KVB-Fahrgästen« (26.10.2018)
423 Siehe OE24 online vom 5.7.2016 »Flüchtling befriedigte sich in Bad« (26.10.2018)
424 Siehe Donaukurier online vom 25.7.2016 »Zu dem Grapscher sprechen Stimmen« (26.10.2018)
425 Siehe Blick Aktuell online vom 19.7.2016 »Kinder beim Tauchen sexuell belästigt« (26.10.2018)
426 Siehe Zeit online vom 27.1.2016 »58 Prozent der Deutschen wähnen sich in besonders unsicherer Zeit« (26.10.2018)
427 Siehe Focus online vom 23.9.2015 »Gefühlte Unsicherheit: Ostdeutsche wünschen sich mehr Polizisten« (26.10.2018)

428 Siehe RP online vom 22.9.2016 »BKA befürchtet Gewalt im Wahljahr« (26.10.2018)

429 Siehe Express online vom 13.10.2016 »CDU ist empört: Statistik: Wo sind Sex-Mob Anzeigen hin?« (26.10.2018)

430 Zitiert nach Bild online vom 8.1.2016 »Wird der Polizei verboten, die Wahrheit zu sagen?« (26.10.2018)

431 Siehe RP online vom 25.11.2016 »Fast alle Täter aus der Silvesternacht kommen davon« (26.10.2018)

432 Zitiert nach Tichys Einblick vom 11.12.2016 »Das große Geheimnis: Kriminalitätsstatistik« (26.10.2018)

433 Siehe Bild online vom 19.12.2010 »Das soll Susannas Mörder sein« (26.10.2018) und Sächsische Zeitung online vom 21.8.2010 »Bewusstlos geschlagen und erdrosselt« (26.10.2018)

434 Siehe Spiegel online vom 8.7.2009 »Merkel will mit Mubarak über Bluttat von Dresden sprechen« (26.10.2018)

435 Siehe Spiegel online vom 7.7.2009 »Ägypter werfen Deutschland Rassismus vor« (26.10.2018)

436 Der Name des Opfers wurde vom Autor aus Opferschutzgründen verändert; das Verfahren vor dem Landgericht Arnsberg vom Dezember 2009 trägt das Aktenzeichen II-2 KLs-292 Js 318/09-22/09.

437 Siehe Bild online vom 17.9.2016 »Die unglaubliche Begründung von Gericht und Staatsanwalt« (29.10.2018)

438 Siehe Kronenzeitung online vom 30.8.2011 »Sex-Fotos mit Sohn ›aus Tradition‹ – Vater nur angezeigt« (29.10.2018)

439 Siehe Express online vom 11.9.2008 »Bewährung für Sex-Täter« (29.10.2018)

440 Siehe Daily mail online vom 31.8.2016 »Muslim refugee, 20, who raped a boy, 10, in his Sydney home says what he did ›is not a crime because it is acceptable in his homeland‹« (29.10.2018)

441 Siehe NOZ online vom 24.5.2011 »Mutter drängt Sohn zum Missbrauch einer Elfjährigen – Landgericht Osnabrück verurteilt 26-Jährigen und Eltern« (29.102018)

442 Siehe Gießener Allgemeine Zeitung online vom 9.4.2016 »Mädchen hundertfach missbraucht« (29.10.2018)

443 Siehe schwäbische.de vom 22.7.2016 »Flüchtlinge verüben mehr Straftaten« (29.10.2018)

444 Siehe MoPo online vom 19.4.2016 »Jeder zehnte Tatverdächtige ist Flüchtling« (29.10.2018)

445 Siehe Sächsische Zeitung online vom 27.9.2016 »900 Straftaten von Flüchtlingen« (29.10.2018)

446 Siehe Bayernkurier online vom 24.5.2016 »Extremisten und Flüchtlinge immer problematischer« (29.10.2018)

447 Siehe Welt online vom 7.3.2016 »Polizei rechnet mit verschärfter Sicherheitslage« (29.10.2018)

448 Zitiert nach Welt online vom 17.1.2016 »Politiker schwiegen über Gewalt durch Nordafrikaner« (29.10.2018)

449 Siehe mdr.de, »statistik-fluechtlinge-kriminalitaet-bka-100« und taz online vom 8.6.2016 »Zuwanderer nicht krimineller« (29.10.2018)

450 Siehe SHZ online vom 7.6.2016 »Das sind die Tipps der Polizei« (29.10.2018)

451 Siehe Der Westen online vom 3.12.2016 »BKA-Bewerber fallen immer wieder durch Deutschtest – Dutzende Stellen bleiben unbesetzt« (29.10.2018)

452 Siehe dazu etwa HAZ online vom 22.11.2015 »Ist die Gewalt-Statistik geschönt?« (29.10.2018)

453 Siehe Der Westen online vom 23.12.2016 »Polizistin: Zahlen zu Flüchtlingskriminalität sind gefälscht« (29.10.2018)

454 Zitiert nach Stuttgarter Zeitung online vom 20.12.2015 »Die nehmen diesen Staat nicht ernst« (29.10.2018)

455 Siehe RP online vom 31.10.2016 »Polizist soll Mädchen nach Belästigung von Anzeige abgeraten haben« (29.10.2018)

456 Siehe etwa ntv online vom 7.1.2010 »Polizisten raten von Anzeigen ab« (29.10.2018)

457 Siehe kanzlei-griechenland.de; Themengebiete Strafrecht, Strafanzeige

458 Siehe dhnet.de vom 8.11.2016 »Horreur à Ixelles: Liban Moustapha s'est fait arracher les yeux pour des raisons politiques« (29.10.20.18)

459 Siehe JF online vom 8.5.2016 »Asylbewerber begehen 770 Straftaten – am Tag« (29.10.2018)

460 Siehe 20min.ch vom 11.5.2016 »Er fühlt sich schlecht, weil sein Peiniger gehen muss« (29.10.2018)

461 Siehe svz.de vom 1.2.2016 »Streit um Gerichtsbeschluss« (26.10.2018)

462 Siehe Donaukurier online vom 25.7.2016 »Zu dem Grapscher sprechen Stimmen« (26.10.2018)

463 Siehe Rhein-Neckar-Zeitung online vom 22.3.2016 »Brandstiftung in Flüchtlingsunterkunft: eine ›Schnapsidee‹« (29.10.2018)

464 Siehe Zeit online vom 28.4.2016 »Brandstifter von Meißen zu Gefängnisstrafen verurteilt« (29.10.2018)

465 Siehe ntv online vom 28.4.2016 »Brandstifter von Meißen zu Gefängnisstrafen verurteilt« (29.10.2018)

466 Siehe SZ online vom 17.3.2016 »Brandanschlag in Salzhemmendorf: Acht Jahre Haft für Haupttäter« (29.10.2018)

467 Siehe Bild online vom 14.4.2016 »Bewährunsgstrafe für Totraser!« (20.10.2018)

468 Siehe Harburg aktuell online vom 22.1.2016 »Sexuelle Übergriffe: Erste Schule unter Polizeischutz« (29.10.2018)

469 Siehe krone.at vom 9.6.2015 »«Personenschutz« für Kinder in Traiskirchen« (29.10.2018)

470 Siehe Der Westen online vom 8.6.2016 »Feuer in Flüchtlingsheim – Brandstifter brüsten sich mit Tat« (29.10.2018)
471 Siehe Express online vom 9.6.2016 »Brand in Düsseldorfer Flüchtlingsheim: kein Schokopudding: da fackelte er die Halle ab« (29.10.2018)
472 Siehe JF online vom 24.10.2016 »Ramadan-Brandstiftung: Tatverdächtiger wieder auf freiem Fuß« (29.10.2018)
473 Siehe Der Westen online vom 27.10.2016 »Kriminologe behauptet: Polizei schönt Aufklärungs-Quoten« (29.10.2018)
474 siehe Spiegel online vom 20.5.2011 »Die große Mogelpackung« (29.10.2018)
475 Für alle im Folgenden aufgelisteten Polizeiberichte siehe auf dem Presseportal/Blaulicht online unter dem jeweiligen Datum und der Ortsangabe. In diesem Fall: 3.11.2016 – Aachen. Alle Berichte wurden zuletzt am 29. Oktober 2018 eingesehen.
476 Zu den Dunkelfeldstudien siehe lka.niedersachsen.de »Dunkelfeldstudie – Dritte Befragung zu Sicherheit und Kriminalität in Niedersachsen Konzeptbeschreibung Dunkelfeldstudie 2017«
477 Zu den Dunkelfeldstudien siehe lka.niedersachsen.de »Dunkelfeldstudie – Dritte Befragung zu Sicherheit und Kriminalität in Niedersachsen Konzeptbeschreibung Dunkelfeldstudie 2017«, siehe PDF »abschlußbericht«.
478 Siehe SZ-online vom 27.4.2016 »Die 7 wichtigsten Fakten zu sexueller Gewalt« (29.10.2018)
479 Zitiert nach Merkur online vom 18.10.2016 »Massive Probleme mit Flüchtlingen: Bürgermeisterin schreibt Brandbrief« (29.10.2018)
480 Siehe Focus online vom 20.8.2016 »Ministerpräsidentin Kraft stellt klar: »Es gibt keine No-Go-Areas in NRW«« (29.10.2018)
481 Siehe Tagesspiegel online vom 28.8.2016 »«Es gibt in Berlin keine No-go-Areas«« (29.10.2018)

482 Siehe Tagesspiegel online vom 22.11.2016 »DHL Express stoppt Zustellung in Gewalt-Kiezen« (29.10.2018)

483 Zitiert BZ online vom 23.11.2016 »DHL-Rückzug sorgt für Sicherheits-Debatte« (29.10.2018)

484 Siehe RP online vom 23.11.2016 »Attacke auf Polizisten brutaler als bislang bekannt« (29.10.2018)

485 Siehe RP online vom 23.11.2016 »Neue Details zur Attacke auf zehn Polizisten« (29.10.2018)

486 Siehe RP online vom 23.11.2016 »Attacke auf Polizisten brutaler als bislang bekannt« (29.10.2018)

487 Siehe ntv online vom 3.9.2009 »Polizei geht Streife im Angst-Raum« (29.10.2018)

488 Siehe WAZ online vom 16.11.2016 »SEK verhaftet Vater und Sohn« (29.10.2018)

489 Siehe szlz.de vom 23.11.2016 »Nicht verurteilt, aber unter Verdacht« (29.10.2018)

490 Siehe Abendzeitung online vom 27.10.2013 »Blutiges Ehedrama: Frau mit Axt enthauptet« (29.10.2018)

491 Siehe BZ online vom 7.12.2016 »Horror-Tat in Kiel: Mann zündet Ehefrau an – Opfer verstorben« (29.10.2018)

492 Siehe Bild online vom 6.12.2016 »Männer-Gangtritt Frau die Treppen runter« (29.10.2018)

493 Siehe youtube.de, »Polizei fahndet nach Tätern vom Hermannplatz« (29.10.2018)

494 Siehe Kronenzeitung online vom 5.2.2016 »Bub in Wiener Bad vergewaltigt – Iraker geständig« (29.10.2018)

495 Siehe LN online vom 30.6.2016 »Versuchte Vergewaltigung: Junger Mann aus Eritrea verurteilt« (29.10.2018)

496 Zitiert nach Kronenzeitung online vom 7.12.2016 »Zahl der Sexattacken durch Asylwerber steigt stark« (29.10.2018)

497 Siehe Huffpost online vom 8.12.2016 »Flüchtlinge und sexuelle Übergriffe: Wo ist der Zusammenhang?« (29.10.2018)
498 Siehe taz online vom 3.12.2016 »Der sportliche Keuschheitsgürtel?« (29.10.2018)
499 Siehe safeshorts.de
500 Siehe thelocal.se vom 22.5.2005 »Swedish girls design anti-rape belt« (29.10.2018)
501 Siehe http://www.express.co.uk/news/world/742717/Migrant-asylum-seeker-refugee-sex-attack-rape-assault-Germany-map-Angela-Merkel-Cologne
502 Siehe sputnik News online vom 6.12.2016 »German Police ›Unable‹ to Confirm Links Between Refugee Camps and Rapes« (29.10.2018)
503 Siehe Helsinki Times online vom 13.12.2016 »Refugee with several sex crimes convictions can be deported from Finland to Iraq« (29.10.2018)
504 Siehe bka.de, Kontaktinformationen